GÉNÉALOGIE

DE LA MAISON

DE CORNULIER

AUTREFOIS

DE CORNILLÉ

EN BRETAGNE.

PORTANT POUR ARMES MODERNES :

D'AZUR, AU RENCONTRE DE CERF D'OR, SURMONTÉ D'UNE MOUCHETURE
D'HERMINE D'ARGENT ENTRE LES BOIS,

ET POUR ARMES ANCIENNES :

D'ARGENT, A TROIS CORNEILLES DE SABLE.

Devise : FIRMUS UT CORNUS.

ORLÉANS

H. HERLUISON, LIBRAIRE-ÉDITEUR

17, RUE JEANNE-D'ARC, 17

1884

GÉNÉALOGIE

DE LA

MAISON DE CORNULIER

IMP. GEORGES JACOB, — ORLÉANS.

GÉNÉALOGIE

DE LA MAISON

DE CORNULIER

AUTREFOIS

DE CORNILLÉ

EN BRETAGNE.

PORTANT POUR ARMES MODERNES :

D'AZUR, AU RENCONTRE DE CERF D'OR, SURMONTÉ D'UNE MOUCHETURE
D'HERMINE D'ARGENT ENTRE LES BOIS,

ET POUR ARMES ANCIENNES :

D'ARGENT, A TROIS CORNEILLES DE SABLE.

Devise : FIRMUS UT CORNUS.

ORLÉANS
H. HERLUISON, LIBRAIRE-ÉDITEUR
17, RUE JEANNE-D'ARC, 17

1884

ORIGINE ET PREMIERS SUJETS [1]

I

Le premier qui se soit nommé DE CORNILLÉ, en Bretagne, est Hamelin, qu'on croit être un puîné de la maison des Biards au comté de Mortain, en Normandie. Il avait déjà, en 1060, deux fils majeurs de vingt-cinq ans, car ils figurent à cette date comme témoins dans une charte passée au château de Vitré, en présence de Robert 1er, sire de Vitré. Ils y sont désignés ainsi : *Odo, filius Hamelini* ; *Gosfredus, frater ejus* ; c'est-à-dire par leurs seuls noms de baptême. On n'en connaissait point encore d'autres à cette époque.

Hamelin était passé avec ses fils, vers l'an 1050, au

---

[1] Les preuves de cette généalogie ont été données dans cinq volumes imprimés en 1847, 1860, 1863, 1881 et 1883. Elles consistent en plus de deux mille quatre cents pièces justificatives qui y sont analysées ou rapportées *in extenso*, selon leur importance.

service de Robert I*er*, baron de Vitré ; il suivit ce seigneur dans l'expédition d'Angleterre en 1066. Son nom est inscrit sur les tables de l'abbaye de la Bataille parmi ceux des seigneurs qui se trouvèrent à la journée d'Hasting. Il contribua au mariage d'André I*er* de Vitré avec Agnès, héritière du comté de Mortain. En reconnaissance des services qu'il lui avait rendus, le sire de Vitré lui donna des terres de ses domaines, entre Vitré et La Guerche, et particulièrement dans la paroisse de CORNILLÉ, dont il prit le nom, suivant l'usage qui commençait alors à s'introduire en Bretagne. On le trouve ainsi nommé, HAMELIN DE CORNILLÉ, dans une donation passée à Rennes en 1086.

II

Hamelin DE CORNILLÉ laissa, comme on vient de le voir, deux fils : Odon et Geoffroy, qui vivaient en 1060 à la cour du sire de Vitré. Le premier, né en Normandie, y eut pour parrain le fameux Odon, évêque de Bayeux, frère utérin de Guillaume le Conquérant et germain du comte Robert de Mortain ; depuis la conquête, comte de Kent, vice-roi d'Angleterre et lieutenant de Normandie. Ce fut pour conserver la mémoire de l'honneur qu'il avait eu d'être nommé par ce haut personnage, que le nom d'Odon se perpétua durant plusieurs générations dans sa postérité.

Geoffroy DE CORNILLÉ figure comme témoin d'un accord

fait en 1090 entre Hamon de Liffré et les moines de Saint-Florent.

Odon DE CORNILLÉ et Geoffroy, son frère, furent témoins au traité de paix conclu, en 1106, entre André de Vitré et le duc de Bretagne Alain Fergent, à la suite de la bataille de Tinchebray, selon l'historien Pierre le Baud.

Après ce traité, ajoute le Baud, « comme André de Vitré « cuidast aller saisir sa terre (le comté de Mortain, qui lui « revenait du chef de sa femme), il ne trouva qui le reçut, « fors le sieur des Biards, qui le recueillit bénignement « en son chastel comme son seigneur; » conduite exceptionnelle, mais qui s'explique tout naturellement de la part d'un proche parent de deux des principaux officiers du sire de Vitré.

III

Ce même Pierre le Baud, qui écrivait en 1480, raconte, dans sa *Chronique de Vitré*, un événement où Odon DE CORNILLÉ, IIe du nom et qui paraît fils d'Odon Ier, intervint d'une manière intéressante et qui prouve la haute considération dont il jouissait auprès de son seigneur. Nous le laisserons parler : « Et lors, Robert de Vitré (qui depuis fut « Robert II), désirant avoir terre, sans le conseil et assen- « tement d'André, son père, print à femme (en 1123) Emme, « fille Gaultier, seigneur de la Guerche et de Pouancé; et « après ce mariage parfaict et accomply, retourna Robert à

« Vitré ; mais André, son père, qui l'entendit, oyant sa
« venue, tant pour ce qu'il avait print la fille de son homme
« lige, que pour ce qu'il l'avait fait sans son consentement
« et conseil, grandement courroucé contre lui, manda que
« hastivement il issit de sa ville et de toute sa terre. Et
« comme Robert ne le voulsist faire, André, son père, s'arma,
« monta à cheval et print son espée ; si vint en la ville où
« il trouva Robert, lequel il navra griefvement au corps ;
« mais odon DE CORNILLÉ, voyant celle chôse, les départit,
« puis print Robert et le porta de là en son hostel, où il
« le retint tant qu'il fut guari de celle playe. Et quand Robert
« fut reconvalescé et sain, il n'ôsa demeurer en la terre de
« son père, ni en la terre de Gaultier de La Guerche, père
« de sa femme, mais il s'enfuit d'illec, et s'en alla à Candé
« avec Emme, sa femme, et là demeura si longtemps qu'il
« engendra et eut d'elle un fils qu'il fit nommer André. Et
« quand André, seigneur de Vitré, père de Robert, l'entendit,
« il manda le dit Robert et Emme, sa femme, et les fit venir
« à Vitré et leur pardonna. »

Odon DE CORNILLÉ et Jacquelin DE CORNILLÉ, qui peut être son frère, sont cités comme témoins pour Robert de Vitré (Robert III, dit le Jeune) dans un accord, fait en 1158 entre ce seigneur et les moines de Sainte-Croix de Vitré.

Odon DE CORNILLÉ figure encore comme témoin d'un autre accord, fait dans le même temps, entre le même Robert de Vitré et les moines de Saint-Florent.

En 1150, Hamelin DE CORNILLÉ et sa femme, nommée

SATHANA, donnèrent à l'abbaye de la Roë un boucher, de la paroisse de Cuillé en Craonnais, nommé Tebana, avec sa maison, son jardin et tous les cens et coutumes qu'on en pouvait tirer. Toutefois cet Hamelin pourrait être un CORNILLÉ d'Anjou, où il existait aussi une maison de ce même nom.

IV

Hervé DE CORNILLÉ figure comme témoin d'une donation faite en 1160 à l'abbaye de Savigné par Robert de Vitré, André son fils, et Emme sa femme.

Sylvestre DE CORNILLÉ et Geoffroy DE CORNILLÉ, dont nous ignorons l'attache, aussi bien que celle d'Hervé, figurent comme témoins d'une donation faite au XIIe siècle par Robert de Vitré à l'abbaye de Savigné.

V

En 1205, dans une grande charte, André II de Vitré confirme les donations faites récemment à l'hôpital de Saint-Nicolas de Vitré et notamment celles provenant *de dono militum* DE CORNILLEIO.

Odon DE CORNILLÉ, IIIe du nom, et Sécard DE CORNILLÉ, son frère, figurent comme témoins d'une donation faite, en

1199, au prieuré de Sainte-Croix de Vitré par Jean d'Erbrée, en présence d'André II de Vitré.

Odon DE CORNILLÉ est encore témoin d'une donation faite, en 1207, au même prieuré de Sainte-Croix de Vitré, par Robert de Domaigné, avec la ratification d'André de Vitré.

Hervé DE CORNILLÉ, vivant en 1210, est mentionné dans les archives de l'hôpital de Vitré.

VI

Geoffroy DE CORNILLÉ, fils d'Odon III, figure dans un acte de donation fait en 1199 par André de Vitré, Robert son frère, chantre de Paris, et Emme sa mère; et dans un autre acte de donation de la même année, fait par André de Vitré seul, aux moines de Saint-Melaine de Rennes.

Dans un acte de 1229, ce même Geoffroy DE CORNILLÉ est dit fils d'Odon et neveu de Sécard DE CORNILLÉ et vivant à cette époque. Il assigne à l'hôpital de Saint-Nicolas de Vitré deux sous de rente à prendre sur sa terre du Bois, en la paroisse d'Izé, qui de lui a retenu le nom de *Bois Cornillé*. Dans cet acte, il est qualifié *Miles*, c'est-à-dire chevalier.

D'une charte non datée, mais qui est de 1200 à 1220, il appert que Pierre de Fortin et Aalet, sa femme, donnèrent aux frères du même hôpital leur terre de la Patricière, lors engagée pour treize livres tournois à Guillaume DE CORNILLÉ, à la condition de lui rembourser la dite somme.

Pierre DE CORNILLÉ ratifia à Nantes, la veille de la Pentecôte 1225, à la suite d'André III de Vitré, les privilèges accordés par le duc Pierre à la nouvelle ville de Saint-Aubin-du-Cormier.

Les seigneurs assemblés à Nantes accordèrent, à la considération du Duc, que les habitants de la nouvelle ville jouiraient sur leurs terres des mêmes privilèges qu'il leur avait concédés sur les siennes. Les grands de la province avaient seuls été convoqués à cette réunion : aussi Pierre DE CORNILLÉ ne dut-il, bien que cela ne soit pas exprimé, figurer là qu'en qualité de maître des eaux et forêts de la baronnie de Vitré ou de quelque autre fonction analogue. C'est encore comme officiers du baron que ses prédécesseurs figurent dans les actes ci-dessus et non en simples témoins ; ils contresignent ses décisions de la même manière que le font encore les ministres des souverains, chacun dans son département.

VII

Odon DE CORNILLÉ, IV° du nom, chevalier, et LAURENCE, sa femme, donnèrent, en 1252, leur part de la dîme de la Prévière au prieuré de la Primaudière, situé dans la forêt de Juigné, près de Châteaubriant. Odon DE CORNILLÉ fut enterré dans l'église de ce prieuré le 16 juin 1252 ; son tombeau et son sceau, apposé à l'acte de donation ci-dessus, portent *trois corneilles*.

La Prévière est une paroisse d'Anjou, limitrophe de celle de Juigné en Bretagne. Odon *de Cornillé* était, du chef de sa femme, seigneur d'une partie de cette paroisse, puisqu'il possédait une portion des dîmes, et son héritage dut passer à ses successeurs de son nom, car on connaît encore aujourd'hui les bois de *Cornillé*, dans la paroisse de la Prévière, et joignant la forêt de Juigné.

Quant au prieuré de la Primaudière, de l'ordre de Grandmont, il avait été fondé, quarante-cinq ans avant la donation que lui fit Odon *de Cornillé*, par Geoffroy III, baron de Châteaubriant, et par Guillaume, sire de la Guerche et de Pouancé, qui tous les deux appartenaient à la maison de Châteaubriant et possédaient la forêt de Juigné par indivis.

A la même époque, vivaient encore, suivant des actes de 1250 et de 1252, Guillaume DE CORNILLÉ et Alain DE CORNILLÉ, prêtre, héritier de Gautier DE CORNILLÉ. Alain donne à la Maison-Dieu de Vitré les deux parts d'un étal des boucheries de Vitré dont il avait hérité de Gautier.

VIII

Jehan DE CORNILLÉ est cité comme l'un des chevaliers Templiers qui déclarèrent vouloir défendre leur ordre dans la procédure faite contre eux à Paris, de 1309 à 1311.

IX

Guy DE CORNILLÉ était abbé de Saint-Augustin de Limoges de 1237 à 1366, époque à laquelle des ducs de Bretagne possédaient la vicomté de Limoges.

Geoffroy DE CORNILLÉ, vivant en 1375, est mentionné dans les titres du château de Vitré.

X

Béatrix DE CORNILLÉ, restée veuve dès 1407, obtint du Duc des lettres de sauvegarde datées du 8 juin audit an. Elle donna à l'hôpital de Saint-Yves de Vitré la métairie du Faill, dans la paroisse de Saint-Didier. Son sceau, apposé à l'acte de donation, porte : *trois corneilles*. Cette métairie fut franchie par lettres du duc François Ier, datées du 3 mars 1444. Béatrix de Cornillé était morte depuis le 8 février 1421 et fut enterrée dans la nef de la Chartreuse du Parc, en la paroisse de Saint-Denis-d'Orques, au Maine ; son tombeau s'y voyait du côté gauche, et Gaignères nous a conservé le dessin de sa statue qui y était couchée (Portefeuille V, N° 69) ; malheureusement il n'a recueilli de l'épitaphe que le nom et la date du décès.

REMARQUES

I

Les premiers *Cornillé*, ne possédant pas de grands fiefs, ne pouvaient avoir une situation marquante dans un temps où la distinction venait principalement de la terre. Ils vivaient à l'ombre des sires de Vitré ; c'est à l'occasion des actes passés par ces hauts barons que nous ont été conservées quelques mentions isolées de leur existence ; leurs noms y figurent comme ayant été les témoins de leurs libéralités. Toutefois, ce rôle n'était pas aussi subalterne qu'on pourrait se l'imaginer. En ces temps dépourvus de justice forte et régulière, les témoins n'étaient pas appelés seulement pour constater le fait d'une donation ; leur qualité en garantissait la liberté et l'exécution ; souvent ils étaient réputés cautionner personnellement le donateur. S'ils étaient officiers de sa maison, ils contresignaient l'acte comme ses ministres.

II

Durant toute la durée de la première race des sires de Vitré, c'est-à-dire jusqu'au milieu du XIIIe siècle, les mentions des *Cornillé* sont relativement nombreuses ; ils paraissent sous tous les barons successifs. A partir de cette époque, leur nom disparaît pendant près d'un siècle pour se montrer de nouveau, toujours dans les mêmes lieux, mais dans des actes d'une autre nature. Cette lacune tient au changement de la dynastie baroniale.

En 1254, Philippette, héritière de Vitré, porta cette baronnie dans la maison de Laval ; de principauté isolée qu'elle était jusque-là, elle devint un simple membre de l'une des plus grandes seigneuries de la France. Cette réunion fit perdre aux premiers vassaux de Vitré l'importance dont ils jouissaient auprès de leur seigneur local : ils se trouvèrent relégués sur un arrière-plan.

Il y a plus : les sires de Laval préférèrent pendant longtemps leurs anciens sujets du Maine à leurs nouveaux sujets de Bretagne ; ces derniers furent même si maltraités qu'il s'en plaignirent au Duc qui intervint en leur faveur en 1308. Il semble que les Bretons ne rentrèrent définitivement dans les bonnes grâces de leurs nouveaux maîtres que depuis leur alliance avec la maison de Bretagne. Il est vrai aussi que, durant cette période d'effacement du nom de *Cornillé*, les sires de Laval furent presque constamment éloignés du pays, se trouvant engagés dans les guerres de Flandre et d'Italie, où ils avaient des intérêts directs et importants.

III

Si, comme officiers principaux de la maison des sires de Vitré de la première race, les *Cornillé* se trouvèrent associés à leur vie civile, ils l'étaient certainement aussi à leur vie militaire, puisque ces grands batailleurs les qualifiaient de *chevaliers*, distinction rare aux XII° et XIII° siècles ; ils n'étaient pas d'humeur à la prodiguer, et ce n'est pas eux qui auraient imaginé des *Chevaliers ès-lois*. De cette qualification, on est en droit de conclure que les *Cornillé* n'étaient pas seulement leurs conseillers d'affaires, mais encore leurs gendarmes de guerre ; qu'ils ont dû les suivre dans leurs nombreuses expéditions, notamment dans toutes les croisades auxquelles ils ont pris une part considérable, y conduisant non seulement leurs vassaux, mais encore de puissants seigneurs qui ne relevaient pas d'eux ; le baron d'Ancenis, par exemple, qui marchait sous leur bannière et à leur solde.

Si les *Cornillé* ne figurent pas dans les nombreuses montres du XIVe siècle qui nous ont été conservées, cette omission tient à ce qu'ils servaient sous un seigneur si puissant que les commissaires aux revues acceptaient sa déclaration faite en bloc du nombre de ses gendarmes ; ils auraient craint de lui manquer de respect en la vérifiant en détail.

IV

Le régime féodal était encore en pleine vigueur lorsque la baronnie de Vitré, jusque-là sorte de principauté autonome, fut annexée à l'État plus puissant de Laval, et comme absorbée dans ce dernier. Les vassaux de Vitré subirent le même sort; leurs devoirs restèrent les mêmes, mais leur accomplissement fut noyé dans une foule plus nombreuse. C'est à partir de cette époque que s'ouvre pour les *Cornillé* la période d'obscurité durant laquelle se séparèrent les trois branches de la Bichetière, de Bais et de Mecé. Elles apparaissent avec une existence distincte à la fin du XIVe siècle sans qu'on puisse assigner leur point de séparation. Il est bien évident qu'elles sortent des premiers sujets que nous venons de rappeler : l'identité de nom et la situation des lieux en sont deux preuves convaincantes; on en trouve une troisième dans la considération qui est accordée à leurs membres dans les anciennes réformations du XVe siècle. Dans les paroisses de Cornillé et de Bais, où leur résidence a été plus prolongée qu'ailleurs, ils sont toujours nommés les premiers des autres nobles : avant les de Maure du Plessis-Anger, les de Poix, les Tinteniac, les d'Espinay; ils ont sur tous une sorte de prééminence ; il est même dit formellement qu'ils sont *les plus relevés de noblesse.* Enfin, dans la branche de la Bichetière, qui paraît être l'aînée, on a toujours pratiqué dans les partages la règle de l'assise du comte Geoffroy dans toute sa rigueur.

BRANCHE DE LA BICHETIÈRE

I. — Jehan DE CORNILLÉ, Ier du nom, écuyer dans la compagnie de Thibault de la Rivière, en 1373, puis conseiller et maître des comptes du sire de Laval et de Vitré, ratifia à Guérande, le 10 avril 1381, le traité de paix conclu entre le roi Charles VI et le duc Jean IV. Il était, en 1400, seigneur de la Bichetière, dans la paroisse de *Cornillé*, et fut marié deux fois. Il épousa en premières noces, en 1391, Marguerite RACAPPÉ, qui mourut sans postérité en 1396 ; et en secondes noces Jehanne DU HALLAY, qui était veuve de lui en 1407, et qui le rendit père de :

1º Jehan DE CORNILLÉ, qui suit.

2º Olivier DE CORNILLÉ, l'un des gendarmes du connétable de Richemont, en 1424, était marié en 1448 avec Jeanne Martin.

3º Jehanne DE CORNILLÉ, mariée à Jean du Plessix, seigneur du Plessix, en la paroisse d'Argentré, dont elle était veuve en 1472, ayant alors pour petit-fils Louis du Plessix, suivant des lettres de sauvegarde qui lui furent accordées en ladite année pour elle, pour son petit-fils et pour Thomine Douault, veuve de Jean du Plessix, son gendre.

II. — Jehan DE CORNILLÉ, IIe du nom, écuyer, seigneur de la Bichetière, de la Borderie, en Cornillé, et de Montchouon, dans la paroisse d'Etrelles, vivait de 1407 à 1450. Il fit, en 1446, un traité avec Raoul de Boschet, seigneur de la Haye de Torcé, aux termes duquel l'étang des Vaulx deviendrait commun entre eux. Cet étang était formé par un barrage établi sur le ruisseau qui séparait la paroisse de Cornillé de celle de Torcé. On ignore le nom de sa femme, mais il fut père de :

III. — Noble et puissant écuyer Amaury DE CORNILLÉ, fils aîné, héritier principal et noble de Jehan, seigneur de la Bichetière, de la Broderie, de la Croix, dans la paroisse de Cornillé, et du Bois, dit le Bois-Cornillé, dans celle de Torcé, dès 1459 ; fut un des témoins entendus, en 1485, dans l'enquête des dégâts faits au château de Sévigné. En 1477, sa juridiction scellait ses actes d'un sceau à *trois corneilles*, autour duquel était écrit : *Sceau de la Bichetière*. Il épousa, en 1466, noble damoiselle Isabeau DE LA TOUCHARDIÈRE, dame de la Motte et du Plessis de Torcé, d'une famille mancelle, dont il eut :

1º Pierre DE CORNILLÉ, fils aîné, héritier principal et noble, qui suit.

2º Guillaume DE CORNILLÉ, prêtre, pourvu d'une chapellenie en l'église de la Madeleine de Vitré en 1499.

3º Jehan DE CORNILLÉ, châtelain de Derval, pour Jehan Laval, sire de Châteaubriant, mort sans postérité en 1510. Un acte du 23 décembre de ladite année porte que son frère aîné Pierre, seigneur de la Bichetière, fut son héritier principal.

4º Dom René DE CORNILLÉ, qui fut d'église et qui possédait par indivis, en 1513, avec son frère Jehan, le manoir de la Croix, en Cornillé.

5º Thébaude DE CORNILLÉ, mariée à Guyon *du Bois*, seigneur du Boishalbran, en Saint-Germain-du-Pinel, et de la Baste, en Etrelles. Elle possédait, en 1513, la métairie noble du Buat, en Martigné-Ferchault, et le manoir de la Piglonnière, en Saint-Germain-du-Pinel.

6º Jehanne DE CORNILLÉ, mariée à noble écuyer Georges *le Vayer*, de la maison de la Clarté, en Cornillé.

7º Olive DE CORNILLÉ, mariée avant 1508 à Jamet *de la Vallée*.

8º Renée DE CORNILLÉ, épousa son parent, Hervé *de Cornillé*, de la BRANCHE DE BAIS, rapportée ci-après.

9º Catherine DE CORNILLÉ, dont le sort est inconnu.

Ces quatre dernières filles possédaient par indivis, en 1513, le manoir de la Hussonnière, en la paroisse de Moulins, évêché de Rennes.

IV. — Noble écuyer Pierre DE CORNILLÉ, seigneur de la Bichetière, du Bois-Cornillé, de la Revelais, en Cornillé, de la Motte et du Plessis de Torcé, de 1497 à 1524 ; céda, par acte du 23 septembre 1510, à noble écuyer Julien du Boschet, seigneur de la Haye de Torcé, tous les droits qu'il avait dans le moulin et dans l'étang des Vaulx, sis partie en la paroisse de Torcé et autre partie en celle de Cornillé. Il vendit aussi, avant 1513, le manoir de la Borderie à Mathurin le Moine, habitant de Vitré.

Pierre *de Cornillé* épousa Guyonne BRILLET, dame de la Hardouinais et de la Vallée, dans la paroisse de Louvigné-de-Bais, fille de Guillaume Brillet, chevalier, seigneur de Monthorin, en Louvigné-du-Désert. Ce Guillaume était fils aîné de Geoffroy Brillet ; neveu de Guillaume Brillet, successivement évêque de Saint-Brieuc et de Rennes et archevêque de Césarée, mort en 1447, et de Jehan *de la Rivière*, chancelier de Bretagne, qui avait épousé une sœur de l'évêque. Geoffroy Brillet, qui mourut en 1486, s'était marié deux fois : en premières noces, avec Blanche *de Champaigné* ; et, en secondes noces, en 1445, avec Guillemette *de Montbourcher*, de laquelle descendent les Brillet, seigneurs de Laubinière, au Maine, dont la postérité subsiste encore. Guillaume Brillet était issu du premier lit : on ignore qui il épousa lui-même. Guyonne Brillet vivait encore en 1526, car elle obtint le 13 octobre de ladite année un mandement contre son fils Antoine.

Pierre *de Cornillé* laissa de Guyonne Brillet :

1º Antoine DE CORNILLÉ, qui suit.

2º Artuze DE CORNILLÉ, qui était veuve dès 1529.

3º Madeleine DE CORNILLÉ, cellerière de l'abbaye de Saint-Georges de Rennes, en 1528.

4º Jeanne DE CORNILLÉ, mariée à Yves *le Vallois*, fils de Thomas le Vallois, seigneur de Gallet, paroisse de Saint-Georges de Rennes, de la Guinvrais, paroisse de Betton, et de Perrine *de Lessart*. De ce mariage vint Antoine le Vallois, marié avec Françoise de Guémadeuc, fille aînée, principale héritière de François de Guémadeuc, seigneur de Beaulieu et de Séréac, et de Jeanne Gastinel, dame de la Motte-Alleman.

5º Guyonne DE CORNILLÉ, mariée à son parent Hervé *de Cornillé*, de la BRANCHE DE BAIS, dont elle était veuve en 1526.

V. — Noble écuyer Antoine DE CORNILLÉ, seigneur de la Bichetière, de la Motte et du Plessis de Torcé, épousa en 1525 Geffeline DE CHAMPAIGNÉ, qui était veuve de lui quand elle fut maintenue, par lettres du 17 mars 1536, au nom et comme tutrice de ses enfants, dans les prééminences aux églises paroissiales de Cornillé et de Torcé. Elle vivait encore en 1555, car un acte du 17 novembre de ladite année la qualifie de douairière de la Bichetière. De ce mariage vinrent :

1º Briand DE CORNILLÉ, qui suit.

2º Guy DE CORNILLÉ, seigneur de la Hannebaudière, près le Lion-d'Angers, qui mourut avant 1578, sans laisser de postérité.

3º Arthur DE CORNILLÉ, seigneur de la Rivière-Mainfray, dans la paroisse de Bais, inhumé à Cornillé le 20 mars 1597, ne paraît pas s'être marié.

4º Pierre DE CORNILLÉ, abbé de Montmorel, au diocèse d'Avranches, en 1558, fut chassé de son abbaye par Louis de Montgommery, seigneur de Ducey, chef des calvinistes du pays, et obligé de se réfugier au mont Saint-Michel, où il obtint du roi Charles IX des lettres de sauvegarde datées du 2 janvier 1575. Il se démit de son abbbaye le 31 août suivant, en faveur de Jean Louvel, son neveu, retenant mille livres de pension, puis fut nommé curé de la paroisse de Terregaste, dépendante de Montmorel, où il mourut le 8 janvier 1589. Il fut enterré dans le chœur de son ancienne église de Montmorel, devant le maître autel.

5º Marguerite DE CORNILLÉ fut marraine de sa nièce, Christine *de Cornillé*, le 11 mai 1549 ; elle épousa *N. Louvel,* écuyer, de la maison de la Touche, en l'évêché de Rennes.

6º Agathe DE CORNILLÉ, inhumée à Cornillé le 5 avril 1593.

VI. — Briand DE CORNILLÉ, seigneur de la Bichetière, de la Guichardière, de la Fonchais en Domagné, de la Motte et du Plessis de Torcé de 1536 à 1575, homme d'armes à l'arrière-ban de 1541, chevalier de l'ordre du Roi, épousa, par contrat du 6 mai 1545, Jeanne DE POIX, née au château de Fouesnel, en la paroisse de Louvigné-de-Bais, le 8 juin 1524. Elle était fille aînée de Michel de Poix, seigneur de Fouesnel et du Fretay, et de Renée *du Hallay*. Elle vivait encore le 3 mars 1589. De ce mariage vinrent treize enfants, tous nés au manoir de la Bichetière, savoir :

1º Macé DE CORNILLÉ, né le 7 mars 1548, mort jeune.

2º Guy DE CORNILLÉ, né le 9 octobre 1551, nommé par Jean d'Espinay. Il est qualifié noble et puissant écuyer, seigneur de la

Bichetière, de la Motte et du Plessis de Torcé, dans les aveux qui lui sont rendus de 1556 à 1587, c'est-à-dire dès avant la mort de son père, qui s'était, paraît-il, démis de ses biens en sa faveur, le laissant sous la tutelle de son frère Guy, seigneur de la Hannebaudière. C'est lui qui, en 1574, stipule au contrat de mariage de sa sœur, Christine de Cornillé, avec Pierre de la Haye, comme héritier présomptif, principal et noble de ses père et mère. Par acte du 9 novembre 1578, il fit donation à son neveu, Louis de la Haye, seigneur de Mongazon, de la terre de la Hannebaudière, qu'il avait héritée de son oncle, et généralement de tous ses acquêts et conquêts. Il mourut sans avoir été marié, vers 1596, et fut le dernier mâle de la branche de la Bichetière.

3º Michel DE CORNILLÉ, né le 5 décembre 1552, eut pour parrain et marraine Michel de Champaigné et Madeleine de Poix. Il mourut jeune.

4º Jehan DE CORNILLÉ, né le 30 décembre 1562, nommé par Jehan du Bé et Michelle le Sénéchal, mourut en bas âge.

5º Antoine DE CORNILLÉ, né le 19 juin 1565, mort en bas âge, avait été nommé par Guy de Rosmadec et Geneviève du Hallay, dame de Mesneuf.

6º Bertranne DE CORNILLÉ, l'aînée de tous les enfants, nommée à Cornillé le 12 juin 1546 par Bertrand de Sévigné et Geffeline de Champaigné, sa grand'mère. Elle mourut jeune.

7º Isabeau DE CORNILLÉ, née le 12 avril 1547, morte en 1597, resta héritière de la Bichetière, de la Motte et du Plessis de Torcé à la mort de son frère Guy, décédé en 1596. Elle se maria deux fois : 1º par contrat du 13 février 1560, avec Guillaume de Kermenguy, seigneur de Rainefort, près de Derval, fils de François de Kermenguy, président en la chambre des comptes de Bretagne, et de Marie Grignon ; 2º avant 1589, avec Louis *Collobel*, seigneur de Coatres, aussi dans la paroisse de Pierric, conseiller au parlement de Bretagne, dont elle était veuve dès 1592.

Du premier lit elle n'eut qu'une fille : Jeanne *de Kermenguy*, dame de la Bichetière, de la Motte et du Plessis de Torcé en 1597, mariée à René de Guéhenneuc, seigneur de la Briançais, Toufou, la Garrelais, le Chêne, etc. En 1600, son mari et elle vendirent la Bichetière au sieur Lombart, lieutenant du gouverneur de Rennes.

Du deuxième lit, Isabeau de Cornillé eut, outre un fils né à Rennes le 9 septembre 1589, qui ne vécut pas, deux filles : Françoise et Julienne Collobel, célibataires, majeures en 1599 :

8° Christine DE CORNILLÉ, nommée à Cornillé le 11 mai 1549 par Christophe de Poix, son oncle, et Marguerite de Cornillé, sa tante, fut mariée, *sous le régime de l'assise du comte Geoffroy*, par contrat passé au manoir de la Bichetière le 20 février 1574, avec Pierre *de la Haye*, écuyer, seigneur de la Sevaudière, en la paroisse de Bouère, au Maine, fils puîné de Pierre de la Haye, seigneur dudit lieu, et de Perrine de Courtoux. Elle mourut avant 1578, ne laissant qu'un fils, Louis de la Haye, seigneur de Mongazon.

9° Roberde DE CORNILLÉ, né le 10 juin 1550.

10° Marguerite DE CORNILLÉ, née le 24 mars 1554.

11° Catherine DE CORNILLÉ, née le 8 novembre 1556.

12° Antoinette DE CORNILLÉ, dame de la Croix, née le 9 février 1558, épousa le 12 novembre 1580 Pierre *Hupel*, écuyer, seigneur du Val, en l'évêché de Nantes, qui convola, avant 1603, avec Françoise de Bruc, dame des Brieux.

13° Jeanne DE CORNILLÉ, née le 8 août 1559, mariée, croit-on, avec Zacharie Croc, conseiller au parlement de Bretagne, seigneur de la Ronce, en la paroisse de Billé, près Fougères. Elle vivait encore en 1587, sans postérité.

BRANCHE DE BAIS

I. — Thomas DE CORNILLÉ, Ier du nom, seigneur de Vausselles, dans la paroisse de Bais, en 1390, eut pour fils :

II. — Thomas de CORNILLÉ, IIe du nom, seigneur du manoir de Vausselles en 1427, était mort en 1440. Il laissa deux filles mariées : l'une dans la maison de *Chasné*, l'autre dans la maison de la *Cigoigne*, et un fils qui suit :

III. — Hervé DE CORNILLÉ, Ier du nom, est employé avec un page, sous la paroisse de Bais, dans trois rôles particuliers du rôle général des montres de l'évêché de Rennes depuis l'an 1412 jusqu'en l'an 1480. Il avait épousé Guyonne DE CORNILLÉ, fille de Pierre de Cornillé, seigneur de la Bichetière, et de Guyonne *Brillet*. Il fut père de :

IV. — Hervé DE CORNILLÉ, IIe du nom, seigneur du Grand-Fougeray et de la Ville-Cotz, en la paroisse de Bais, et de la Suillerie, en la paroisse de Visseiche, en 1513 ; fut inhumé dans l'église de Bais le 31 mars 1526 ; il avait épousé Renée DE CORNILLÉ, sa parente, fille d'Amaury *de Cornillé*, seigneur de la Bichetière. Il n'en eut que des filles, savoir :

1º Perrine DE CORNILLÉ, héritière principale, morte avant 1535, épousa Jean *de la Valette*, seigneur de la Rivière, fils de Raoul de la Valette et de Jeanne *Morel*. Leurs descendants sont qualifiés seigneurs de la Villesco, des Fougerais et du Boismellet, en la paroisse de Bais.

2º Françoise DE CORNILLÉ, dame de la Suillerie, était mariée en 1541 avec noble homme Jacques *Losche*.

3º Jeanne DE CORNILLÉ, dame de Vauzelle, inhumée à Bais le 8 mars 1541.

4º Roberde DE CORNILLÉ, inhumée à Bais le 28 septembre 1511.

5º Guyonne DE CORNILLÉ, inhumée à Bais le 25 août 1537.

BRANCHE DE MECÉ

TIGE

DE LA MAISON DE CORNULIER

I. — Grégoire DE CORNILLÉ, Ier du nom, qui paraît être arrière-petit-fils de Pierre *de Cornillé*, qui ratifia les privilèges de Saint-Aubin-du-Cormier en 1225, ou de Geoffroy *de Cornillé*, seigneur du Bois-d'Izé, qui fit, en 1229, une donation à l'hôpital de Saint-Nicolas-de-Vitré (*Premiers sujets*, VI), car Mecé n'est qu'à six kilomètres d'Izé et à 8 kilomètres de Saint-Aubin-du-Cormier, épousa Alisette DE COCHINY. A raison de son nom de Grégoire et de celui de sa femme, on suppose que son père se serait fixé dans le comté de Cazerte, où il serait né lui-même vers la fin du XIIIe siècle, et qu'il s'y serait marié. Cette hypothèse n'a rien que de très vraisemblable quand on se rappelle que

Guy VII, sire de Laval et de Vitré, était aussi comte de Cazerte, dans la terre de Labour, près de Naples, où il fut mandé, à cause dudit comté, par Charles d'Anjou, roi de Sicile ; qu'il se rendit à cet appel en **1275**, *avec grand nombre de ses sujets*, et qu'il resta dans son comté de Cazerte jusqu'en 1284.

II. — Bernard de Girard, seigneur du Haillan, historiographe de France et généalogiste des ordres du Roi en 1595, mort en 1610, raconte que : « Grégoire DE CORNILLÉ, fils
« d'autre Grégoire *de Cornillé* et d'Alisette *de Cochiny*, fut
« un très grand et habile chasseur, talent qui lui fit acqué-
« rir l'estime et l'inclination particulière du duc de Bretagne
« Jean IV, lequel voulut, sur ce qu'il avait amassé une
« grande quantité de bois et d'andouillers de cerfs, par la
« prise continuelle qu'il faisait de ces animaux, qu'il prît, au
« lieu de son nom de CORNILLÉ, celui de CORNULIER, avec
« des armes parlantes, au lieu de ses armes anciennes, qui
« étaient : *d'argent à trois corneilles de sable*, et portât, au
« lieu : *d'azur au rencontre de cerf d'or* ; et, pour lui
« témoigner son estime, lui permit *d'ajouter entre ses*
« *branches une hermine d'argent* ; ce qui fut vers l'an 1381 :
« dont sortit Guillaume *de Cornulier*. »

Ce récit de du Haillan est tout à fait conforme à l'esprit du temps auquel il se rapporte ; après la guerre il n'y avait point alors d'exercice qui fût plus en honneur parmi la noblesse que celui de la chasse ; on s'illustrait dans l'un comme dans l'autre. C'est à cette époque que Gaston, comte de Foix, dit Phœbus, écrivait son grand ouvrage sur la vénerie, où il dit : « Non « seulement l'exercice de la chasse entretient le corps en « santé, mais il garde l'âme aussi, car il chasse l'oisiveté, « mère de tous les vices ; en telle sorte que *bon veneur* « *aura, en ce monde, joie, liesse et déduit, et après aura* « *paradis encore.* » Telles étaient, au XIVe siècle, les idées régnantes sur la chasse en général ; or, de toutes les chasses, celle du cerf était réputée la plus noble ; nos pères tenaient cet animal en un singulier honneur.

Mais il y a plus. L'année 1381 est précisément celle de la prise du fameux cerf de César par le roi Charles VI dans la forêt de Senlis, capture dont il fut si enchanté qu'il fit graver des cerfs sur sa vaisselle et sur ses meubles, et voulut que ses armes n'eussent plus d'autres supports. Le sire de Laval était près du roi lors de cet événement ; il y était venu pour traiter de la paix entre Charles VI et le duc Jean IV. Grégoire *de Cornillé* pouvait faire partie de sa suite (1) ; peut-être même avait-il contribué directement à la prise du bel animal que le roi commanda qu'on lui amenât vivant. Il est certain qu'il était au service du sire de Laval ; sa réputation de veneur n'avait pu s'établir que sur les

---

(1) Quand les sires de Laval se transportaient quelque part pour y traiter une affaire importante, ils emmenaient toujours avec eux quelques conseillers de leur maison, pour les aider dans les négociations. C'est en cette qualité que Pierre de Cornillé ratifia *à Nantes* les privilèges accordés à la ville de Saint-Aubin-du-Cormier en 1225, et c'est ainsi encore que Jean de Cornillé se trouve pouvoir apposer sa signature *à Guérande,* le 10 avril 1381, dès le jour même de sa promulgation, au traité que le sire de Laval venait de conclure avec le roi au nom du duc.

terres de ce grand seigneur ; il n'était pas assez riche pour avoir pu prendre quantité de cerfs sur ses domaines particuliers.

Quoi qu'il en soit, à son retour en Bretagne, le sire de Laval ne manqua pas de raconter au duc cette étrange aventure qui occupait toute la cour de France à son départ; et si, pour une rencontre de chasse, le roi Charles VI avait pris un cerf pour emblême, le duc put bien avoir l'idée de changer les armes de Grégoire *de Cornillé* dans une circonstance analogue pour lui en donner de caractéristiques. Mais en changeant les armes, il importait de modifier le nom pour leur conserver l'avantage, très-apprécié alors, de rester parlantes. Rien de plus naturel, d'ailleurs, que de voir le duc s'occuper familièrement de l'un des officiers du sire de Laval, qui était son proche parent et auquel il avait les plus grandes obligations.

Quant à la devise qui accompagne les armes, en supposant que dès lors elle fut adoptée comme héréditaire, il n'y avait rien à y changer, car elle faisait allusion à une qualité morale de la race qui ne s'est jamais démentie, à la droiture invariable de son caractère ; et que, d'ailleurs, cette devise s'adaptait aussi bien au nom nouveau qu'à l'ancien. En effet, *firmus ut cornus* signifie ferme et inflexible comme le Cornouiller, qu'on appelait anciennement Corniller, arbre renommé pour la dureté et la rigidité de son bois.

On a fait au récit de du Haillan deux objections peu fondées.

1° « Il ne cite point de charte à l'appui du fait qu'il rapporte. » Mais il aura suffi, pour opérer ce changement, d'un mot du duc lancé dans un moment de belle humeur. « Jusqu'à l'ordonnance d'Amboise, de 1555, dit La Roque, « dans son *Traité de l'origine des noms*, on en changeait « en France sans aucune solennité ; le nombre de ceux qui « ont ainsi pris des noms nouveaux est infini. » Le même auteur remarque que « les armoiries n'avaient pas une plus grande fixité. » D'ailleurs il s'agissait moins ici d'un changement de nom proprement dit que d'une légère altération, *Cornulier* sonnant à peu près comme *Cornillé*. Au XIV⁰ siècle et longtemps après on tenait peu à la régularité des noms, chacun les écrivait par à peu près comme il les entendait ; Ménage a remarqué que le nom du connétable Du Guesclin, qui aurait dû être bien connu, est écrit de quatorze façons différentes dans les manuscrits du temps. La situation des lieux, la continuation des fonctions, le service près des mêmes personnes, ont, dans les actes anciens, plus de force probante pour établir l'identité des races que l'orthographe des noms ; or, à ce triple point de vue, les *Cornulier* sont bien la continuation des *Cornillé*.

2° « Les ducs de Bretagne n'étaient point, dit-on, dans « l'habitude de concéder leurs hermines à titre de faveur « ou de récompense. » Mais cet usage était si bien établi en France pour les fleurs de lis qu'il n'y a rien d'étonnant à ce qu'il ait été imité parfois en Bretagne ; cela a pu se faire d'autant plus naturellement en 1381 que cette année-là fut précisément celle de la création de l'*Ordre de l'hermine* par ce même Jean IV. D'ailleurs cette distinction ne serait pas unique, car si l'on en croit la généalogie de Sérent, il fut permis, en 1398, à Jean de Sérent de timbrer ses armes d'une hermine, comme il l'avait été dix-sept ans avant à Grégoire de Cornillé de sommer les siennes de cette pièce honorable.

Par ses goûts et par ses charges, du Haillan était en position d'être bien renseigné sur le fait qu'il rapporte ; et, quoiqu'il ne fût pas originaire de la Bretagne, il avait acquis une connaissance toute spéciale des familles bretonnes durant une mission qu'il avait remplie à Nantes en 1567, où il était commissionné du Roi pour visiter les archives de la Chambre des Comptes et de la Maison de ville et pour en retirer les pièces qui intéressaient la Couronne.

Toutefois la dénomination nouvelle DE CORNULIER ne prévalut que tardivement dans le public ; les deux Guillaume, qui suivent, ne l'adoptèrent même pas dans leurs signatures ; elle ne devint générale qu'après que les descendants de Grégoire, qui l'avait reçue, eurent quitté le pays où ils étaient connus d'ancienneté. L'ancien nom, plus facile à prononcer sans doute, leur fut souvent donné encore dans le comté nantais.

On ignore qui épousa Grégoire II DE CORNILLÉ, mais il fut père de :

III. — Guillaume DE CORNILLÉ OU DE CORNULIER, Ier du nom, seigneur de la Dauphinais, en la paroisse de Romagné, près Fougères ; de Villepie, en la paroisse d'Izé, et de la Janneusse, en la paroisse de Mecé, où il est nommé DE CORNILLÉ à la réformation de 1427, et DE CORNULIER à celle de 1429. Il fut, après son père, maître des eaux et forêts des baronnies de Laval et de Vitré, de 1385 à 1396, puis maître de l'hôtel ou sénéchal du comte de Laval. Il mourut à la fin de 1432 ou au commencement de 1433.

Il avait épousé une femme qui, comme huitième cadette, devait être mal partagée du côté de la fortune, bien que tenant par la naissance à tout ce qu'il y avait de plus considérable, ce qui le plaçait dans une position sociale qu'il ne put soutenir qu'au détriment de son patrimoine et en sacrifiant l'avenir de ses enfants. Ses terres de la Dauphinais et de Villepie furent aliénées ; en 1478, on les voit en la possession de Jean de Lescoët, maître de l'artillerie et capitaine général des francs archers de Bretagne, maître des eaux et forêts de Saint-Aubin-du-Cormier. Il n'avait conservé à sa mort que la petite terre seigneuriale de la Janneusse. Le papier d'office de la cour de la Châtellenie de Châtillon-en-Vendelais, dont relevait la Janneusse, relate deux sentences des 30 octobre et 12 décembre 1409, qui font défense à Guillaume *de Cornillé*, seigneur de la Janneusse, en Mecé, de contraindre et pourforcer un certain Ruaux-le-Gobe d'obéir à sa cour à cause d'une pièce de terre nommée le Clos de la Goberie.

Guillaume Ier *de Cornulier* avait épousé, vers 1405, Honorée de MONTBOURCHER, de la branche aînée de cette maison, fille de Bertrand, sire de Montbourcher et du Pinel, et de Roberte *de Courceriers*. Elle était petite-fille de *Laval*, car sa mère, Roberte, était fille de Guillaume III, de Courceriers et de Jeanne de Laval, fille d'André, seigneur de Châtillon-en-Vendelais, et c'est en considération de cette alliance que Guillaume *de Cornulier* fut gratifié de l'office de maître de l'hôtel du comte devenu son cousin. Il fut père de :

1º Guillaume II DE CORNILLÉ ou DE CORNULIER, qui suit.

2º Perrine DE CORNILLÉ ou DE CORNULIER, dame de Montchevron, dans la paroisse de Saint-Jean-sur-Coisnon, en 1453. Elle fut mariée dans la maison des *Le Prévost*, seigneurs de Saint-Marc, en la paroisse de Saint-Marc-sur-Coisnon, où elle porta la terre de Montchevron-Cornillé, depuis nommée simplement Cornillé.

3º Michelète DE CORNILLÉ ou DE CORNULIER, qui était encore mineure en 1433.

IV. — Guillaume DE CORNILLÉ ou DE CORNULIER, IIe du nom, n'hérita de son père que de la petite terre de la Janneusse, sise à la porte du bourg de Mecé, dont il rendit aveu le 4 septembre 1433 à la comtesse de Laval, en sa qualité de dame de Châtillon-en-Vendelais ; il déclare qu'il la possède par indivis avec sa sœur Michelète, lui pour les deux tiers et elle pour un tiers, suivant la coutume des partages des nobles en Bretagne ; qu'il tient ce domaine et sa juridiction noblement à foi lige ainsi que son hébergement où il demeure dans le bourg même de Mecé.

Il épousa une femme nommée Jeanne (1), qui était veuve de lui en 1498, et demeurait alors dans la ville de Châteaubriant. De ce mariage vinrent :

1º Pierre de Cornulier, qui suit.

2º René de Cornulier, premier secrétaire de François de Laval, baron de Châteaubriant, mort à Amboise en 1503, puis qui resta attaché à la maison de sa veuve, Françoise de Rieux, jusqu'à la mort de celle-ci, décédée à Châteaubriant en 1532.

Il fut élu l'un des deux fabriqueurs ou marguilliers de la paroisse de Saint-Jean-de-Béré pour l'année 1546 et mourut dans l'exercice de cette charge au mois de juillet de la même année. Ces fonctions de fabriqueur étaient recherchées par les principaux habitants. Saint-Jean-de-Béré était une paroisse importante, puisqu'elle comprenait la ville de Châteaubriant qui ne fut érigée en commune qu'en 1587. Les deux marguilliers de cette époque étaient tout à la fois ce que sont de nos jours les fabriciens et les maires avec leur conseil municipal, et leur autorité était plus grande, car aucune tutelle ne leur était imposée.

(1) Si la femme de Guillaume II de Cornulier n'est pas désignée autrement, il n'y a pas lieu de s'en étonner, car Nicolas Catherinot a justement remarqué en l'un de ses opuscules (*Tombeau généalogique*, p. 38) que, « en ce siècle, 1400, et longtemps « auparavant, les femmes mariées perdaient leur nom de famille et se retranchaient « à leur seul nom de baptême. » Ce dernier nom était même omis fréquemment, comme nous en trouvons un exemple contemporain, et dans le pays même, par l'extrait suivant des registres de la paroisse de Jans, à la date du 18 avril 1509 : « *Baptisatus fuit Bertrandus Paris, filius nobilis viri Francisci Paris, dominus* « *temporalis du Chastenay, et ejus uxoris,* » sans autre désignation.
Dans l'usage du XVᵉ siècle, conserver à une femme mariée son nom de baptême était déjà une distinction ; celles qui étaient de condition commune n'étaient désignées que par le nom de leur mari, même alors qu'il s'agissait de droits venant d'elles, témoin l'acte suivant en date du 14 mai 1432 :
« En notre cour des régalles de Nantes furent présents et personnellement éta-
« blis : Guillaume Thébaut et *sa femme, à cause d'elle*, Hencery Binet et *sa femme,*
« *à cause d'elle...* Lesquels et chacun connurent et confessèrent devoir à *guille-*
« *mette*, veuve de défunt Olivier Hamon, comme cause ayante de noble et puissante
« damoiselle Marie de Rieux, dame de la Jaillière et d'Orvault, tenante en main les
« héritages, rentes et revenus qui furent et appartinrent à Phélipot du Pé, ès-fiez
« d'icelle damoiselle en ladite paroisse, le nombre de trois sous de rente, etc. »

René DE CORNULIER avait épousé Mathurine ROUZERAY, qui vivait encore en 1560. Elle appartenait à l'une des plus anciennes familles du pays et des mieux alliées. Il en eut :

    A. Jean *de Cornulier*, mort à Châteaubriant le 4 mars 1610, ne paraît pas avoir été marié.

    B. Étiennette *de Cornulier*, mariée à Jean *Bouschet*, avec lequel elle vivait en 1560, et dont elle a laissé postérité.

    C. Marie *de Cornulier*, morte à Châteaubriant le 15 juillet 1573, sans alliance.

    D. Antoinette *de Cornulier*, non mariée, enterrée dans la chapelle de Saint-Nicolas de Châteaubriant le 29 octobre 1586.

    E. Guillemette *de Cornulier*, dont on ignore le sort.

V. — Noble écuyer Pierre DE CORNULIER, Ier du nom, filleul de l'évêque Pierre de Laval, seigneur de la Haudelinière, dans la paroisse de Nort, était, en 1487, capitaine des arquebusiers à cheval de François de Laval, baron de Châteaubriant, sous les ordres duquel il fit la guerre de 1488, de la Bretagne contre la France.

C'est à lui que s'arrêtent les preuves faites à la Réformation de 1668. Ce qui manqua alors pour remonter la généalogie plus haut fut l'anneau qui rattachait ce Pierre Ier à Guillaume II ; faute de pouvoir justifier, *par preuves littérales*, que le premier était fils du second, on dut s'arrêter là ; tous les degrés antérieurs devenaient inutiles. Ils n'auraient d'ailleurs été que superflus légalement, puisque les lettres-patentes qui prescrivaient la Réformation n'exigeaient aucune preuve remontant au delà de 1560. Si, à cette époque, on s'était moins hâté de produire les titres, si l'on avait pris la peine de faire une recherche dans les archives de Laval, on y aurait trouvé sans doute quelque pièce prouvant *légalement* que Pierre Ier était fils de Guillaume II. En effet, le comté de Laval était organisé à l'instar d'un petit État ; il avait entre autres une chambre des comptes qui centralisait ses dépenses et ses recettes et recueillait par conséquent tout ce qui avait rapport aux gages de ses officiers et à leurs provisions. Ce dépôt n'existe plus aujourd'hui ; il a été anéanti dans la tourmente de 1793.

L'histoire est moins exigeante qu'un arrêt formaliste de cour souveraine ; elle se contente de preuves morales ; elle accepte la tradition quand elle s'appuie sur des indices précis, nombreux et concordants. Si, à quelques années d'intervalle, on trouvait Guillaume de Cornulier et Pierre de Cornulier en possession de la même terre, on en concluerait sans difficulté que Pierre descend de Guillaume. Or, au XVe siècle, l'hérédité des services, dans une même maison, n'était pas moins habituelle que la succession des terres de père en fils ; pour ce temps-là, la continuité de ce genre de profession constitue une présomption de descendance dont la valeur ne le cède pas à l'autre.

Avant Pierre Ier, les Cornulier avaient été attachés de père en fils au service de la maison de Laval, comme ils continuèrent encore de l'être après lui durant plusieurs générations. Guillaume Ier, après avoir servi les deux prédécesseurs de Guy XIV de Laval, était mort dans l'exercice de la charge de maître de l'hôtel de ce dernier. Son fils, Guillaume II, ne fit pas exception à une règle si bien établie dans sa famille qu'elle fut encore gardée longtemps après qu'il eut disparu. Quand il eut vendu son petit héritage de la Janneusse, rien ne le rattachait plus au pays de Vitré; il n'avait d'autre parti à prendre que de continuer le service dont son père lui avait facilité l'accès, auprès du comte Guy XIV.

Ce puissant seigneur n'habita jamais ni Laval ni Vitré; né en 1406, il fut élevé à la cour de Bretagne, où il épousa, en premières noces, en 1430, Isabeau de Bretagne, fille du duc Jean VI. Durant tout le temps qu'il vécut avec elle, il résida dans le centre du duché de son beau-père, tantôt à Nantes, à Vannes, à Auray, à Redon, à Moncontour et surtout à son château de Montfort, comme le montrent les lieux de naissance de ses nombreux enfants du premier lit.

C'est dans quelqu'une de ces résidences passagères que mourut Guillaume Ier de Cornulier; c'est à cette vie errante que fut associé Guillaume II; c'est dans quelqu'une de ces étapes qu'il se maria et que naquirent ses enfants. Ne possédant plus que la cape et l'épée, il n'avait point à passer de ces actes qui justifiaient de la filiation avant l'établissement des registres de l'état-civil; point d'aveux à rendre, de partages à donner à ses enfants; un contrat de mariage n'était même pas nécessaire là où il n'y avait pas d'intérêts importants à régler; homme d'armes, il pouvait bien garder des traditions orales, mais il ne traînait certainement pas un chartrier avec lui. Il en fut ainsi de son fils aîné,

Pierre Ier, qui avait été nourri dans les mêmes conditions. D'ailleurs, la possession d'état suffisait alors pour établir la qualité des gens ; les titres écrits n'avaient d'utilité que pour justifier de droits matériels. En cas de contestation sur la qualité personnelle, c'était une enquête qui décidait. Ici il n'y eut point de débat, mais nous avons la déclaration spontanée du témoin le plus important qu'on puisse souhaiter. Dans ses lettres de 1533, Jean de Laval qualifie Pierre II de Cornulier de *Noble écuyer*, c'est-à-dire, dans le style de l'époque, qu'il le reconnaît comme étant d'*ancienne extraction noble*. Cette déclaration équivaut à celle-ci : qu'il est à sa connaissance qu'il est le fils, le petit-fils et l'arrière-petit-fils de Pierre Ier et des deux Guillaume de Cornulier, morts tous les trois au service de son père, François, et de son grand-père, Guy XIV.

Guy XIV de Laval avait épousé en secondes noces, en 1450, Françoise de Dinan, dame de Châteaubriant. A la suite de cette seconde alliance, il se fixa définitivement à Châteaubriant, et ne quitta plus cette ville, où il mourut en 1486. Sa veuve, qui lui survécut jusqu'en 1500, garda bien l'administration de la baronnie qui était à elle ; mais, aussitôt la mort de son mari, elle remit la direction des affaires militaires à son héritier présomptif, François de Laval.

Dès l'année 1487, nous trouvons Pierre Ier de Cornulier en possession de la charge importante de capitaine des arquebusiers à cheval de ce nouveau seigneur, et son frère, René de Cornulier, est investi de celle de son premier secrétaire ou chef de cabinet, poste qui n'impliquait pas moins de confiance. Les tenaient-ils de lui ou de son père? on ne saurait le dire. Ce qui est certain, c'est que les Cornulier vinrent à Châteaubriant à la suite des sires de Laval ; qu'ils n'y parurent qu'après que ceux-ci y eurent fixé leur résidence.

Pierre Ier de Cornulier épousa, vers 1490, Marie DE CONCORET, d'une famille qui tirait son nom de la paroisse de Concoret, entre Ploërmel et Montfort-la-Canne, et dans laquelle le comte de Laval possédait le château de Comper, une des plus fortes places de la Bretagne. De ce mariage ne vint qu'un fils unique :

VI. — Noble écuyer Pierre DE CORNULIER, IIe du nom, seigneur de la Haudelinière, succéda à son père dans la charge de capitaine des arquebusiers à cheval du sire de Châteaubriant, qui était alors Jean de Laval, fils de François. Il suivit ce seigneur dans les guerres d'Italie sous François Ier, et fut récompensé de ses services par les lettres de don qui suivent.

« Jehan, sire de Châteaubriant, de Montafilant, de Candé,
« Derval et Malestroit, comte de Plorhan, gouverneur et
« lieutenant-géneral pour le Roi en Bretagne, à tous ceux
« qui ces présentes lettres verront, salut. Savoir faisons
« que en faveur, reconnaissance et rémunération des bons
« et agréables services que *noble écuyer Pierre Cornulier*

« nous a ci-devant faits en la charge de capitaine de nos
« arquebusiers à cheval, y continue de jour en autre, et
« espérons fera de bien en mieux à l'avenir, à icelui pour
« ces causes et autres bonnes et justes considérations à
« ce nous mouvant, même pour ce que très bien nous plaît,
« avons donné et octroyé et par ces présentes donnons et
« octroyons tout le droit et devoir de deshérence à nous
« appartenant, échu et advenu sous nos fiefs, juridiction
« et seigneurie de Châteaubriant par le décès du feu sieur
« François de Carné, en son vivant capitaine dudit lieu, à
« quelque valeur et estimation qu'il se puisse monter, tant
« meubles, maisons, héritages que autres choses, pour en
« jouir et user par ledit *Cornulier,* ses hoirs, successeurs
« et ayant de lui cause à jamais et perpétuellement par
« héritage, en payant les rentes et devoirs sur ce dus et
« accoutumés ; et mandons à nos officiers dudit Château-
« briant, et à chacun d'eux en son regard et comme à lui
« appartiendra, mettre et induire de par nous ledit sieur
« *Cornulier* en possession réelle et actuelle desdites choses,
« tant meubles que héritages, faire lever et ôter les sceaux
« mis et apposés sur lesdits meubles toutes et quantes fois
« que ledit *Cornulier* les en réquerra, et du tout d'icelle
« deshérence le faire et laisser jouir pleinement, paisible-
« ment et entièrement, sans lui faire ni souffrir être fait
« aucun trouble ni empêchement ; au contraire, lequel si fut
« mis ou donné était, justement et sans délai l'ôter et
« mettre en pleine et entière délivrance, car tel est notre
« plaisir. Donné à Châteaubriant le 10 août 1533. Signé :

« Jehan DE LAVAL ; et plus bas : par monseigneur et de « son commandement, signé : *Cronfil* et *Savage*, et « scellé. »

Pierre II *de Cornulier* resta au service de Jean de Laval jusqu'à la mort de ce seigneur, arrivée en 1543, et, comme il ne laissait pas de postérité, il passa alors au service de son parent et successeur au gouvernement de la Bretagne, Jean de Brosse (dit de Bretagne, comme héritier des droits de Charles de Blois), comte de Penthièvre et duc d'Étampes (1). Les registres de la chancellerie de Bretagne mentionnent, à la date du 19 janvier 1536, une évocation en sa faveur contre Gilles du Tiercent. Il mourut en 1554, et avait été

---

(1) Du premier mariage de Guy XIV de Laval avec Isabeau de Bretagne était née entre autres :

Louise de Laval, mariée en 1468 à Jean de Brosse, dit de Bretagne, comte de Penthièvre, dont elle eut :

René de Brosse ou de Bretagne, comte de Penthièvre, qui épousa, en 1504, Jeanne de Comines, dont il eut :

1º Jean de Brosse ou de Bretagne, comte de Penthièvre, duc d'Étampes, gouverneur de la Bretagne en 1543, après la mort de son cousin Jean de Laval. C'est au service de ce Jean de Brosse, mort sans postérité en 1564, que Pierre II de Cornulier resta pendant onze ans, après lesquels, étant venu à mourir, il lui laissa son fils Pierre III ;

2º Charlotte de Brosse, mariée à François de Luxembourg, vicomte de Martigues, dont elle eut :

Sébastien de Luxembourg, vicomte de Martigues, colonel-général de l'infanterie française, duc de Penthièvre et gouverneur de la Bretagne après son oncle. Il fut tué en 1569, et avait épousé Marie de Beaucaire, dont il n'eut qu'une fille :

Marie de Luxembourg, duchesse d'Étampes et de Penthièvre, vicomtesse de Martigues, mariée en 1579 à Philippe-Emmanuel de Lorraine, duc de Mercœur, gouverneur de la Bretagne après son beau-père.

Pierre III de Cornulier avait commencé sa carrière sous Jean de Brosse, il la continua sous Sébastien de Luxembourg, et l'acheva sous le duc de Mercœur. Son fils puîné, Jean, depuis seigneur de Lucinière, fut élevé page de ce même duc de Mercœur, et son petit-fils, Pierre, seigneur de Lorière, prit pour femme la filleule de la duchesse de Vendôme (fille du duc de Mercœur), élevée près d'elle et appartenant aux premiers officiers de sa maison. C'est ainsi que les relations de famille se perpétuaient indéfiniment.

marié deux fois : en premières noces avec Louise DE VAULX, de la maison de Lévaré, près d'Ernée, au Maine ; et, en secondes noces, par contrat du 5 février 1525, avec Jeanne LE ROYER, fille aînée de noble homme Hervé Le Royer et de Louise *de Brye de la Juyère*. Cette famille Le Royer était originaire du Maine, mais une de ses branches s'était établie en Bretagne où elle avait de hautes positions dans les finances : elle était même possessionnée sous la baronnie de Vitré. Quant à Louise de Brye, elle appartenait à la maison de Serrant, en Anjou, dont une branche s'était, depuis plus d'un siècle, transplantée dans le pays de Châteaubriant.

Les enfants de Pierre II de Cornulier furent :

DU PREMIER LIT :

1º Jeanne DE CORNULIER, morte sans postérité.

DU DEUXIÈME LIT :

2º Pierre III DE CORNULIER, qui suit.

3º Michel DE CORNULIER, né à Châteaubriant le 2 juillet 1531, mort jeune.

4º Michelle DE CORNULIER, partagée noblement par son frère le 10 juillet 1555, fut mariée à Jean *Baril*, écuyer, dont elle n'eut qu'une fille, Thommie Baril, mariée, en 1573, à Raoul *Charette*, seigneur de l'Étang, prévôt de Nantes, père de Jean Charette, seigneur d'Ardennes, grand prévôt de Bretagne.

VII. — Noble écuyer Pierre DE CORNULIER, IIIe du nom, connu sous le nom de *Général de la Touche*, seigneur de

Quihex sur l'Erdre, de la Pénicière dans la paroisse de la Bernardière, près Clisson, en 1565 ; de la Touche, la Rivière, la Croix-Merhan, Beaujonnet, la Haye-Poil-de-Grue et Rozabonnet, en Nozay, en 1563 ; de la Haye, en Sainte-Luce, près Nantes, en 1567 ; de la Bourdinière et de la Motte-Grimaud ou Plessis-Grimaud, en Puceul, en 1580 ; de Lucinière et de Fayau, en Nort, en 1585 ; vicomte de Rezé, près Nantes, en 1560, etc. Secrétaire du Roi et de la Reine et premier secrétaire du duc d'Étampes, gouverneur de Bretagne, et de son successeur, Sébastien de Luxembourg, vicomte de Martigues, dit le Chevalier-sans-Peur, colonel-général de l'infanterie française (1). Il entra à dix-sept ans au service du premier de ces lieutenants-généraux et y resta jusqu'à la mort du second, arrivée en 1569. Il fit sous leurs ordres les guerres de Picardie et autres, en 1552 et 1553, et fut gratifié pour ses services d'une pension de 200 livres sur les États de Bretagne, ainsi qu'on le voit par les états des officiers militaires et nobles pensionnaires de ladite province des années 1560 et 1571.

---

(1) A cette époque, le premier secrétaire d'un gouverneur de province avait près de lui une situation relative analogue à celle d'un secrétaire d'État près du souverain. Il devait prendre un brevet de notaire-secrétaire du roi pour que foi fût ajoutée à sa signature dans les pièces qu'il signait seul, et qui devaient valoir comme si le gouverneur les eût signées lui-même.

Il était aussi le représentant accrédité du gouverneur partout où il l'envoyait. M. d'Alesso écrivant de Blois, le 5 janvier 1560, au duc d'Étampes, lui dit : « J'ai « entretenu Mgr le connétable de ce qui vous concerne, votre secrétaire *Cornillé* « était présent, et pour ce qu'il s'en va vers vous, je ne vous ferai plus long discours « des propos que lui ai tenus. »

En résumé, ces fonctions de premier secrétaire répondaient assez bien à ce que sont aujourd'hui celles de chef de cabinet, de chef d'état-major, de secrétaire des commandements, de secrétaire-général ; ce n'étaient pas seulement des fonctions privées, elles avaient aussi un caractère public.

En 1555 et 1557, il fut pourvu de l'office de receveur des fouages, impôts et revenus de la gendarmerie des évêchés de Saint-Brieuc et de Cornouaille ; mais il faisait gérer ces recettes par des fondés de pouvoir et continuait à exercer personnellement ses fonctions auprès du gouverneur de la province. René du Cambout, seigneur dudit lieu, le cautionna pour la première de ces recettes, et Jean du Perrier, puîné des comtes de Quintin, pour la seconde. Ces recettes tenaient lieu d'appointements ou bien étaient des gratifications qu'on donnait dans l'ordre civil comme les bénéfices en commende dans l'ordre ecclésiastique.

Le 20 novembre 1565, le juge de la cour de Clisson décerne acte à noble homme Pierre *de Cornulier*, vicomte de Rezé, seigneur de la Touche et de la Pénicière, pensionnaire du Roi en Bretagne, receveur de Cornouaille, de ce qu'il est venu exprès en cette ville pour rendre foi et hommage à cause de la terre de la Pénicière, par lui acquise ; et, attendu l'absence du seigneur de ladite cour, lui donne terme et répit.

Par acte du 17 avril 1575, Claude du Matz, seigneur de la Rivière d'Abbaretz, lui céda le patronage de la Chapelle de Saint-Michel, en l'église de Nozay, qui avait été fondée, en 1437, par Jeanne du Moulin, dame de la Croix-Merhan et de la Touche, dont il était l'héritier.

Pierre *de Cornulier* fut reçu maître des comptes à Nantes, le 30 septembre 1568, et pourvu deux ans plus tard, le 10 octobre 1570, de l'office de trésorier de France et général des finances, tant ordinaires qu'extraordinaires, en Bretagne.

En 1565, le roi Charles IX lui fit remise, « en considé-
« ration des bons et agréables services qu'il lui avait ren-
« dus et à ses prédécesseurs ainsi qu'à ses cousins, le duc
« d'Étampes et le vicomte de Martigues, de ceux qu'il
« fait encore et espère qu'il continuera, de tous les droits
« qui lui étaient dus pour raison de son acquisition de la
« vicomté de Rezé. » En 1575, son successeur lui fit don
de 671 écus, « tant en considération de ses longs services
« que pour lui aider à supporter les frais et dépenses de
« plusieurs commissions qui lui ont été adressées pour ses
« affaires et service, et d'autres qu'il lui a longtemps aupa-
« ravant et depuis faites en tant d'autres sortes qu'il en a
« tout contentement. » Enfin, en 1577, Henri III regrettait
« que l'urgente nécessité de ses affaires ne lui permît pas,
« comme il l'eût bien désiré, de récompenser selon leur
« mérite les longs et recommandables services que son
« amé et féal le sieur *de la Touche-Cornulier* avait faits à
« ses prédécesseurs rois, père et frère, et à lui, tant en
« son état de trésorier de France qu'en plusieurs autres
importantes charges et commissions ès quelles il avait
« été employé. »

Par lettres du 7 août 1585, Madeleine de Savoie, duchesse
douairière de Montmorency, lui fit aussi remise des lods et
ventes qui lui étaient dus pour raison de son acquisition
de la terre et seigneurie de Lucinière, sous sa Châtellenie
de Nozay (1).

(1) Cette acquisition, faite dès 1581, mais réalisée seulement par contrat du 15 mai 1585, moyennant le prix de 5,200 écus, ne comprenait que la partie de Luci-

Pierre *de Cornulier* fut encore pourvu d'une commission pour faire travailler aux fortifications de la ville de Nantes, de 1572 à 1578. Il avait été élu maire de cette ville en 1569 et le fut deux ans. Il avait d'abord refusé cette charge, alléguant que, bien qu'étant tout dévoué au service de ses concitoyens, il ne méritait pas l'honneur que la ville lui faisait ; que, d'ailleurs, il ne pouvait remplir ces nouvelles fonctions avec l'assiduité requise, étant astreint par son état de maître des comptes et par son service ordinaire,

nière sise en la paroisse de Nort avant 1821, époque à laquelle elle fut annexée à la commune de Joué. Originairement elle était un membre de la grande châtellenie de Nozay, mais ce fief important était tombé en partage, au XIVe siècle, aux sires de la Roche-Bernard, qui y établirent le chef-lieu de leur baronnie de la Roche-en-Niort ; dès lors, il ne fut plus connu que sous le nom de *la Roche*. A la fin du XVe siècle, ce domaine foncier de 1250 hectares et sa justice particulière furent de nouveau détachés de la juridiction baroniale qui y avait son siège, et acquis par Robert Guibé, depuis évêque de Nantes et cardinal, qui lui imposa le nom de *Lucinière*, pour éviter la confusion des dénominations, le nom primitif s'étant perdu. L'idée de cette appellation lui fut suggérée par la quantité de rossignols qui peuplaient les bois dont se composait presque uniquement le domaine ; un esprit moins cultivé aurait dit la Rossignolais. Après le cardinal, la seigneurie de Lucinière passa à François Hamon, son neveu et son successeur sur le siège épiscopal de Nantes ; et de celui-ci à sa nièce, Françoise Hamon, mariée avec Hardy de Jaucourt, lieutenant-général en Bourgogne, seigneur de Vault, entre Avallon et Vézelay. Françoise Hamon mourut en 1571 sans laisser de postérité, et sa succession fut recueillie par Robinette Hamon, sa nièce à la mode de Bretagne, femme de Claude de Maillé, seigneur de Milly-le-Meugeon, près de Gennes en Anjou. Ce sont ces derniers qui vendirent Lucinière à Pierre III de Cornulier.

Lorsque celui-ci acquit cette terre, il y existait un château fort d'une certaine importance, car il ne laissa pas, quelques années plus tard, que de porter ombrage au Conseil d'État, que la Ligue avait établi juge souverain à Nantes, puisqu'il ordonna, le 23 août 1589, que cette place serait rasée « pour le regard, dit-il, de la forteresse « qui y est, de peur que l'ennemi ne s'en empare. »

Quant à la juridiction de cette seigneurie, elle était assez étendue, car sa haute justice s'étendait vers l'ouest jusqu'à la forêt de Suffré ; elle jouissait de tous les droits féodaux ordinaires, et en outre des deux tiers de la dîme qui se prélevait sur ses fiefs. La population de ces fiefs, tous situés sur la rive droite de l'Erdre, comprenait, d'après un recensement fait en 1429, environ un cinquième de la population totale de la paroisse de Nort, mais elle était répartie sur une superficie proportionnellement plus considérable. Les territoires de Laurière et d'Alon n'y ont été annexés que plus tard par Jean de Cornulier ; ils relevaient de la baronnie de Vioreau.

près du gouverneur de la province. Néanmoins, sur de nouvelles instances de l'assemblée, il se décida à accepter. Il assista, en qualité de commissaire du roi, aux États assemblés à Vannes en 1582, et à ceux qui furent assemblés à Nantes en 1585. Il mourut à Nantes le 27 mars 1588 et fut enterré dans l'église de Sainte-Radégonde de cette ville, où sa veuve fonda, par acte du 8 mai 1588, une messe par semaine et une chapelle prohibitive avec enfeu pour sa famille, ainsi que son mari l'avait prescrit par son testament. Ses funérailles furent faites par le chapitre de la cathédrale, distinction qu'il n'accordait, d'après ses statuts, qu'aux personnes de grande qualité.

Pierre III *de Cornulier* avait cru devoir réunir à ses armes celles de sa femme, qui était la dernière de son nom. Elle portait : *d'azur à trois mailles d'argent;* il ajouta ces trois mailles en pointe de son écusson, 2 et 1 ; c'est ainsi qu'elles figurent sur son cachet particulier et sur les sceaux de ses juridictions. Ces mailles étaient de petites pièces de monnaie portant l'empreinte d'une croix pattée, et c'est à tort que *Le Livre doré de l'Hôtel-de-Ville de Nantes* les a confondues avec des bezants. Cette addition ne fut pas adoptée par ses enfants ; ils reprirent leur ancien blason dans sa pureté primitive.

Les témoins entendus dans l'enquête faite en 1593, pour l'ordination de son fils, déposent : « qu'il débuta et fut
« nourri longtemps en la maison de défunt illustre seigneur
« de bonne mémoire monseigneur Jean, dit de Bretagne,
« duc d'Étampes et gouverneur de Bretagne, duquel il était

« extrêmement aimé, estimé et apprécié ; que le vicomte
« de Martigues ne l'avait pas en moindre affection et estime
« que son oncle ; que tous les deux le consultaient habi-
« tuellement, non seulement pour leurs affaires particulières,
« mais encore pour les grandes et importantes affaires de
« leur gouvernement, car il était des mieux entendus dans
« l'administration des affaires d'État et des finances, tenu
« pour personnage de valeur et de mérite, recherché et
« employé en toutes occasions importantes. Qu'il était très-
« versé et expérimenté dans sa charge de général des
« finances, et qu'il la remplit heureusement et avec hon-
« neur jusqu'à sa mort, arrivée l'an 1588. Que depuis l'an
« 1582, où le duc de Mercœur prit le gouvernement de la
« Bretagne, il fut constamment appelé dans ses conseils et
« consulté sur toutes les affaires les plus importantes qui
« survenaient. Que ce prince et son illustre épouse, fille
« du vicomte de Martigues, le tenaient en grand honneur
« et estime et lui rendaient ce témoignage insigne d'être
« l'un des meilleurs, des plus fidèles et des plus vertueux
« conseillers d'État qu'ils eussent connus. Que dans ses
« fonctions de premier secrétaire des gouverneurs de Bre-
« tagne, comme dans les autres charges et emplois qu'il
« a maniés pour le service des rois très chrétiens de
« bonne mémoire : Henri II, François II, Charles IX et
« Henri III, ledit défunt *Cornulier* s'acquit une telle répu-
« tation de piété, de probité et de fidélité, qu'il était en
« grande estime et considération parmi tous les gens de
« bien, et réputé et tenu pour homme d'honneur des plus

« dignes, de droite et parfaite conscience, non seulement en
« cette province de Bretagne, mais encore par tout le
« royaume. Qu'il a constamment demeuré en la ville de
« Nantes depuis l'époque de son mariage ; que sa femme
« et lui y étaient connus notoirement, ainsi que dans les
« environs, comme gens de bonne race, des meilleures
« et des plus anciennes familles du pays ; vivant honorés et
« respectés de tous. »

Pierre III *de Cornulier* épousa, à Nantes, par contrat du 6 juin 1563, Claude DE COMAILLE, fille aînée et principale héritière de noble écuyer Toussaint de Comaille, seigneur de Saint-Melaine, en la paroisse de Maroué, près de Lamballe, contrôleur général de la marine du Ponant, ancien premier secrétaire de l'amiral d'Annebaud (ministre tout puissant et d'une rare intégrité, sous François Ier, et gouverneur du Piémont), au service duquel il était resté pendant vingt-cinq ans, et de Perrine *Vivien*, dame de la Touche, en Nozay, et du Boisraguenet, en la paroisse d'Orvault. Cette Perrine Vivien avait été mariée en premières noces avec Pierre Piraud, secrétaire intime de Jean de Laval, baron de Châteaubriant et gouverneur de Bretagne, au service duquel il était resté pendant plus de quatorze ans. Il en avait reçu en récompense, par lettres des plus flatteuses, datées de Chantilly le 19 novembre 1538, le don de la terre de Taillecol, dans la paroisse de Rougé, que ce seigneur venait de recevoir en paiement de René du Rouvre. Perrine Vivien n'avait pas eu d'enfants de Pierre Piraud, et la terre de la Touche était un acquêt de leur communauté.

Claude de Comaille, « femme de grand mérite, honneur et religion, » disent les témoins entendus dans l'enquête de 1593, rendit aveu à la seigneurie de Clisson, en 1592, pour la terre de la Pénicière, et acquit de Jean du Fresche, en 1593, la terre et seigneurie de Toulan, en Nozay, qu'elle réunit à la Touche. Par acte du 5 mars 1599, elle investit son fils aîné de la succession noble et avantageuse de son père et de la sienne propre, avec prière de partager ses puînés de son vivant. Elle mourut à Nantes, comme son mari, et fut inhumée près de lui dans le caveau de Sainte-Radégonde, le 27 avril 1601 ; ce fut également le chapitre de la cathédrale qui fit ses funérailles. Elle n'avait qu'une sœur cadette, Gillette de Comaille, à laquelle son mari avait donné partage noble, en 1567, dans les successions de leurs père et mère, et qui fut mariée à Robert *Thévin*, seigneur de la Durbellière, en Anjou, conseiller au Parlement de Bretagne, puis président aux enquêtes du Parlement de Paris. De ce mariage vinrent deux fils, François et Guillaume Thévin. Ce dernier, conseiller au Parlement de Bretagne, ne laissa que deux filles mariées, l'une au baron de Cicé, conseiller au même Parlement, et l'autre à Jacques Huteau, seigneur des Burons, président en la Chambre des Comptes de Nantes. François Thévin, l'aîné, maître des requêtes, laissa un fils et deux filles, savoir : Denis Thévin, comte de Montreveau, vicomte de Sorges, marié successivement avec Madeleine *de Beauveau* et avec Isabeau de *Clermont-Tonnerre*, dont il ne laissa pas de postérité ; Denise Thévin, femme d'Alphonse-Henri *de Montluc*, marquis de Balagny, fils du maréchal prince souverain de Cambray ; et Renée Thévin, mariée, en 1633, à Charles *de la Rochefoucauld-Fonsèques*, marquis de Montendre.

Pierre III *de Cornulier* laissa de Claude de Comaille trois fils et quatre filles, qui suivent :

1º Claude DE CORNULIER, aîné, dont l'article suit.

2º Jean DE CORNULIER, auteur de la BRANCHE DES SEIGNEURS DE LUCINIÈRE, sur lequel nous reviendrons.

3º Pierre DE CORNULIER, né à Nantes en 1575, fut, dit l'enquête de 1593, nourri avec ses frères dans la maison paternelle et élevé libéralement et honorablement dans l'amour et la crainte de Dieu et la pratique de ses saints commandements, sous l'obéissance de la religion catholique, apostolique et romaine, dont leurs auteurs leur donnaient eux-mêmes l'exemple. Il fut, dès son enfance, destiné par son père à l'état ecclésiastique, et, depuis sa mort, sa mère ne négligea rien pour le confirmer dans cette vocation. On l'appliqua de bonne heure à l'étude, et il y profita si bien qu'à l'âge de 18 ans, il avait déjà acquis le grade de licencié en droit civil et canon. Ce fut alors que, pour obéir à la volonté de son père, aux désirs de sa mère et à sa propre inclination, il se présenta pour entrer dans les ordres sacrés, et fut immédiatement pourvu du Doyenné de la cathédrale de Nantes et du Prieuré de Saint-Jacques de Pirmil, par la résignation que lui en fit Tristan Guillemier. Il fut reçu conseiller clerc au Parlement de Bretagne le 17 septembre 1597 ; nommé abbé commendataire de Sainte-Croix-de-Guingamp, en 1598 ; de Saint-Méen-de-Gaël, en 1601, où il fonda un bel hôpital pour les malades attaqués de l'espèce de galle nommée mal de Saint-Méen ; et de Blanche-Couronne, près de Savenay, en 1612. Fut nommé commissaire des États près la Chambre des Comptes de Bretagne, en 1613. Assista, comme député du clergé de Bretagne, aux États-Généraux assemblés à Paris, du 13 octobre 1613 au 23 février 1615, et fut nommé, en 1617, évêque de Tréguier. A cette occasion, le roi lui fit don des fruits

dudit évêché échus depuis la mort du dernier évêque, par lettres du 10 septembre 1617 ainsi motivées : « Ayant mis en considé-
« ration les bons et agréables services que notre amé et féal con-
« seiller en notre conseil d'État, messire Pierre Cornulier,
« évêque de Tréguier, nous a rendus en plusieurs affaires et
« occasions importantes au bien de notre service, et voulant, en
« faveur et pour le mérite d'iceux, le gratifier et favorablement
« traiter, etc. » Pareil don du droit de régale lui fut octroyé lorsqu'il prit possession de l'évêché de Rennes. Il assista, au mois de décembre de la même année, à l'assemblée des Notables tenue à Rouen. Fut transféré de l'évêché de Tréguier à celui de Rennes, au mois de mars 1619 ; prêta serment entre les mains du Roi, dans l'église de Saint-Julien de Tours, le 9 septembre suivant, et fit, dans le même mois, son entrée solennelle dans sa nouvelle cathédrale. Il protégea, d'une manière toute particulière, l'établissement de l'ordre de la Visitation dans son diocèse, par suite de la haute opinion qu'il avait conçue de sa fondatrice. Il fonda lui-même, en 1622, le monastère et l'église des pères Minimes, sur la Lice, à Rennes, avec tombe et enfeu pour sa famille, dans leur église ; puis, en 1637, une chapelle prohibitive, en la cathédrale de Saint-Pierre de Rennes, avec enfeu, tombe et banc pour lui et ses successeurs aînés de sa famille. Cette chapelle, dite *du vœu de Cornulier*, occupait tout le fond du transept nord de l'ancienne cathédrale démolie en 1755.

Par une ordonnance de 1620, Pierre *de Cornulier* rendit obligatoire pour tous les prêtres de son diocèse l'usage du bréviaire nouvellement réformé par ses prédécesseurs suivant le rite romain, mais en y ajoutant le propre des saints du pays dont le culte ne devait pas être abandonné. Par la même ordonnance, il maintint l'abrogation de certains jours fériés et prescrit de célébrer désormais la fête de saint Louis avec double solennité.

Pierre *de Cornulier* présida les États assemblés à Rennes, en 1621, et ceux qui furent assemblés à Nantes, en 1636. Assisté des cardinaux de Retz et de la Valette, il harangua au nom du clergé de France le roi Louis XIII, à Bordeaux, le 18 octobre 1621. Rien de plus noble et de plus sage que les vues exposées dans sa harangue, dit l'économiste Véron de Forbonnais ; ses énergiques remontrances sur les menées coupables des Calvinistes firent le plus grand honneur à l'éloquent prélat, ajoutent Le Long et Fontette dans leur *Bibliothèque historique de la France*. Louis XIII, la Reine-mère et *Monsieur* ayant fait en personne l'ouverture des États assemblés à Nantes, le 11 juillet 1626, les États désignèrent Pierre de Cornulier pour remercier le Roi. Il fit encore au maréchal de Thémines, gouverneur de Bretagne, lors de son entrée solennelle à Rennes, le 21 avril 1627, une harangue qui, dit le *Mercure français* de l'époque, fut admirée pour son éloquence. En 1637, il fut député par les États, pour le clergé, vers Louis XIII, près duquel il jouissait d'un grand crédit aussi bien que près du cardinal de Richelieu qui le consultait volontiers. C'était un des hommes les plus instruits de son temps, et le père Louis Jacob, carme, dans son *Traité des plus belles Bibliothèques*, cite celle que Pierre *de Cornulier* avait rassemblée à grand frais et avec beaucoup de soins. Il publia, en 1638, sous le nom des États, un écrit qui a pour titre : *Raisons des États de Bretagne pour justifier que l'Indult du Parlement de Paris ne doit avoir lieu en ladite Province*, in-8º, et qui est cité avec éloges par le jurisconsulte breton Michel Sauvageau.

Pierre *de Cornulier* contribua généreusement à l'édifice de sa cathédrale et assista en digne pasteur son peuple affligé de la contagion durant dix ans, visitant assidûment les malades et administrant lui-même la sainte communion aux pestiférés. Il donna libéralement pour le vœu que le corps de ville fit à Notre-Dame-de-Bonne-Nouvelle, et officiait à la procession faite le 8 septembre 1634, à la suite de laquelle la contagion cessa miraculeusement. Fort entier sur les droits de son siège, il eut à ce sujet plusieurs différends avec le parlement et avec la Communauté de ville, qui refusèrent à cette occasion de marcher en corps à ses processions ; mais il apportait la même fermeté en tout ce qui était juste, et il ne fallut rien moins que son énergie pour faire réformer, en 1627, la puissante mais fort peu édifiante abbaye de Saint-Melaine de Rennes. Prélat véritablement homme de bien, d'une vie pénitente et austère, d'une grande pureté de mœurs et d'un détachement digne d'être proposé pour modèle ; il mourut âgé de 64 ans, après vingt-deux ans d'épiscopat, le 22 juillet 1639, à son manoir des Croix, depuis nommé les Trois-Croix, dans la paroisse de Saint-Martin près Rennes, et fut inhumé dans la chapelle dite *du vœu de Cornulier* qu'il avait fondée dans sa cathédrale.

Son portrait a été gravé par Lasne, in-4°, et peint par Simon Vouet.

Dom Germain Morel, religieux Bénédictin, qui a écrit en 1648 l'*Histoire de la sécularisation de l'abbaye de Saint-Méen*, ne parle de Pierre de Cornulier qu'avec enthousiasme. « Ce per-
« sonnage était, dit-il, si relevé au-dessus du commun et si
« avantageusement doué de toutes les qualités à un degré émi-
« nent que je ne saurais lui en assigner une particulière pour
« caractériser son mérite, sinon en disant que cet homme
« incomparable était un fidèle épitomé de toutes les perfections.
« Il fut vingt-deux ans conseiller en cet auguste parlement,
« deux ans évêque de Tréguier, vingt ans évêque de Rennes et
« trente-huit ans abbé commendataire de Saint-Méen ; dans
« toutes lesquelles charges il s'est si dignement comporté que,
« plusieurs fois et préférablement à tout autre, il a mérité la
« députation tant aux assemblées du clergé qu'aux États-Géné-
« raux de ce pays. Dans ses missions, il a montré un tel zèle
« pour la défense des intérêts publics de sa province, et une
« intégrité si exempte de soupçon qu'elle lui a valu l'approba-
« tion de tous les gens de bien. Sa charité était sans bornes ; à
« Rennes, son aumônier distribuait aux pauvres six mille livres
« par an, en outre de ce qu'il donnait par ses propres mains et
« des secours qu'il faisait tenir secrètement à des gentilshommes
« déchus de la fortune et qui souffraient sans oser le faire
« paraître. Mais j'omets d'entrer dans le détail de ses actes
« comme conseiller et comme évêque, quoique très dignes de
« mémoire, mais réservant l'honneur de ce récit à quelque
« plume plus diserte que la mienne, voulant m'en tenir seule-
« ment à ce qui le touche comme abbé de Saint-Méen.

« Pierre de Cornulier n'avait que vingt-six ans lorsqu'il fut
« pourvu de l'abbaye de Saint-Méen ; loin de suivre la coutume
« de beaucoup d'autres commendataires, il consacra tous les
« revenus de son bénéfice à la restauration de cette maison, y
« ajoutant même considérablement du sien. Il trouva les bâti-
« ments et les propriétés rurales dans un état déplorable ; tout
« n'était que ruines et abandon, mais ces ruines matérielles
« étaient peu en comparaison des ruines morales que la déca-

« dence des institutions monastiques avait entassées à Saint-
« Méen depuis un siècle. Pierre de Cornulier entreprit la réforme
« du monastère et voulut tout d'abord l'essayer avec les reli-
« gieux mêmes qui s'y trouvaient. Il lutta longtemps, s'enferma
« avec eux, les exhorta ensemble et séparément ; tout fut inu-
« tile. Ces gens-là étaient insensibles à tout sentiment d'un
« ordre supérieur ; ils avaient trouvé cet état de choses établi à
« leur entrée dans la maison ; ils n'avaient jamais vu dans la
« profession monastique que l'assurance d'une béate oisiveté.
« Voyant qu'il n'y avait rien à faire de ce côté, l'abbé attaqua le
« mal par sa racine ; il leur défendit de se recruter, de recevoir
« des novices, afin de les renouveler par extinction ; ce fut une
« clameur immense ; on employa toutes les influences ; le réfor-
« mateur tint bon, et, quand il ne resta plus qu'un petit nombre
« de vieux moines, il appela les Bénédictins réformés.

« Tout semblait terminé, quand Pierre de Cornulier mourut
« inopinément le 2 juillet 1639, jour fatal à tout l'ordre de
« Saint-Benoît et particulièrement à cette pauvre abbaye, car
« il possédait toutes les qualités du cœur et de l'esprit. Très-
« éloquent orateur, subtil philosophe, savant théologien, ver-
« tueux politique, homme d'État sans reproches, juge incor-
« ruptible et prélat très vigilant, il fut mêlé à toutes les grandes
« affaires de son temps et de son pays ; une humilité profonde et
« sincère rehaussait toutes ses vertus ; il en donna une dernière
« marque en défendant que son tombeau portât d'autre épitaphe
« que celle-ci qu'il dicta lui-même.

« PETRUS, PECCATOR EPISCOPUS, HIC RESURRECTIONEM EXPECTAT. »

On peut se faire une idée des obsessions puissantes auxquelles Pierre de Cornulier eut souvent à résister par la lettre
que lui écrivait, à la date du 10 novembre 1638, le cardinal
de Richelieu et où il lui reproche de ne pas se prêter aux vues
de la cour et du maréchal de la Meilleraye, son parent ; le menaçant, dans le cas où il persisterait dans sa résistance, de prendre
contre lui le parti du Parlement dans le différend qui existait
alors entre eux.

4° Charlotte DE CORNULIER, mariée le 26 mai 1594 à René *Champion*, baron de Cicé, en la paroisse de Brutz, près Rennes, chevalier de l'ordre du Roi, fils de Georges Champion, seigneur des Croix, en la paroisse de la Chapelle-des-Fougerets, et de Bertranne de la Chapelle de la Rochegiffart. De ce mariage ne vint qu'un fils unique, Charles Champion, baron de Cicé, conseiller au Parlement de Bretagne, qui épousa Judith Thévin, cousine germaine de Charlotte de Cornulier, sa mère. Leur postérité s'est perpétuée jusqu'à nos jours.

5° Marie DE CORNULIER, mariée en 1594 à Jacques *de Launay*, seigneur dudit lieu et de Saint-Germain, conseiller d'État et président à mortier au Parlement de Bretagne. Elle mourut à Nantes, sans postérité, le 24 avril 1600, et fut inhumée dans l'église de Sainte-Radégonde ; ce fut le chapitre de la cathédrale qui fit ses obsèques. Son mari mourut à Rennes le 23 février 1604 et le Parlement assista en corps à ses obsèques.

6° Anne DE CORNULIER, mariée à Nantes, par contrat du 21 janvier 1604, à Guillaume *de la Noue*, comte de Vair, seigneur de Crazelles, Crenolles, etc., conseiller au Parlement de Bretagne, intendant de la Reine, chancelier de la duchesse d'Orléans ; fils de Charles de la Noue, seigneur de Grigné-le-Brisay, en Touraine, de Vaubreton, etc., aussi conseiller au Parlement de Bretagne, maître des requêtes de l'hôtel et chancelier du duc d'Anjou, frère de Henri III, et de Marie de la Barre de la Beausseraye. De ce mariage vinrent deux fils et deux filles, savoir : Henri de la Noue, conseiller au Parlement de Bretagne, auteur des seigneurs de Bogar, dans l'évêché de Saint-Brieuc, qui subsistent encore ; Charles de la Noue, conseiller d'État, auteur des comtes de Vieux-Pont, qui ont donné plusieurs officiers généraux de l'armée ; Hélène de la Noue, femme de Jean de Saint-Pern, seigneur du Lattay ; et Éléonore de la Noue, mariée à M. de Maudet.

7° Philippe DE CORNULIER, religieuse de l'ordre de Saint-Benoît, fut la dernière prieure résidente au prieuré de Saint-Malo-de-Teillay, ou de Taillay-aux-Nonnains, dans la paroisse d'Ercé-en-la-Mée. Elle se rendit à la clôture en 1620. Elle avait été rappelée à la maison-mère de Saint-Sulpice de Rennes à cause des troubles religieux, et mourut néanmoins à Teillay, car elle y fut inhumée dans son église prioriale le 4 octobre 1644.

VIII. — Claude DE CORNULIER, Ier du nom, connu sous le nom de *Général de la Haye*, seigneur des Croix, en la paroisse de Saint-Martin-lès-Rennes, de la Haye ; des Gravelles, en la paroisse de Saint-Onen ; de Lohingat, paroisse de Guer, de la Grande-Guerche ; de la Touche, de la grande et petite Villatte et de l'Héronnière, en Nozay, etc., naquit à Nantes, en 1568, fut nommé trésorier de France et général des finances en Bretagne, par lettres du 20 mars 1588, et en prêta le serment entre les mains du chancelier de France le surlendemain. Il assista, en qualité de commissaire du Roi, aux États assemblés à Rennes en 1590 et en 1593. Donna partage noble à ses puînés dans les successions paternelle et maternelle par acte passé à Nantes, le 20 février 1601, et les partagea de nouveau, en 1639, comme héritier principal et noble de messire Pierre de Cornulier, évêque de Rennes, son frère. Il fut reçu maire de Nantes, le 13 juillet 1605 et demeura en exercice jusqu'en 1607 ; c'est lui qui fit construire la belle galerie à arcades qui forme la façade principale de l'Hôtel-de-Ville. En 1620, il fit bâtir le chœur de l'église paroissiale de Sainte-Luce, près Nantes, et, à cette occasion, le chapitre de la cathédrale, qui avait la seigneurie de la paroisse, lui permit d'y mettre ses armes aux vitraux et ailleurs, pourvu que ce fût au-dessous de celles du chapitre. Déjà en 1601, il avait fait construire dans cette église une chapelle privative pour y mettre son banc et terminer ainsi des difficultés que les chanoines avaient élevées à ce sujet dès 1587. Le 18 février 1612, il rendit aveu à ce chapitre pour sa terre de la Haye. Il fut pensionné du Roi, le 17 février 1630, après quarante-six ans de services. Reçu conseiller d'honneur en la Chambre des Comptes de Bretagne, le 30 mai 1634, puis conseiller du Roi en ses conseils d'État et privé.

Par lettres-patentes, données à Paris le 9 février 1611, signées du Roi, la reine-régente, sa mère, présente, et enregistrées au Parlement de Bretagne le 11 octobre 1611, les terres, fiefs et seigneuries de la Touche, Toulan, la Rivière, la Croix-Merhan, Rozabonnet et Procé, dans la paroisse de Nozay, furent unis et érigés en titre de châtellenie, sous le nom de la Touche, « en récompense des bons
« et agréables services, dit le Roi, que notre cher et bien-
« aimé Claude *de Cornulier*, notre conseiller, trésorier de
« France et général de nos finances en notre pays et duché
« de Bretagne, a rendus au feu Roi, notre très honoré sei-
« gneur et père que Dieu absolve, en plusieurs occasions
« importantes à son service et au bien de ses affaires; espé-
« rant aussi qu'avec non moindre affection et fidélité, il
« continuera de bien en mieux sesdits services à l'avenir;
« voulant non seulement les reconnaître en sa personne,
« mais aussi faire passer jusqu'à sa postérité le témoignage
« du contentement que nous en avons par l'accroissement
« et augmentation des titres et qualités des terres qui lui
« appartiennent, etc. »

Ce titre de châtellenie fut encore reconnu à la Touche par le prince de Condé, seigneur supérieur, suivant sentence arbitrale du 17 mai 1634, et depuis lors cette terre ne fut plus connue dans les actes que sous le nom de *la Touche-Cornulier*, pour la distinguer des autres terres du même nom.

Par brevet, en date du 2 février 1605, le connétable Henri de Montmorency avait octroyé à Claude de Cornulier la permission de mettre un banc prohibitf dans l'église paroissiale de Nozay, au chœur, du côté de l'épître, près de la chapelle Sainte-Anne; à la charge de tenir ledit banc de lui à foi, hommage et rachat fixé à un écu d'or à chaque mutation du seigneur de la Touche. Cette concession lui fut confirmée par lettres du prince de Condé du 22 septembre 1630 ; et, le 26 septembre 1633, Claude de Cornulier fit dresser, par le sénéchal de Nozay, un procès-verbal de sa prise de possession.

Claude *de Cornulier* ne fut pas un homme moins éminent que son père et que ses frères. Nommé général des finances de Bretagne à l'âge de vingt ans, la Chambre des Comptes refusa de vérifier sa nomination à cause de sa jeunesse ; mais François Myron, son co-général, qui avait été aussi le collègue de son père, et, par suite, à même de juger son mérite et sa maturité précoce, n'hésita pas à déclarer à la Chambre qu'il prenait sous sa responsabilité personnelle la gestion de son jeune associé. En conséquence, les lettres de dispense d'âge pour cette charge, qui lui avaient été accordées « en considération des longs et recommandables ser-

vices de son père, » furent enregistrées à la Chambre des Comptes le 27 mai 1588, avec cette restriction qu'il ne pourrait faire aucune expédition, sans l'assentiment de son co-général, jusqu'à ce qu'il eût atteint l'âge compétent. Impatient de cette entrave, Claude de Cornulier s'adressa au Roi qui, par lettres du 8 février 1592, le dispensa de l'obligation que la Chambre lui avait imposée, « sur ce
« qu'il s'est si bien comporté et a acquis l'expérience et
« capacité suffisante pour pouvoir seul bien et fidèlement
« exercer sa charge, ainsi qu'il nous l'a fait paraître en notre
« Conseil, où il a rendu preuve et raison de tous les prin-
« cipaux points de ladite charge, dont nous sommes trouvés
« grandement satisfaits ; ce qu'il vous avait autrefois offert
« faire connaître par l'examen auquel vous n'auriez aucu-
« nement voulu entendre, vous arrêtant au bas-âge qu'il
« avait lors de sa réception, duquel toutefois nous l'avions
« dispensé... A ces causes, par l'avis de notre Conseil, vou-
« lons qu'il entre immédiatement dans le plein exercice de
« sa charge. »

Les trésoriers de France, généraux des finances, avaient, à cette époque, des attributions beaucoup plus étendues que ne semble l'indiquer le titre de leur office. Non seulement ils maniaient les revenus de toute leur généralité, qui comprenait un territoire fort étendu, mais c'était eux qui répartissaient les impôts, qui étaient chargés de la voirie, dirigeaient l'administration civile et celle du domaine, ce qu'ils continuèrent de faire jusqu'à la création des intendants de province. En un mot, ils réunissaient dans leurs mains les pouvoirs qui sont aujourd'hui répartis entre les préfets, les receveurs et payeurs généraux, les directeurs des domaines et les ingénieurs en chef des ponts et chaussées, et cela sur un territoire qui comprenait l'étendue de cinq ou six de nos départements.

Il n'avait encore que 22 ans lorsque le Roi le nomma son commissaire près des États de Bretagne, mission toujours difficile et singulièrement délicate dans les temps de troubles où l'on était alors. Pendant sa longue carrière, il ne démentit jamais la bonne opinion qu'il avait fait concevoir de lui à son début.

Dans les lettres d'honneur qu'il lui accorda en 1634, après la résignation de sa charge, le Roi dit que, « désirant
« reconnaître les bons et fidèles services rendus au feu Roi,
« à lui-même et au public, en plusieurs occasions et durant
« quarante-six ans, par son amé et féal Claude *Cornulier*,
« seigneur de la Touche, il ne veut pas se priver de sa
« longue expérience et de la connaissance qu'il a acquise
« de son office, ni qu'après avoir consumé la plus grande
« partie de sa vie il soit exclu des marques d'honneur dont
« il avait tenu à qualifier un homme de mérite qui l'avait
« par si longtemps, si dignement et si fidèlement servi ;
« en conséquence, lui permet, par grâce spéciale, de se
« nommer, le reste de ses jours, trésorier général de France
« en Bretagne, nonobstant la résignation qu'il a faite de
« sondit office ; lui accorde entrée, séance et voix délibé-
« rative en la Chambre des Comptes, chaque fois qu'il
« voudra s'y rendre ; et lui conserve la jouissance des

« honneurs, prééminences, immunités et privilèges de
« son ancienne charge, comme au temps où il l'exer-
« çait. »

Zélé catholique, mais opposé à la Ligue, il fut renfermé pendant dix mois, en 1589, dans le château de Nantes, par ordre du duc de Mercœur qui, désespérant de se l'attacher, finit par lui permettre de se retirer à Rennes, qui était sous l'obéissance du Roi, pour y continuer l'exercice de sa charge. Sa résistance ne lui aliéna même pas ce prince, car, par lettres du 8 mars 1590, il décharge sa mère de la caution qu'elle lui avait donnée pour obtenir l'élargissement de son fils et de l'obligation qu'elle avait contractée de le représenter lorsqu'il lui plairait le mander ; la tenant pour quitte sans qu'elle puisse être aucunement en peine ni recherchée. Par autres lettres de 1594, il ordonne de lui payer une somme considérable qui lui restait due. Enfin, le conseil souverain de la Ligue, séant à Nantes, ayant ordonné, en 1589, de raser le château de Lucinière aux dépens de Claude de Cornulier, qui en était propriétaire, cette dame eut recours à la duchesse de Mercœur et obtint que cette résolution serait modifiée : on se borna à démanteler la place ; le château ne fut point abattu et quelques soldats y furent placés en garnison pour le défendre.

Le 8 juin 1615, Claude *de Cornulier* avait obtenu de l'évêque et du chapitre l'autorisation de fonder, pour lui et pour toute sa postérité, dans la chapelle de Saint-Clair de la cathédrale de Nantes, un anniversaire solennel, d'y avoir un enfeu prohibitif à tous autres et d'y faire élever un tombeau dans l'épaisseur de la muraille ; ce qui fut accordé en considération des bienfaits dont lui et les siens avaient obligé cette église. C'est là qu'il fut inhumé, le 15 novembre 1645. Il était mort le 11, et le chapitre décida que dorénavant l'anniversaire qu'il avait fondé, et qui se célébrait le 9 octobre, serait reporté au 10 novembre.

A cette époque, les chapelles de Saint-Clair et de Saint-Félix étaient dans le chœur même de la cathédrale ; mais, en 1733, ces deux chapelles furent supprimées pour agrandir le sanctuaire, et l'autel de Saint-Clair réédifié dans le transept méridional, contre le mur de la sacristie. A l'occasion de ce déplacement, le chapitre décida que, pour se conformer autant que possible à l'acte de fondation du 29 juillet 1615, le mausolée de Claude *de Cornulier* serait placé dans le mur de l'ancienne chapelle de Saint-Clair, immédiatement au-dessus de l'enfeu, et le plus près que faire se pourrait de l'entrée du chœur, avec les armoiries de la même façon qu'elles étaient auparavant. Depuis que ces changements ont été opérés, et même depuis l'année 1700, il ne paraît pas qu'aucun membre de la famille du fondateur ait été inhumé dans l'enfeu de Saint-Clair. De nos jours, l'autel de Saint-Clair a encore subi un nouveau déplacement ; il a été rétabli dans la première chapelle du bas-côté du midi.

Claude *de Cornulier* épousa, à Rennes, par contrat du 6 décembre 1601, Judith FLEURIOT, dame de l'Étang, dans les paroisses de Plouasne et de Saint-Pern, et du Roudourou, en Plouizy, près Guingamp, fille de feu Piere Fleuriot, doyen des conseillers au Parlement de Bretagne, et de Jeanne *Loysel*, de la maison des marquis de Brie et de Chambière. Judith Fleuriot fut mariée par l'autorité de son oncle, Jean Fleuriot, abbé de Bégar, et resta seule héritière de la branche des Fleuriot du Roudourou à la mort de son frère unique, décédé sans postérité. Claude *de Cornulier* et sa femme partagèrent leurs enfants de leur vivant (ce que la coutume de Bretagne ne permettait qu'aux personnes de condition noble et avantageuse), par acte passé à Nantes le 30 juillet 1644; tous les deux moururent dans cette ville l'année suivante. Ils eurent au moins quatorze enfants, savoir :

1º Pierre IV DE CORNULIER, qui suit.

2º Claude DE CORNULIER, né à Nantes le 6 juillet 1615.

3º Hercule DE CORNULIER, nommé à Nantes, le 12 février 1617, par Hercule de Rohan, duc de Montbazon, gouverneur du comté nantais.

4º Charles DE CORNULIER, auteur de la BRANCHE DES SEIGNEURS DE LA CARATERIE, rapportée plus loin.

5º Louise DE CORNULIER, née à Nantes le 6 juillet 1605, morte à Sainte-Luce le 8 septembre suivant.

6º Claude DE CORNULIER, née à Nantes, le 11 novembre 1606, mariée dans la même ville, le 14 août 1620, à Gabriel, marquis *de Goulaine*, baron du Faouët, vicomte de Saint-Nazaire, seigneur du Pallet, du Loroux-Bottereau, etc., chef de sa maison, chevalier de l'ordre du Roi, fils de Gabriel de Goulaine, commandant pour la Ligue en Anjou, Poitou et partie de la Bretagne, et de Françoise de Bretagne, fille d'Odet de Bretagne, comte de Vertus et de Goëllo, baron d'Avaugour et d'Ingrandes, premier baron de Bretagne. Claude de Cornulier mourut à Nantes, le 21 août 1674, et fut inhumée à Haute-Goulaine ; elle laissait cinq enfants : Louis, comte de Goulaine, qui se fit jésuite en 1654 ; Marie et Charlotte de Goulaine, religieuses Ursulines à Nantes ; Yolande de Goulaine, mariée à Claude, marquis *du Chastel* et de la Garnache, comte de Beauvoir-sur-Mer, seigneur de Mesle, Châteaugal, Glomel, etc., mort sans postérité, dernier de cette illustre maison de Bretagne ; et Anne de Goulaine, restée, en 1705, seule héritière de la branche aînée de sa maison, mariée à Sébastien de Rosmadec, marquis du Plessis-Josso.

7º Autre Louise DE CORNULIER, née à Nantes le 8 décembre 1611, fut mariée deux fois. Elle épousa en premières noces, à Nantes, par contrat du 14 août 1627, mariage bénit dans la chapelle du château de la Haye, le 21 septembre suivant, Damien *du Bois*, chevalier, seigneur de la Ferronnière, de Beauchesne, au Loroux-Bottereau, etc., fils aîné, héritier principal et noble de Louis du Bois, descendant de Geoffroy du Bois, l'un des chevaliers les plus renommés du combat des Trente, et de Françoise Le Gay. Elle n'en eut pas d'enfants, et épousa en secondes noces, au château de la Haye, en Sainte-Luce, par contrat du 25 juin 1635, Nicolas *Foucault*, conseiller au Grand-Conseil, fils de défunt Claude Foucault, conseiller du Roi en ses conseils d'État et privé, doyen de la Cour des Aides de Paris, et de Madeleine Aubry. De ce second lit vinrent deux enfants : Claude Foucault, seigneur de Basjou, conseiller au Parlement de Paris, et Louise Foucault, mariée à Thierry Sevin, seigneur de Miramion, conseiller au Grand-Conseil.

8º Marguerite DE CORNULIER, née à Nantes le 5 janvier 1613.

9º Charlotte DE CORNULIER, née à Nantes le 3 septembre 1618, mariée dans la même ville, le 27 novembre 1635, à Pierre-René *Charette*, seigneur de la Bretonnière, de Montebert, la Guidoire, etc., conseiller d'État et sénéchal de Nantes, fils de René Charette, aussi sénéchal de Nantes, et d'Anne Martin. Charlotte de Cornulier mourut à Nantes, le 12 novembre 1669, laissant deux enfants : Simonne Charette, mariée, en 1664, à Julien *de Saligné*, baron de la Chèze, en Poitou ; et Jacques Charette, seigneur de la Bretonnière, premier président de la Chambre des Comptes de Bretagne, dont le fils, Gilles Charette, conseiller au Parlement, laissa pour unique héritière Marie-Madeleine-Élisabeth Charette de Montebert, qui fut mariée trois fois : 1º Avec Louis *de Sérent*, marquis de Kerfily, dont elle eut le duc de Sérent, père des duchesses de Damas-Crux et de Narbonne-Pelet ; 2º avec Henri-François *de Bretagne*, comte de Vertus et de Goëllo, baron d'Avaugour, mort en 1746, dernier de son nom ; 3º avec Anne-Léon *de Montmorency*, premier baron de France, chef de sa maison, dont elle n'eut pas d'enfants.

10º Marie-Thérèse DE CORNULIER, née en 1619, religieuse au premier monastère de la Visitation de Rennes, femme d'une haute vertu et d'un rare mérite, sujet accompli, disent les Mémoires de l'Ordre. Elle fut élue, en 1651, supérieure de la Maison de Vannes, qu'elle fit rééedifier ; élue supérieure du second monastère de Rennes en 1657, et réélue en 1666 ; elle fut enlevée à cette Maison, dite du Colombier, en 1667, pour gouverner la maison-mère à laquelle elle appartenait ; enfin elle gouverna de nouveau la Maison de Vannes de 1670 à 1676. Elle a écrit l'*Abrégé de la vie de la Mère du Houx, née Pinczon*, morte en 1677, surnommée l'épouse de la Croix, femme admirable qu'elle a peinte, dit un auteur, de si vives couleurs, qu'on ne peut lire ce petit ouvrage sans admiration. Elle mourut au premier monastère de la Visitation de Rennes le 16 janvier 1681. Sa vie a été publiée dans l'*Année sainte de la Visitation*, tome II. Elle était professe depuis quarante-six ans et avait eu vingt-cinq ans de supériorité.

11º Judith DE CORNULIER, née à Nantes le 29 septembre 1619, sœur jumelle de Marie-Thérèse.

12º Gabrielle ou Marie-Gabrielle DE CORNULIER, née à Nantes le 25 mars 1621, fut élevée chez les Ursulines de Rennes et entra en religion à dix-huit ans chez les Visitandines de la même ville. C'était, disent les Mémoires de l'Ordre, une personne accomplie, au physique comme au moral; mais elle tomba bientôt dans un état d'infirmité tel que la maison ne put utiliser ses grandes qualités. Elle mourut le 9 avril 1654, âgée de trente-trois ans et professe de seize ans, du rang des sœurs de chœur.

13° Marie DE CORNULIER, religieuse ursuline, à Rennes.

14° Anne-Thérèse DE CORNULIER, née au château de la Haye le 10 novembre 1625, fit profession à la Visitation de Rennes à l'âge de seize ans. Elle occupa successivement presque toutes les charges de l'Ordre où elle servit la communauté avec un courage qui surpassait ses forces, car, si elle était excellemment douée, sa complexion était faible et délicate. Elle finit par être affligée de grandes et cruelles infirmités auxquelles elle succomba le 6 octobre 1675, âgée de cinquante ans, professe de trente-quatre, et du rang des sœurs choristes.

De tous ces enfants, il ne restait plus, en 1644, que Pierre et Charles, avec les filles mariées et celles qui étaient entrées en religion. Ils vivaient encore au nombre de sept en 1668.

IX. — Pierre de CORNULIER, IV° du nom, chevalier, seigneur de la Touche, de la Haye, du Roudourou, de l'Étang; de la Ville-Basse, en la paroisse de Pouldouran, près Tréguier; de Bourmont et Clermont, en Pannecé; de Saint-Ouën et Saint-Père, en Mouzeil; du Boismaqueau, en Teillé; baron de Châteaufremont, dans la paroisse de la Rouxière, en 1637 (1), etc., naquit à Nantes le 8 juillet 1607, fut reçu

---

(1) Châteaufremont était d'ancienneté une châtellenie importante. Elle avait ses

conseiller au Parlement de Bretagne le 15 mai 1630, nommé président à mortier au même Parlement le 11 juillet 1639, et reçu dans ledit office par arrêt du 2 janvier 1640 ; « voulant,
« dit le Roi dans ses lettres de provision, remplir les
« charges de considération de personnes de probité, capa-
« cité, expérience au fait de judicature, dont la fidélité et
« affection à notre service nous soient connues, comme
« elles le sont en la personne de notre amé et féal conseiller
« en notre cour de Parlement de Bretagne, M° Pierre *Cornu-*
« *lier*, nous en ayant donné des preuves en l'exercice de
« sondit office de conseiller et autres emplois qu'il a eus
« pour notre service, lui avons donné et octroyé l'office de
« notre conseiller président en notre cour de Parlement de
« Bretagne que tenait et exerçait M° Yves Rocquel, sieur
« du Bourblanc, etc. »

Il fut gratifié, le 26 août 1640, d'une pension de 1,200 livres, et nommé, le 22 juillet 1647, conseiller ordinaire du Roi en ses conseils d'État et privé. Par lettres du mois de juin 1655,

---

fourches patibulaires à quatre piliers sur une éminence à la porte même de la ville d'Ancenis. Dès le XI° siècle, l'histoire mentionne des sires de Châteaufremont. Au XIV° siècle, elle appartenait à Pierre d'Avoir, sénéchal d'Anjou, duquel elle passa par héritage dans la maison de Bueil. Jean, sire du Bueil, comte de Sancerre et amiral de France, la vendit en 1431 moyennant 14,000 réaux d'or, à Yolande d'Anjou, femme du duc François Ier de Bretagne, dans la maison duquel elle resta jusqu'en 1574. Jean de Bueil n'ayant point été payé en espèces, le duc Pierre lui transporta en échange de Châteaufremont les terres et seigneuries de Courcelles et de Chouzé, près de Château-la-Vallière.

En 1574, Jean de Mésanger et le receveur Jallier se réunirent pour acheter Châteaufremont de François d'Avangour et de Madeleine de Bretagne, sa femme ; ils le payèrent 45,000 livres tournois, et en jouirent par indivis. Leurs héritiers se le partagèrent ; René de Mésanger, à qui la juridiction était échue, la vendit en 1627 à Claude des Houmeaux, dont la fille la porta en mariage à Pierre de Cornulier ; ce dernier acquit, en 1637, des autres héritiers, le domaine foncier de Châteaufremont ; c'est ainsi que le fief et la terre se trouvèrent de nouveau réunis dans la même main.

il obtint l'établissement de deux foires par an dans sa seigneurie de Châteaufremont. En 1646, il vendit au procureur-général de la Bédoyère la terre et seigneurie des Croix, près de Rennes, et recueillit, la même année, la succession de Jean Fleuriot, son oncle, dans laquelle il donna partage noble à ses puînés, en 1649 et 1650. Il en avait eu la terre noble de l'Étang, en la paroisse de Saint-Pern, qu'il vendit en 1654 à Judes Du Pré. Hors de son semestre, Pierre de Cornulier habitait ordinairement sa terre de la Touche, en Nozay, que son père lui avait définitivement abandonnée en 1641.

Le 28 septembre 1642, le prince de Condé étant en sa ville de Nozay, il fut admis à lui rendre hommage en personne pour sa châtellenie de la Touche et ses juridictions de Toullan, la Rivière, Rozabonnet et Procé, y annexées.

Depuis la mort de son père, il résidait de préférence au château de la Haye, en Sainte-Luce, et c'est là qu'il mourut, dans l'exercice de sa charge de président à mortier, le 13 décembre 1656. Son corps, transporté à Nantes, y fut, suivant sa volonté, inhumé dans son enfeu de la chapelle Saint-Clair, dans l'église cathédrale. Son fils aîné lui succéda l'année suivante dans son office au Parlement, et ses lettres de provision portent : « qu'il y est appelé pour aucunement
« reconnaître les grands, signalés et recommandables ser-
« vices rendus par son père, durant vingt-cinq ans, tant
« en ses charges de conseiller et de président à mortier,
« qu'en plusieurs autres emplois et commissions impor-
« tantes au service du Roi, dont il s'est dignement et fidè-
« lement acquitté. »

Pierre IV *de Cornulier* épousa à Rennes, par contrat du 17 juin 1632, Marie DES HOUMEAUX, fille unique de messire Claude des Houmeaux, chevalier, seigneur de la Pérochère en la paroisse de Montejean, et de la Renouardière, en la paroisse de la Poitevinière, en Anjou ; du Boismaqueau, de Châteaufremont, Beaumont, Bourmont, Clermont, la Gillière, etc., au comté nantais ; chevalier de l'ordre du Roi, gentilhomme ordinaire de sa chambre, et de Françoise *Raoul*, de la maison de la Guibourgère, en Teillé. Cette famille des Houmeaux, originaire du comté nantais, était transplantée en Anjou depuis le XIVe siècle ; Claude était resté tout jeune sous la curatelle de René du Bouchet, seigneur de la Haye de Torcé, chevalier de l'ordre du Roi, que sa mère, Anne Chenu, avait épousé en secondes noces. Françoise Raoul, sa femme, était fille de Guillaume Raoul, président de la Chambre des Comptes de Bretagne en 1598, et sœur de Jacques Raoul, sénéchal et maire de Nantes, chef du conseil de César duc de Vendôme, conseiller d'État et au Parlement de Bretagne, puis évêque de Saintes et de La Rochelle.

Marie des Houmeaux fonda, par acte du 19 février 1680, deux messes par semaine dans la chapelle du château de la Touche, et mourut à Nantes, le 11 septembre de la même année, à l'âge de 63 ans ; son corps fut conduit processionnellement le lendemain, par les chanoines de Saint-Pierre, pour être inhumé dans leur église cathédrale, près de celui de son mari. Ses enfants furent :

1° Claude II DE CORNULIER, qui suit.

2° Pierre DE CORNULIER, dit l'*abbé de Cornulier*, né à Rennes, le 11 novembre 1634, nommé par Pierre de Cornulier, évêque de Rennes, seigneur de la Pérochère, conseiller du Roi en ses conseils d'État et privé, prieur de la Madeleine d'Iff, en la paroisse du Gâvre, et du Loroux-Bottereau ; fut pourvu, le 22 mai 1661, de l'office de maître de l'oratoire de S. A. R. *Monsieur*, Duc d'Orléans, frère unique du Roi. Il reçut, le 8 août 1664, pour son partage définitif de juveigneur, la terre de la Renouardière, à viage seulement, selon l'assise au comte Geoffroy. Il mourut à Nantes, le 5 Mai 1673, et fut inhumé dans la cathédrale de Saint-Pierre, dans l'enfeu de Saint-Clair.

3° Jean-Baptiste DE CORNULIER, auteur de la BRANCHE DES SEIGNEURS DU BOISMAQUEAU, devenue l'aînée, par l'extinction de celle-ci, en 1738, et rapportée ci-après.

4° Jacques DE CORNULIER, écuyer, reçut son partage en 1658, puis entra en religion dans l'ordre de Saint-Benoît, à Saint-Melaine de Rennes, où il vivait en 1668.

5° Martin DE CORNULIER, né à Rennes le 10 janvier 1644, mort jeune.

6° Marie-Henriette-Constance DE CORNULIER, née à Rennes le 10 novembre 1635, entrée en religion, en 1652, chez les Visitandines du Colombier, de la même ville, y est morte le 7 février 1705.

La vie de cette pauvre fille ne fut qu'un long martyre ; d'une grande douceur, d'une timidité extrême, élevée par sa mère avec beaucoup de sévérité, elle la craignait par dessus tout. Destinée par elle à l'état religieux, elle fit tout ce qu'elle voulut, malgré les répugnances qu'elle y sentait. Elle entra à son essai sans parler de ses peines à personne, prit l'habit et fit profession de même, sans qu'on s'aperçût de la violence qu'elle se faisait ; elle était du reste remplie de bonnes qualités pour servir la religion si elle en avait eu la vocation. Quelques années après sa profession, les violences continuelles qu'elle était obligée de se faire altérèrent profondément sa santé et la firent tomber dans de grandes infirmités. Elle perdit la voix dès l'âge de 25 ans ; son esprit s'aigrit, et son naturel un peu fier et hautain ne fut plus contenu par sa timidité. Elle estimait l'Ordre, n'allait au parloir que pour sa famille qu'elle aimait passionnément, avait un profond respect pour toutes les choses saintes, mais une crainte excessive à l'approche des Sacrements ; ses moindres fautes lui paraissaient des crimes irrémissibles ; elle avait des frayeurs terribles de la mort, et croyait voir à toute heure un Dieu irrité prêt à l'abîmer dans les enfers. C'est à elle que le P. Surin, célèbre jésuite, exorciste des possédés de Loudun, adresse plusieurs de ses lettres qui ont été publiées, et tout leur objet est de la rassurer contre les troubles de sa conscience. Sur la fin de sa vie, elle fut affligée de la cataracte et souffrit d'horribles maux ; enfin elle succomba âgée de 69 ans, professe de 53, après avoir passé ses jours dans de continuelles souffrances de corps et d'esprit.

7° Judith DE CORNULIER, née à Rennes le 1er mars 1637.

8° Louise, ou plutôt Marie-Louise DE CORNULIER, naquit en 1646 et reçut son partage de cadette dans la succession de son père en 1658. A l'âge de quinze ans, en 1661, sa mère la fit entrer à la grande Visitation de Rennes, espérant qu'elle y deviendrait religieuse comme les deux tantes qu'elle y avait déjà ; mais elle ne put goûter l'esprit de cet Ordre et demanda à en sortir.

Les Bénédictines de Saint-Sulpice cherchèrent à l'attirer chez elles ; elle repoussa leurs avances. Sa vocation la conduisit aux Hospitalières, et c'est dans leur monastère de Saint-Yves de Rennes qu'elle prononça ses vœux, le 17 février 1663.

Elle avait été élue supérieure de cette maison quatre fois et l'avait gouvernée avec un plein succès durant douze ans, lorsqu'elle apprit, avant la fin de son dernier triennal, qu'elle venait, au mois d'octobre 1697, d'être choisie par les Hospitalières de Quimper pour diriger leur communauté. Cette maison était en proie à l'anarchie, criblée de dettes, déchirée par des divisions intérieures, en hostilité ouverte avec l'autorité épiscopale.

Quitter une maison paisible, où elle était aimée et estimée, pour aller rétablir l'ordre dans une sorte d'enfer, était une terrible perspective ; Marie-Louise se dévoua et vint heureusement à bout de cette tâche ardue. Après dix années d'une direction pleine de sagesse et d'habileté, elle laissa cette maison transformée et dans le meilleur état. Lorsqu'elle la quitta, en 1704, pour aller rejoindre son monastère de Saint-Yves de Rennes, ce n'était plus cette communauté désolée qu'elle avait trouvée ; tout y était en pleine prospérité, au moral comme au temporel.

De retour à Saint-Yves, elle y fut, dès la première élection, nommée assistante, et c'est dans cette charge qu'elle termina ses jours le 23 mars 1710, âgée de soixante-quatre ans et professe de quarante-sept.

Les annales des Hospitalières de Rennes disent que Marie-Louise de Cornulier était une femme d'un mérite supérieur, d'une prudence consommée, d'une charité sans bornes et d'un fond de religion à toute épreuve ; on ne pouvait lui reprocher qu'une crainte exagérée de la mort, non pour elle-même, mais à cause de ses suites. Sa pacification de la maison de Quimper et le rétablissement de ses finances font le plus grand honneur à son esprit et à ses connaissances.

9° Charlotte DE CORNULIER, née à Rennes le 20 janvier 1642.

X. — Claude de CORNULIER, II° du nom, chevalier, seigneur de la Touche, de la Haye, du Roudourou, de la Villebasse, de la Renouardière, de Maumusson, en 1695 ; comte de Vair, en 1664 (1) (magnifique terre et grande seigneurie

(1) Dès le XII° siècle, la terre de Vair appartenait à des seigneurs qui en portaient le nom. En 1482, Hervé de Vair la vendit à Sévestre du Chaffault, qui la revendit, en 1496, avec sa terre voisine du Chaffault, à Jean-François de Cardonne, général des finances en Bretagne. Anne de Cardonne porta ces terres, en 1540, dans la famille Tissart. De celle-ci, elles passèrent aussi par alliance aux d'Argy, et de ces derniers aux Du Breil. Ces deux terres, vendues judiciairement sur René du Breil, seigneur de Liré, furent adjugées en 1605 à Guillaume de la Noue et à Anne de Cornulier, sa femme.

Charles de la Noue, leur fils, acquit, en 1651, de Claude des Sesmaisons, les juri-

comprenant cinq hautes justices, et d'où relevaient seize juridictions, s'étendant principalement dans les paroisses d'Anetz et de Saint-Herblon); marquis de Châteaufremont, en 1683, etc., naquit au château de la Touche, le 12 juin 1633, fut nommé conseiller au Grand-Conseil, le 12 décembre 1655 (1) et reçu le 11 février suivant. Pourvu de l'office de président à mortier au Parlement de Bretagne, le 10 septembre 1657; « pour l'entière et parfaite confiance, dit le Roi, « que nous avons en la personne de notre amé et féal con- « seiller en notre Grand-Conseil, maître Claude *de Cornu-* « *lier*, de ses sens, suffisance, loyauté, prud'homie et grande « expérience au fait de la justice, nous avons audit Cornulier « donné et octroyé l'office de président en notre cour de Par- « lement de Bretagne, que tient et exerce encore à présent « Claude de Marbeuf, seigneur, baron de Blazon, etc. » Claude *de Cornulier* fut encore nommé conseiller du Roi en ses conseils d'État et privé, le 1er mai 1662. Il mourut à son

dictions d'Anetz et de Savenières, qu'il réunit à Vair et au Chaffault. Par lettres patentes du mois de juillet 1653, il obtint leur incorporation et leur érection en titre de comté de Vair. Il vendit le tout en 1664 à Claude de Cornulier.

On pourrait citer la terre de Vair comme un type de l'enchevêtrement et des décousus qui se rencontraient parfois dans les mouvances féodales. Ici la continuité était bien loin d'être observée. La majeure partie de Vair, sise en la paroisse de Saint-Herblon, relevait directement du duché de Bretagne, mais le château et les cours, en Anetz, étaient tenus prochement de la vicomté de Donges, à l'embouchure de la Loire. Le fief du Chaffault, aussi en Anetz, portait son hommage à la Motte-Glain, fort éloignée dans une autre direction. Enfin, Savenières semblait seul dans l'ordre en relevant de la châtellenie de Varades, membre d'Ancenis.

(1) Le Grand-Conseil était une cour souveraine siégeant à Paris, et dont la juridiction s'étendait sur toute la France. Émané du Conseil d'État, il avait dans ses attributions : la décision entre les arrêts contradictoires rendus par les divers Parlements du royaume, les conflits et règlements de juges, le jugement des causes qui lui étaient déférées par évocation, et généralement de toutes les affaires tant civiles que criminelles qui lui étaient renvoyées par arrêts du Conseil du roi; enfin, c'est lui qui statuait sur toutes les causes ecclésiastiques.

château de Vair, le 29 mai 1700 ; ses entrailles furent inhumées dans la chapelle du château, et son corps, transporté à Nantes, reçut la sépulture dans la chapelle de Saint-Clair de l'église cathédrale, où la branche aînée de sa famille avait un enfeu particulier.

Claude II *de Cornulier* dut être nommé chevalier de Saint-Michel, vers 1665, car ce n'est qu'à lui qu'on peut rapporter, comme donateur, le passage suivant du procès-verbal dressé en 1755 des intersignes existant dans l'ancienne cathédrale de Rennes. Décrivant la chapelle du *vœu de Cornulier*, les commissaires disent : « Le tableau du milieu « représente l'Annonciation de la Sainte-Vierge. Les armes « qui sont peintes au bas de ce tableau, du côté de l'Évan-« gile, sont : d'azur au rencontre de cerf d'or surmonté « d'une hermine d'argent, avec *couronne de comte, cordon* « *de Saint-Michel, un casque de front* avec ses lambrequins, « et *un mortier au-dessus.* » Le titre de *chevalier*, qui lui est donné exceptionnellement dans les lettres patentes de 1683, portant érection du marquisat de Châteaufremont, ne peut non plus s'expliquer que par sa qualité de chevalier de l'ordre du Roi, Sa Majesté ne reconnaissant point d'autres chevaliers que ceux qui étaient de sa création, tandis qu'en Bretagne il y avait des chevaliers héréditaires.

Par lettres-patentes du 20 janvier 1668, le Roi établit au Parlement de Bretagne une chambre spéciale et temporaire, pour la vérification générale de la noblesse de cette province. Afin d'arriver à une recherche à peu près complète, le procureur-général se fit remettre, par tous les notaires du pays, un état des personnes qui, depuis dix ans, avaient pris des qualifications nobles dans les actes passés en leurs études, et il assigna tous ces individus à justifier de leurs prétentions devant la nouvelle chambre qui ouvrit le 26 septembre de la même année. Ce fut un procès que toutes les personnes se disant nobles eurent à soutenir ; il n'y eut pas d'exception, et la notoriété la mieux établie ne fut comptée pour rien quand elle n'était pas appuyée sur des titres positifs : aussi arriva-t-il que plusieurs familles, fort anciennes, mais prises au dépourvu, succombèrent devant la chambre de la réformation et furent obligées de se faire réhabiliter par des arrêts postérieurs.

Dès le 2 octobre 1668, Claude de Cornulier et ses collatéraux produisirent leurs titres, justifiant que le gouvernement noble était établi sans interruption dans leur famille, depuis Pierre de Cornulier et Marie de Concoret, sa femme, vivants en 1490 (1). C'était beaucoup plus que n'en demandaient les commissaires, la possession paisible de l'état de noblesse

---

(1) L'accès aux fonctions publiques n'ayant jamais été fermé pour défaut de naissance, l'exercice des charges ne pouvait être reçu comme preuve péremptoire de noblesse. Il en était de même de la justification de certaines exemptions fiscales ; ces privilèges pouvaient provenir d'une condition temporaire. Le mode de dévolution suivi dans le partage des successions était la vraie pierre de touche de la qualité héréditaire des parties, par la raison qu'il y avait entre elles opposition d'intérêts ; un partage était un jugement domestique contradictoire.

D'après la coutume de Bretagne, tous les héritiers de condition commune partageaient également entre eux ; tandis qu'elle attribuait à l'aîné noble de trois générations, en outre du préciput du manoir principal et de son entourage immédiat, qu'il prélevait hors part, la propriété des deux tiers de tous les biens nobles de la succession ; c'est lui qui distribuait à ses puînés, par portions égales, l'autre tiers. Quant aux biens non nobles, ils se partageaient également entre tous les héritiers, sans égard à leur qualité personnelle. Le partage égal de tous les biens, quelle que fût leur nature, était même imposé aux nobles qui ne vivaient pas noblement, c'est-à-dire qui exerçaient quelque état dérogeant. Il n'est pas sans exemple que des cadets de familles nobles aient dénié leur qualité dans le but d'obtenir le partage égal.

pendant cent ans établissant une prescription suffisante ; et, s'ils remontèrent leurs preuves au XVe siècle, ce fut pour justifier de l'*ancienne extraction* exigée en Bretagne dans certains cas exceptionnels. Sur le vu de ces titres, au nombre de cent quatre pièces, et conformément aux conclusions du procureur-général, la Chambre, par arrêt du 17 novembre 1668, faisant droit sur l'instance, « déclara
« MM. de Cornulier *nobles et issus d'ancienne extraction
« noble*, et comme tels, leur permit de prendre la qualité de
« *chevaliers ;* les maintint au *droit d'avoir armes et écussons
« timbrés appartenant à leur qualité*, et dans la jouissance
« de tous *droits, franchises, exemptions, prééminences et pri-
« vilèges* attribués aux nobles de cette province ; ordonne
« que *leurs noms seront employés au rôle et catalogue des
« nobles de la sénéchaussée de Nantes.* »

Cet arrêt est rendu au profit du président Claude de Cornulier et de ses deux fils ; de Jean-Baptiste et de Pierre, ses deux frères puînés ; de Charles de Cornulier, seigneur des Gravelles ; de Claude de Cornulier, seigneur de Lucinière, abbé de Blanchecouronne ; de Pierre, seigneur de Lorière, et de Philippe, seigneur de Montreuil, frères puînés dudit abbé.

En 1668, les traditions de famille étaient encore assez présentes pour faciliter à Claude de Cornulier la recherche de titres supplémentaires qui lui auraient permis de remonter sa filiation plus haut qu'il ne le fit ; mais il ne voyait pas l'utilité de cette perquisition. La grande réformation ne fut considérée que comme une mesure toute fiscale, et elle n'avait pas en effet d'autre caractère ; on obéit donc à l'ordre donné aux moindres frais possible, en se bornant à produire les titres qu'on avait sous la main quand ils suffisaient à la preuve exigée. Plus tard, ces idées se modifièrent ; un arrêt de maintenue fut considéré comme un monument de famille, et l'on s'appliqua à lui donner toute la perfection dont il était susceptible ; l'on ne recula plus devant les frais qu'exigeait la recherche des degrés surabondants au point de vue légal, mais qu'on appréciait déjà sous le rapport historique, et qui devinrent même, sous Louis XV, une condition des présentations à la Cour. Il est regrettable qu'on n'ait pas jugé ainsi dès le principe, à une époque où les archives publiques et particulières étaient encore intactes, et où les souvenirs pouvaient guider sûrement dans les recherches à entreprendre.

C'est en reconnaissance des services de Claude de Cornulier et de ceux de ses ancêtres que la baronnie de Châteaufremont fut érigée en marquisat par lettres-patentes du mois de septembre 1683, enregistrées au Parlement de Bretagne le 7 décembre 1685 et à la Chambre des Comptes le 17 septembre 1694. Elles sont ainsi motivées : « Les Rois, nos
« prédécesseurs, ont toujours estimé que le véritable moyen
« d'exciter leurs sujets à la vertu était de distinguer par
« des marques d'honneur ceux qui, portés d'un véritable
« zèle, se sont élevés au-dessus du commun par les ser-
« vices qu'ils ont rendus à l'État ; et, non contents de les
« leur accorder en leurs personnes, ils ont voulu même
« attribuer des titres de dignité à leurs terres et seigneuries,

« ce qu'ils ont reconnu être d'une très grande utilité pour
« exciter chacun à se rendre digne de pareille grâce ; en quoi
« voulant les imiter, mettant en considération la longue
« suite de services qui nous ont été rendus et à l'État, tant
« par notre amé et féal Claude de Cornulier, chevalier, sei-
« gneur de Châteaufremont, Vair et autres lieux, président
« à mortier en notre Parlement de Bretagne, et pour ceux
« que nous espérons qu'il nous rendra, que ceux rendus
« par ses prédécesseurs, notamment par Pierre de Cornu-
« lier, seigneur de Châteaufremont et de la Haye, son père,
« en la même charge de président à mortier qu'il a pos-
« sédée très longtemps, où il nous a servi à l'imitation de
« ses ancêtres qui ont rempli depuis plusieurs siècles des
« charges considérables, tant dans la robe que dans l'épée,
« et se sont rendus recommandables dans les siècles passés,
« ayant été honorés par nos prédécesseurs de charges et
« emplois importants ; voulant donner audit sieur de Cor-
« nulier des marques de l'estime que nous faisons de sa
« personne et le maintenir dans l'état où sa famille est de-
« puis longtemps par un nouveau titre d'honneur qui passe
« à sa postérité.

« Savoir faisons que ledit sieur de Cornulier nous ayant
« représenté que ses terres et seigneuries de Vair, de Châ-
« teaufremont, du Chaffaut, d'Anetz et de Savenières sont
« d'une grandeur et revenu fort considérables ; qu'en toute
« l'étendue desdites terres ledit sieur de Cornulier a tous
« droits de haute, moyenne et basse justice ; que la terre
« de Châteaufremont est une des plus anciennes châtellenies

« de ladite province, où il y avait autrefois un château con-
« sidérable; qu'en la terre de Vair il y a présentement un
« très beau château ; et que lesdites terres et seigneuries
« sont composées de plusieurs fiefs jusqu'au nombre de
« trois cent cinquante, de domaines considérables, cens,
« rentes et autres droits. et devoirs seigneuriaux ; que les
« droits honorifiques lui appartiennent entièrement dans les
« paroisses de la Rouxière et d'Anetz, où il a seul ses armes
« et lisières ; qu'il est seul haut justicier, patron et fonda-
« teur en la plus grande partie de celle de Saint-Herblon
« où il a, à cause de sadite châtellenie de Châteaufremont,
« sa justice élevée à quatre piliers ; cep et collier dans le
« bourg, à la porte de l'église, et plusieurs autres marques
« honorifiques ; qu'il a droit de dîme féodale dans toute
« l'étendue des trois paroisses ; qu'il a droit de faire tenir
« deux foires par an dans sadite terre de Châteaufremont ;
« que par nos lettres du mois de juillet 1653 nous avons
« érigé en titre de comté avec deux foires par an ladite terre
« de Vair ; que d'icelles terres et seigneuries sont sujets et
« relèvent plusieurs gentilshommes tenant terres nobles et
« seigneuries à foi, hommage et rachat et plusieurs autres
« devoirs, le tout d'un revenu fort considérable, et suffi-
« sant pour soutenir la qualité de marquisat, etc. »

Avant d'enregistrer ces lettres, le Parlement et la Chambre des Comptes les firent bannir et publier pour voir s'il n'y avait point d'opposition, puis envoyèrent chacun une commission sur les lieux pour faire une enquête et vérifier l'existence de tout ce qui y était énoncé.

Claude II *de Cornulier* acquit, en 1686, pour le compte de son fils, la baronnie de Montrelais, s'étendant dans les paroisses de Montrelais, la Chapelle, Varades et Ingrande, au comté nantais (1). Le 13 avril 1695, il se démit de son office de président à mortier en faveur de son fils. Il se maria deux fois; en premières noces, à Paris, par contrat du 10 novembre 1658, avec Marie-Madeleine GUYET DE LA SOURDIÈRE, morte au château de la Touche, en couches de son fils, et inhumée, le 19 novembre 1660, dans la chapelle de Saint-Clair de la cathédrale de Nantes. Elle était fille de feu Germain Guyet, chevalier, seigneur de la Sourdière, conseiller et maître-d'hôtel ordinaire du Roi, et de Françoise *le Tanneur*. Il épousa en secondes noces, à Rennes, par contrat du 30 avril 1662, mariage bénit le 3 mai suivant dans la paroisse de Cesson, Renée HAY, fille de Paul Hay, chevalier, seigneur des Nétumières, près Vitré, conseiller au Parlement de Bretagne, et de Renée *le Corvaisier*.

Marie-Madeleine Guyet resta héritière unique, bien que son père eût laissé des enfants de deux lits. Du premier, elle avait un demi-frère, chanoine régulier de Sainte-Geneviève, et deux demi-sœurs, aussi religieuses à Paris, l'une dominicaine, supérieure des Filles de Saint-Thomas, l'autre

---

(1) La baronnie de Montrelais avait été possédée de temps immémorial par une famille qui portait son nom. En 1350, Marie de Montrelais la porta en mariage à Jean de Châteaubriant, et en 1376, Marguerite de Châteaubriant à Thébaud Angier; Marie Angier, en 1491, à Jean de Maure, et Louise de Maure, en 1580, à Gaspard de Rochechouart. En 1670, Gabriel de Rochechouart, duc de Mortemart, la vendit à Guy de Lesrat, qui la revendit en 1686 à Claude de Cornulier.

Cette baronnie jouissait, entre autres droits particuliers, de celui de prélever le douzième des charbons de terre extraits dans toute l'étendue de ses fiefs, et elle avait seule le droit d'en tirer sur les terrains communaux.

visitandine, à Chaillot. Du second lit, elle n'avait qu'un frère, François Guyet, d'abord commissaire général des Suisses, puis lieutenant des gardes-du-corps, mort des blessures qu'il reçut au service et sans alliance. Cette famille Guyet est originaire d'Anjou, et c'est dans cette province qu'est située la terre de la Sourdière, dont le nom a servi à distinguer l'une de ses branches. C'est aussi l'hôtel qu'elle possédait à Paris qui a donné son nom à la rue de la Sourdière.

Quant à Renée Hay, elle fit, de concert avec son mari, plusieurs fondations pieuses : en 1675, la maison des Pénitentes ou Religieuses de Sainte-Madeleine, à Nantes ; en 1686, des messes dans la chapelle du château de la Haye ; et en 1687, la chapelle du château de Vair, qu'elle fit réédifier en entier. A la mort de son mari, restant veuve sans enfants, elle se consacra entièrement à Dieu, et se retira dans la maison des Filles Pénitentes qu'elle avait fondée à Nantes ; elle y mourut le 27 août 1718, et c'est dans leur chapelle qu'elle choisit sa sépulture.

Les enfants de Claude II *de Cornulier* furent :

DU PREMIER LIT :

1º Toussaint DE CORNULIER, resté enfant unique, qui suit.

2º Marie-Madeleine DE CORNULIER, morte en bas âge.

DU DEUXIÈME LIT :

3º Pierre-Paul-Marie DE CORNULIER, né en 1664, mort à Vair, le 27 août 1670, et inhumé dans la chapelle du château.

4º François-Joseph DE CORNULIER, né à Rennes le 21 octobre 1673, mort dans la même ville le 2 octobre 1674, et inhumé dans l'église de Saint-Aubin.

5º Françoise-Pélagie DE CORNULIER, née à Rennes le 17 août 1666, morte en bas âge.

6º Jeanne-Thérèse DE CORNULIER, née à Rennes et morte dans la même ville, à l'âge d'un mois, le 30 mai 1668, et inhumée dans l'église de Saint-Aubin de cette ville.

7º Yolande DE CORNULIER, née à Nantes le 4 novembre 1669, morte à Vair le 23 du même mois.

XI. — Toussaint DE CORNULIER, chevalier, seigneur de la Haye, de la Touche, etc., baron de Montrelais, en 1686 ; comte de Largouët et de Vair ; baron de Lanvaux, en la paroisse de Grandchamp ; marquis de Châteaufremont ; naquit au château de la Touche le 1er novembre 1660 ; fut reçu conseiller au Parlement de Bretagne, le 10 juillet 1682, et pourvu, le 19 novembre 1688, de l'office de président à mortier au même Parlement, en survivance de son père, charge dans laquelle il fut reçu et installé le 7 juin 1695. Il fut encore nommé conseiller du Roi en ses conseils d'État et privé, et mourut à Rennes le 7 novembre 1727. Il fut inhumé dans l'église des Pères Minimes de cette ville, dont la maison avait été fondée par l'évêque Pierre de Cornulier.

Dans ses lettres de provision de 1688, le Roi dit : « Étant « bien informé des grands et recommandables services que

« nous ont rendus les père et ayeul de notre amé et féal
« conseiller en notre cour de Parlement de Bretagne, le
« sieur Toussaint de Cornulier, nous avons estimé devoir
« prendre une entière confiance en sa prud'hommie, capa-
« cité, loyauté et affection particulière qu'il a pour le bien
« de notre service, et pour ces causes lui avons donné et
« octroyé l'état et office de notre conseiller président à
« mortier en notre cour de Parlement de Bretagne, que
« tient et exerce son père. » En 1690, le Roi établit, en sa
faveur, des foires et marchés au bourg d'Elven, près de
Vannes, chef-lieu de son comté de Largouët, une des plus
belles seigneuries de toute la Bretagne, décorée d'une magnifique forteresse féodale, marque certaine qu'elle avait appar-
tenu à de puissants seigneurs, fondés jadis dans tous les
droits de la guerre, et d'un parc de cent quatre-vingt-dix
hectares. Largouët était, en effet, un ancien comté donné
en partage, dès l'an 907, à Derrien, fils d'Alain le Grand,
comte de Vannes, puis duc de Bretagne. C'est sans doute à
cette origine souveraine qu'il devait le rare privilège d'être
inféodé du droit de punir par le feu, attribut privatif des
anciens comtes et hauts barons de la province. De la tour
d'Elven relevaient deux anciennes bannières ou baronnies,
Molac et Loyon, et de nombreux fiefs de haubert. En 1294,
Largouët devait quatre chevaliers de service à l'ost du Duc,
comme Montfort et Gaël réunis, et alors que Lohéac, Rochefort, Ancenis, la Roche-Bernard et Pont-l'Abbé n'en devaient chacun que trois. Cette seigneurie avait trois hautes
justices à quatre piliers : l'une à Elven, l'autre près du bourg

de Trédion, et la troisième à Carnac ; des sergenteries féodées pour la cueillette de ses rentes ; une maîtrise des eaux et forêts à l'instar de celles du Roi, et une Chambre des Comptes. Sa juridiction comprenait les trois quarts des sénéchaussées de Vannes et d'Auray, où elle avait droit de menée et d'y tenir le premier rang ; elle s'étendait sur vingt-huit grandes paroisses, dans un territoire de plus de douze lieues de diamètre entre Carnac et l'Ile-aux-Moines au sud, et Saint-Jean-de Brévelay au nord ; comme de Saulniac à l'est, jusqu'à Mendon à l'ouest. Aussi, bien que ce territoire fût compact, avait-elle, pour l'usage de ses vassaux, deux sièges d'audiences différents, l'un à Vannes et l'autre à Auray. Toutes ces prérogatives furent établies contradictoirement avec les États de la province, au sujet du tarif des vacations des officiers de Largouët, qui était attaqué, et il intervint sur le différend un arrêt du Parlement de Bretagne, le 27 mars 1749, qui reconnut Largouët comme seigneurie de premier ordre et ancienne juveigneurie du comté de Vannes (1).

(1) Les premiers sires de Largouët, suivant un usage assez répandu de leur temps, portaient le nom de leur château seigneurial de préférence à celui de leur comté ; on les nommait d'Elven. Leur race paraît éteinte avant 1294, car à cette époque Largouët était passé dans la maison de Malestroit. En 1464, Françoise de Malestroit l'apporta en mariage au maréchal de Rieux, tuteur de la duchesse Anne.

Il était de principe, en Bretagne, que les terres ne perdaient jamais leur qualité, en quelques mains qu'elles vinssent à passer ; on leur appliquait la même règle qu'aux personnes dont la noblesse pouvait sommeiller, mais ne s'éteignait pas. Peu au courant de cette maxime, Jean de Rieux, marquis d'Assérac, avait, par une précaution mal entendue, fait ériger sa seigneurie de Largouët en titre de comté en 1623 ; mieux instruit, il ne poursuivit pas l'enregistrement de ces lettres, la qualité ancienne étant, à tous égards, préférable à la nouvelle.

Le désordre s'étant mis dans les affaires de son fils, Jean-Emmanuel de Rieux, son comté de Largouët fut saisi en 1651, et adjugé en 1656, moyennant 175,000 livres, au surintendant Fouquet. Après la disgrâce de ce personnage célèbre, il fut attribué à

Lanvaux était le cœur même de l'ancienne haute baronnie de Lanvaux, tel que le duc Jean IV l'avait donné, en 1385, aux chapelains de la collégiale de Saint-Michel, qu'il avait fondée sur le champ où s'était donnée la célèbre bataille d'Auray, au succès de laquelle il devait son duché. Cette baronnie ne comprenait que la seule paroisse de Grandchamp ; mais la dignité du fief ne se mesurait pas toujours sur son étendue, témoin Malestroit, qui, lors de son érection en haute baronnie, en 1431, ne comprenait également que la seule paroisse de son nom, une des moindres de Bretagne, et alors encore sans ville close ni rien d'important (1).

Toussaint de Cornulier rendit aveu au Roi, en la Chambre des Comptes de Nantes, le 15 juillet 1694, pour son comté de Largouët, et le 25 février 1698 pour sa baronnie de Lanvaux.

Par lettres du 8 juin 1700, le Roi lui fit don du rachat de

sa veuve, Marie-Madeleine de Castille, qui le vendit en 1686 à Louis de Trémerreuc, président au parlement de Bretagne.

(1) Lanvaux était, comme Largouët, une ancienne juveigneurie, éclipse ou apanage du comté de Vannes. Olivier de Lanvaux s'étant révolté contre le duc Jean-le-Roux, ce prince confisqua sa baronnie pour crime de félonie. En 1385, le duc Jean IV en gratifia les chapelains de la collégiale qu'il avait fondée sur le lieu où s'était livrée la bataille d'Auray, *ne se réservant que le parc et la pêche d'un étang*. C'est ainsi que ces religieux devinrent barons de Lanvaux.

Le duc François II essaya bien, en 1463, de rétablir une baronnie laïque de Lanvaux en faveur d'André de Laval, maréchal de France. Le nom avait conservé du prestige, mais le titre ne reposant que sur le lambeau de terre que Jean IV s'était réservé et étant dépourvu de juridiction, il parut bientôt ridicule et fut délaissé par les titulaires qui possédaient des seigneuries plus réelles.

De leur côté, les religieux se dégoûtèrent d'une juridiction que l'insubordination de leurs vassaux rendait d'un exercice pénible et peu en rapport avec le calme de leur état; ils la cédèrent à Jean Gibon, et cette cession fut ratifiée par lettres-patentes en 1529; Julien Gibon, son petit-fils, vendit la baronnie de Lanvaux en 1660 au surintendant Fouquet, et sa veuve, à qui elle avait été attribuée avec le comté de Largouët, céda par le même acte ces deux seigneuries au président de Trémerreuc.

toutes les terres de sa mouvance sises en Bretagne, échu à Sa Majesté par le décès de son père ; et, par autres lettres-patentes du mois de mai 1701, il incorpora à son marquisat de Châteaufremont les terres, fiefs et haute justice de la Motte-Maumusson, « en considération des grands et signalés
« services rendus à l'État par son père, et de ceux qu'il rend
« lui-même dans sa charge. »

En 1704, fut publié un discours latin qui eut beaucoup de retentissement à Rennes ; c'était un *Panégyrique du Parlement de Bretagne,* prononcé solennellement au collège des jésuites de cette ville, un des plus renommés de l'époque. Dans ce discours, l'orateur, le Père J.-B. Godefroy, esquisse en quelques traits les qualités principales qui distinguent les plus illustres membres de ce Parlement, entouré alors de tant d'hommages, et voici la traduction du passage qu'il consacre au président à mortier, Toussaint de Cornulier :

« Mais allons ! le nom de *Cornulier* peut-il être prononcé
« sans qu'aussitôt revienne en mémoire le très excellent
« souvenir, non seulement de son aïeul et de son père,
« mais aussi de cet évêque de Rennes si méritant envers la
« patrie, dont le monument d'insigne piété restera exposé à
« tous les regards aussi longtemps que sera debout la
« grande basilique de cette ville ornée et amplifiée par ses
« soins ; et dont les services envers cette cité furent d'au-
« tant plus considérables qu'il était plus en faveur auprès
« de Louis-le-Juste et de ce si éminent cardinal de Riche-
« lieu qui ne se repentit jamais d'avoir suivi les conseils
« d'un prélat si capable. Si donc je proclame que *Cornulier*

« a suivi les traces de si grands hommes, si je vous le
« présente imitateur en tous points des vertus de ses an-
« cêtres, comme au sujet du consul romain l'a écrit Vel-
« leius, son éloge dès lors sera la vérité même, il sera
« supérieur à toute louange, mais encore bien inférieur à
« cette renommée et à cette considération que depuis
« longtemps *Cornulier* s'est acquise à lui-même. »

Le 5 octobre 1708, Toussaint de Cornulier donna partage noble à Guillaume de la Noue, conseiller au Parlement de Bretagne, son beau-frère, qui avait épousé défunte Françoise de Trémerreuc, sœur puînée de sa seconde femme. Le 6 mars 1713, il rendit aveu au Roi pour ses marquisat de Château-fremont, comté de Vair et baronnie de Montrelais, au comté nantais. En 1718, il vendit la terre de la Haye, en Sainte-Luce.

Toussaint *de Cornulier* fut marié trois fois. Il épousa en premières noces, par contrat passé à Rennes le 9 août 1681, mariage bénit à Chanteloup, près Rennes, le 11 du même mois, Françoise DENIAU ou DE NYAU, fille aînée de François Deniau, chevalier, seigneur de Chanteloup, le Val, la Norouelle, Ossai, le Châtellier, la Morinière, etc.; doyen des conseillers de grand'chambre au Parlement de Bretagne, et de Mathurine *le Sérazin*. Elle reçut en dot deux cent mille livres en espèces, et mourut en couches à Rennes, le 16 août 1682, et fut inhumée dans l'église des Minimes de cette ville. Il épousa en secondes noces, par contrat passé à Rennes, le 7 septembre 1689, Anne-Louise DE TRÉMERREUC, fille aînée, héritière principale et noble de feu Louis de Trémerreuc, chevalier, seigneur de la Chesnaye, la Herviais, Beaulieu, Launay-Gouyon, etc., dans les paroisses de Matignon, Langrolais, Pleurtuit, Corseul, Saint-Germain-de-la Mer, Saint-Potan et Pléboulle ; comte de Largouët et baron de Lanvaux, président des enquêtes au Parlement de Bretagne, et de Guyonne *Gorel,* sa première femme. Mademoiselle de Trémerreuc, une des plus riches héritières de la province, était douée, pour l'esprit et pour la personne, des agréments les plus aimables et les plus brillants. Elle mourut étant encore fort jeune, le 28 mars 1702, après une longue suite d'infirmités, détrompée du monde et dans une vive douleur de l'avoir aimé. Enfin, Toussaint de Cornulier épousa en troisièmes noces, le 28 décembre 1718, à Liré, en Anjou, Jeanne-Marie-Rose-Françoise DE BOISLÈVE, dame propriétaire des seigneuries de la Hamelinière et de Landemont, en Anjou, veuve en premières noces de François *de la Bourdonnaye,* seigneur de la Turmellière, Liré, Drain, Saint-Laurent-des-Autels, la Bretesche, etc., en Anjou, conseiller d'État et président à mortier au Parlement de Bretagne ; fille de François Boislève, comte de Chamballan, seigneur de la Minière et du Rouvre, dans la paroisse de Rougé, conseiller au Parlement de Bretagne, et de Anne-Françoise *Huby,* dame de Kerguyo, en Kervignac, près Hennebont.

Toussaint de Cornulier eut de ses trois femmes les enfants qui suivent :

Du premier lit :

1° Élisabeth DE CORNULIER, née à Rennes le 7 août 1682, fut nommée par la duchesse de Chaulnes. Elle fut mariée, en 1702, à Jean-Paul *Hay*, chevalier, baron des Nétumières, seigneur de Tizé, le Fiémorble, Noyal, etc., conseiller au Parlement de Bretagne, fils de Paul Hay et de Françoise de Bréhan. Elle eut en dot la terre de la Touche, en Nozay, qu'elle vendit en 1718, pour acheter du marquis de Simiane la terre des Rochers, près de Vitré ; mais François de Montmorency, époux d'Émilie-Félicité de Cornulier, s'en fit adjuger le retrait féodal (1). Élisabeth de Cornulier mourut en 1747, laissant deux fils : Charles-Paul Hay, l'aîné, auteur des marquis des Nétumières ; et Charles-Marie-Félix, père de Marie-Félix-Pauline Hay des Nétumières, qui fut mariée, en 1766, à Toussaint-Charles-François, marquis de Cornulier, comme on le dira plus loin.

(1) La Touche était la première grande terre que les Cornulier eussent possédée dans le comté nantais ; ils s'étaient plus à en augmenter l'importance et à l'orner. Cette belle châtellenie, située à la porte de la ville de Nozay, avait de nombreux fiefs et était décorée d'un parc enclos de murs qui passait par un des plus beaux de la Bretagne. Cette résidence était bien préérable à celle de la Rivière, en la paroisse d'Abbaretz, aussi tenta-t-elle François de Montmorency quand il apprit qu'Élisabeth de Cornulier venait de la vendre à un négociant de Nantes. Il demanda à son beau-père, Toussaint de Cornulier, s'il ne lui serait pas possible de la retirer pour la donner en dot à sa femme.

Celui-ci ne pouvait user de la prémesse lignagère, par la raison que cette terre avait été attribuée à la dame des Nétumières en remplacement des deniers dotaux de sa mère. Il ne restait d'autre voie à prendre que celle du retrait féodal, qui ne pouvait être exercé que par les seigneurs supérieurs, qui avaient la faculté de céder leur droit à un tiers. Ces deux seigneurs supérieurs étaient le prince de Condé, comme châtelain de Nozay, et Jean-Baptiste de Cornulier, comme baron de la Roche-en-Nort. Ils obtempérèrent au désir de François de Montmorency, se firent adjuger, chacun par leur cour, le retrait féodal de ce qui relevait de leurs fiefs, et par les mêmes sentences des 8 et 13 août 1718 firent cession de leurs droits à François de Montmorency et à Émilie-Félicité de Cornulier, sa femme.

Il était dans la destinée de la Touche de sortir de la proche parenté des Cornulier, malgré les efforts faits pour l'y retenir. Marie-Anne-Claude de Montmorency, marquise de Carcado, fille des précédents, vendit cette terre en 1766 à la dame de Cœuvres, mais cette fois Toussaint de Cornulier s'en fit adjuger le retrait lignager par sentence des régaires de Nantes. Donnée en partage au vicomte de Cornulier, mort sans postérité, elle échut ensuite à sa sœur, la dame de Lanloup, passa à sa fille la dame de Bellingant, et à la fille de celle-ci, la dame Sterling, qui la vendit en 1821 à M. de Monti, dont la fille l'a portée à M. de Maquillé.

Du deuxième lit :

2° Charles-René DE CORNULIER, qui suit.

3° Marie-Louise DE CORNULIER, née à Rennes le 28 novembre 1690, religieuse au couvent de la Trinité de la même ville avant 1725.

4° Marie-Constance DE CORNULIER, née en 1691, entrée en religion chez les Visitandines du Colombier, à Rennes, en 1708 ; elle y est morte le 8 janvier 1730. « Toutes les inclinations de Marie-
« Constance, son caractère et son humeur, ne paraissaient
« respirer que pour le monde, elle n'avait que de l'éloignement
« et même de l'opposition pour la vie religieuse. Naturellement
« douce, mais aimant l'indépendance, elle appréciait de bonne
« heure le rang qu'elle pourrait tenir un jour dans le monde et
« les avantages que sa famille lui préparait ; elle les goûtait en
« esprit par avance, et rien ne la charmait davantage que les
« idées de richesse et de plaisir qu'elle se formait pour l'avenir.
« Élevée au second couvent de la Visitation de Rennes, le séjour
« de cette maison lui devint peu à peu à charge, et elle n'y
« rentrait de bonne grâce, après les sorties de six mois que son
« père lui faisait faire tous les ans, que par respect pour lui et
« pour Marie-Henriette-Constance de Cornulier, sa grand'tante,
« qu'elle aimait tendrement. Cet effort lui coûta surtout extrê-
« mement à sa rentrée de 1704, après avoir passé plusieurs
« mois au beau château de Vair, maison splendide et opulente
« de son père. Sur les entrefaites, mourut sa vénérable grand'-
« tante, et cette mort fit sur elle un tel effet, qu'elle sentit
« presque subitement son cœur tout changé. Elle avait alors
« quatorze ans ; elle demanda la permission d'entrer au noviciat,
« mais la prudence autant que la tendresse du président, son
« père, lui firent rejeter bien loin cette proposition. Il retira
« même sa chère fille pendant quelque temps chez lui, et quand
« elle obtint de revenir passer quelques mois au couvent, il
« prescrivit aux religieuses une grande circonspection à son
« égard, faisant écarter d'auprès d'elle les personnes qu'il
« soupçonnait d'avoir part à ses désirs pour la religion. Vers

« la fin de l'été de 1706, le président de Cornulier fit faire à sa
« fille divers voyages de plaisir, entre autres celui de Saumur,
« où elle visita la célèbre église de Notre-Dame-des-Ardilliers ;
« ce fut dans ce sanctuaire que Mademoiselle de Cornulier se
« consacra de nouveau et irrévocablement à Dieu. Ses instances
« auprès de son père furent si vives, qu'il consentit enfin à son
« retour au couvent au mois de novembre de la même année,
« et elle y entra pour toujours. Le sacrifice de cette fille coûtait
« infiniment au président de Cornulier ; il l'aimait avec une
« tendresse de préférence ; il lui destinait de grands biens, lui
« avait donné toute sa confiance et n'avait pour elle rien de
« caché ; aussi la seule soumission aux ordres du ciel et la
« déférence de ce père vraiment chrétien à la vocation de sa fille
« le firent consentir à son engagement en religion. Il l'aima
« encore davantage depuis ; il respectait sa vertu et ne l'appelait
« que sa chère Séraphique. » (*Extrait des mémoires de l'Ordre*.)

5° Émilie-Félicité DE CORNULIER, née le 22 mars 1695, nommée à Rennes, le 7 mars 1697, dame de la Touche de Nozay, fut mariée à Rennes, par contrat du 29 juin 1718, à François *de Montmorency*, chevalier, seigneur de la Rivière d'Abbaretz, de Monjonnet, la Vrillière, etc., chevalier de Saint-Louis, colonel du régiment de son nom, puis de celui de Bresse, brigadier des armées du Roi, dit le Comte, puis le marquis de Montmorency, fils de Louis de Montmorency, de la branche d'Aumont, et de Marie Guillaudeuc. Il mourut à la Touche en 1748. Emilie-Félicité de Cornulier mourut aussi au château de la Touche, le 25 novembre 1721, et fut inhumée dans l'église de Nozay, sous le banc seigneurial de la maison de la Touche. Elle ne laissa qu'un fils, mort six mois après elle, et une fille, Marie-Anne-Claude de Montmorency, mariée en 1733 à Louis-Alexandre-Xavier *le Sénéchal*, marquis de Carcado, lieutenant-général des armées du Roi, chef de sa maison. La marquise de Carcado ayant encore vendu la Touche, en 1766, Toussaint de Cornulier s'en fit adjuger la prémesse lignagère l'année suivante.

DU TROISIÈME LIT :

6° Anne-Renée-Rose DE CORNULIER, née à Rennes le 27 août 1720, mariée le 8 mars 1747 à Louis-Marie-Joseph *Le Gall*, seigneur de Cunfiou, en la paroisse d'Inguiniel, comte de Ménoray, en Loc-Malo, près Guémené-sur-Scroff, conseiller au Parlement de Bretagne, fils de Guillaume Le Gall, conseiller au même Parlement, et de Marguerite-Renée Bernard des Greffins. Elle reçut son partage définif le 22 février 1749, et mourut sans postérité. Son mari épousa en secondes noces mademoiselle Fabrony, et mourut lui-même sans enfants en 1780.

XII. — Charles-René DE CORNULIER, chevalier, seigneur de la Tronchaye, de Launay-Gouyon, en sa paroisse de Saint-Potan, de Launay-Garnier, près de Matignon, de la Touche en Trévé, de Glévilly, de Lézonnet, etc., marquis de Châteaufremont, comte de Largouët et de Vair, baron de Montrelais et de Lanvaux, naquit à Rennes le 16 août 1692, et fut nommé par le duc de Chaulnes, gouverneur de la Bretagne ; fut émancipé par sentence du présidial de Rennes du 4 décembre 1710, et mis sous la curatelle de Jean-Baptiste de Cornulier, seigneur de Lorière, conseiller au Parlement. Il fut pourvu d'un office de conseiller au Parlement de Bretagne le 9 février 1715, et reçu président à mortier au même Parlement le 4 décembre 1727, puis nommé conseiller du Roi en ses conseils d'État et privé. Ses lettres de président à mortier portent :
« qu'en succédant à ses bisayeul, ayeul et père dans ladite
« charge qu'ils ont successivement exercée, il succède de
« même au zèle qui les a distingués dans la magistrature et
« dont il a jusqu'à présent donné des preuves qui font espé-

« rer qu'il ne laissera rien à désirer pour l'administration
« de la justice. »

Du vivant de son père, Charles-René de Cornulier habitait le château de Lézonnet, en la paroisse de Loyat.

Le 30 octobre 1715, il rendit aveu au Roi pour son comté de Largouët et pour sa baronnie de Lanvaux, à lui échus par la succession de sa mère ; transigea, en 1725, avec le baron de Molac, alors propriétaire de la baronnie de Quintin-en-Vannes, au sujet des mouvances de leurs fiefs respectifs ; et fonda, conformément aux prescriptions du testament de sa mère, par acte du 7 juillet 1733, au bourg de Saint-Herblon, près de son château de Vair, une communauté de religieuses dites *Sœurs-Blanches*, succursale des Filles du Saint-Esprit établies à Plérin l'année précédente, et destinées à l'instruction des petites filles et au soulagement des malades pauvres. Cette Maison a eu le rare bonheur de rester habitée par les religieuses au plus fort même du règne de la Terreur. Il mourut à Rennes le 9 avril 1738, et fut inhumé le lendemain dans l'église des Pères Minimes, dont il était fondateur ; son corps y fut conduit par le clergé de Saint-Jean, assisté de toutes les paroisses et communautés de la ville.

Charles-René *de Cornulier* avait épousé à Rennes, par contrat du 2 janvier 1717, mariage bénit dans l'église de Loyat le 12 du même mois, Marie-Anne DE LA TRONCHAYE, fille unique de Pierre-Joseph de la Tronchaye, chevalier, seigneur de Lézonnet, la Tronchaye, etc., et de Péronnelle-Angélique *de la Villéon*. Mademoiselle de la Tronchaye, née dans la paroisse de Trévé le 3 mai 1701, mourut à Rennes le 15 avril 1767, et fut inhumée dans l'église des Pères Minimes de cette ville. Elle lui apporta en mariage les terres et seigneuries de la Tronchaye, la Ville-Harcourt, la Touche-Launay et du Tertre, en la paroisse de Prénessaye; de la Touche, Rétéac, le Moustouer et la Ville-aux-Veneurs, en la paroisse de Trévé; de la Morouais, la Haye, la Ville-Robert et Kerguestin, en la paroisse de Plémet; de Glévilly et la Ville-Aubert, en Campénéac; de Lézonnet, en Loyat, etc. « C'était une femme parfaitement aimable et d'une grande « piété, » dit la marquise de Poilley dans sa correspondance, et l'on peut d'autant mieux accepter cet éloge qu'elle était alors en procès avec elle. Elle n'eut que quatre filles qui suivent.

1º Marie-Angélique-Sainte DE CORNULIER, née au château de Lézonnet au mois d'octobre 1717 et baptisée dans l'église de Loyat le 2 janvier suivant, marquise de Châteaufremont, comtesse de Largouët et de Vair, baronne de Montrelais et de Lanvaux, dame de la Rochepallière, de la Touche, de Molac, Moustouer, Rétéac, Le Faux, etc., était, d'après la coutume, héritière des deux tiers des biens de sa branche, et appelée ainsi à recueillir, à la mort de ses père et mère, pour sa part d'aînée, une fortune qui était estimée alors à plus de cent cinquante mille livres de rente en biens fonds. C'était le plus riche parti de toute la Bretagne, où son père avait une position exceptionnelle, jouissant d'une considération immense et d'un crédit égal à celui du gouverneur ou de l'intendant de la province. On comprend qu'avec de tels avantages elle fut très recherchée ; mais elle repoussa toutes les demandes, ayant pris la résolution de ne donner sa main qu'à l'un de ses parents de son nom. Elle se fit renseigner sur l'état des différentes branches de sa famille, et son choix se fixa sur son cousin le plus proche, qui n'eut garde de refuser une fortune aussi inespérée. C'est ainsi qu'elle épousa au château de Vair, le 19 juillet 1735, Toussaint *de Cornulier*, seigneur du Boismaqueau. Il est digne de remarque que cette riche héritière ne fut dotée que de sept mille livres de rente ; à cette époque, les parents encore jeunes n'avaient pas l'habitude de se dessaisir en faveur de leurs enfants ; mais aussi, par compensation, il n'était pas rare, quand ils avaient atteint un âge avancé, de les voir se dépouiller complètement pour eux et se retirer tout à fait du monde avec des revenus modiques pour ne plus penser qu'à leur salut.

Madame *de Cornulier de Cornulier* administrait sagement sa grande fortune. En 1755, elle retira féodalement la terre de Lescouët, en Elven, relevant de son comté de Largouët ; et, en 1784, par prémesse lignagère, la baronnie de Montrelais et la terre de Glévilly, que la marquise de Dresnay venait de vendre. En 1787, elle acquit la seigneurie de Boismourand, dans le faubourg de Saint-Patern de Vannes. Elle fonda, en 1782 et 1783, des missions, des rentes et des hospices pour secourir ses vassaux les plus nécessiteux dans les paroisses de la Rouxière, de Prénessaye et d'Elven. Elle conclut, en 1782, avec Dom Borel, prieur de Saint-Herbon, et les recteurs de cette paroisse et de la Rouxière un concordat réglant que l'ancienne rente de 190 livres, servie à ces bénéficiers pour leur tenir lieu de la jouissance de leurs dîmes, serait portée au chiffre de 500 livres en argent, et prévint ainsi un procès qui allait lui être intenté. Dès 1780, elle s'était démise de tous ses biens en faveur de ses enfants et petits-enfants, ne retenant que le château de Vair et le pourpris avec vingt mille livres de pension ; et, en 1783, elle se retira même tout à fait au couvent des Ursulines d'Ancenis, où elle comptait finir ses jours, lorsque la suppression des maisons religieuses vint déranger ses projets. Au commencement de la Révolution, elle émigra en Suisse ; mais elle rentra en France bientôt après, et mourut à Versailles le 31 décembre 1793.

2º Marie-Anne-Josèphe DE CORNULIER, née au château de Lézonnet le 27 février 1719, baptisée à Loyat le 28 juillet suivant, morte jeune.

3º Françoise-Élisabeth DE CORNULIER, dame de Montrelais, de Glévilly et de Lézonnet, née au château de Lézonnet le 15 décembre 1721, nommée à Anetz le 29 mars 1728, épousa au château de Lézonnet, le 7 avril 1740, Joseph-Michel-René, comte *du Dresnay*, seigneur de Kerlaudy, Lohennec, etc., chevalier de Saint-Louis, gouverneur des villes de Saint-Pol-de-Léon et de Roscoff, fils de Joseph-Marie du Dresnay et de Marie-Gabrielle-Thérèse le Jar. Elle mourut le 18 décembre 1741, laissant un fils unique, le marquis du Dresnay, maréchal-de-camp, colonel d'un régiment de son nom pendant l'émigration, mort à Londres en 1798, et qui avait épousé, en 1766, mademoiselle du Coëtlosquet, dont il a laissé cinq enfants.

4° Jeanne-Charlotte-Hyéronyme DE CORNULIER, dame de la Tronchaye, née à Rennes le 1er juillet 1725, épousa, le 18 avril 1743, Pierre-Placide-Marie-Anne *de Saint-Pern*, chevalier, seigneur du Lattay, dans la paroisse de Guenroc, près de Dinan, fils de Louis-Célestin de Saint-Pern, chevalier, seigneur du Lattay, conseiller au Parlement de Bretagne, précédemment colonel d'un régiment, et de Françoise-Gillette de Kersauson. Elle reçut son partage définitif le 4 mars 1749; vendit; en 1773, la terre de la Tronchaye au comte de Beaumanoir, et mourut sans postérité. Son mari épousa en secondes noces mademoiselle de la Bourdonnaye de Liré.

BRANCHE DU BOISMAQUEAU

DEVENUE

BRANCHE AINÉE EN 1758

X. — Jean-Baptiste DE CORNULIER, chevalier, seigneur de la Haye, de la Pérochère ; du Boismaqueau et de la Sionnière, en Teillé ; de Bourmont et Clermont, en Pannecé ; de la Rigaudière et la Gillière, en Mésanger ; de Saint-Père et Saint-Ouën, en Mouzeil ; de la Motte, en Trans ; de la Poëze, au Loroux-Bottereau ; du Boisbenoit, en Vallet, etc. ; second fils de Pierre IV de Cornulier, baron de Châteaufremont, et de Marie des Houmeaux, naquit à Nantes le 29 juin 1638, et fut nommé par Jean de Cornulier, seigneur de Lucinière. Il était enseigne aux gardes du Roi en 1661, y fut reçu sous-lieutenant le 11 janvier 1662, et capitaine-lieutenant en

1664. Quittant alors l'épée pour la robe, il fut reçu conseiller au Parlement de Bretagne le 24 octobre 1664. Du Parlement, il passa à la Chambre des Comptes, où il fut pourvu d'un office de président par lettres du 14 février 1675, et reçu et installé le 30 mars de la même année. L'enquête faite pour sa réception dans cette dernière charge porte : « qu'il a servi le Roi avec zèle et affection pendant dix ans « au régiment de ses gardes, et qu'il a aussi exercé pendant « dix ans sa charge de conseiller au Parlement avec inté- « grité et l'approbation de toutes personnes de mérite ; « qu'il s'est acquis dans ces diverses fonctions l'estime de « toutes les personnes de qualité. » Il fut proposé deux fois au Roi par l'assemblée des notables pour être maire de Nantes, en 1688 et en 1692.

Le 26 mars 1678, il fut nommé commissaire pour la réformation des domaines du Roi en Bretagne ; puis, en 1685, conseiller du Roi en ses conseils d'État et privé. Quoiqu'il eût résigné sa charge de président aux Comptes à son fils aîné, dès 1691, il continua encore, d'après l'ordre du Roi, à en remplir les fonctions pendant sept ans ; « à raison, « disent les lettres-patentes, de la capacité et de la longue « expérience qu'il s'est acquise dans sa charge, qu'il a « exercée pendant seize années avec toute l'intégrité et « affection possibles, nous avons jugé, tant pour lui témoi- « gner la satisfaction que nous avons de ses services que « pour l'obliger à nous les continuer encore avec le même « zèle, de lui accorder la permission d'exercer ladite « charge, nonobstant la résignation qu'il en faite au profit

« de son fils, et lui avons accordé d'en continuer l'exer-
« cice et les fonctions pendant sept années, à compter de
« la réception de ce dernier. »

Jean-Baptiste de Cornùlier n'avait joui qu'à titre provisoire des terres de la Haye et de la Pérochère ; son partage de juveigneur fut définitivement réglé par son contrat
de mariage, en 1664 ; il reçut alors les château, terres et
seigneuries du Boismaqueau, avec les fiefs et juridictions de
Bourmont et de Clermont, et, en outre, la charge de conseiller au Parlement, qui valait à elle seule cent cinquante
mille livres. En 1687, il acquit la juridiction de la Motte,
en la paroisse de Trans, à laquelle son fils réunit le domaine en 1711. Par acte du 18 mars 1710, il se démit de
tous ses biens en faveur de ses enfants, que leur aîné partagea en 1712, ne se réservant que l'usufruit de ses biens
de Varades et celui de la terre de la Sionnière, avec ses
meubles et sa vaisselle d'argent en toute propriété. Il fonda,
par acte du 15 janvier 1711, les prières des Quarante-
Heures dans l'église paroissiale de Saint-Pierre de Varades,
et mourut, le 20 septembre 1713, dans la maison de ce
bourg, où il s'était retiré.

Jean-Baptiste *de Cornulier* avait épousé à Nantes, par
contrat du 30 janvier 1664, mariage bénit dans l'église de
Sainte-Croix de cette ville, seulement le 23 novembre suivant, Jeanne DE ROGUES DE LA POËZE, née à Varades le
19 novembre 1647, morte à Nantes le 18 mai 1709, fille
unique de feu Damien de Rogues, écuyer, seigneur de la
Poëze, en la paroisse du Loroux-Bottereau, et de Guillemette

Cosnier, dame du Boisbenoît, en celle de Vallet. De ce mariage vinrent onze enfants qui suivent.

1º Claude II DE CORNULIER, qui suit.

2º Pierre-Marie DE CORNULIER, né à Nantes le 7 mars 1669, nommé à Sainte-Luce le 28 avril suivant, mort jeune.

3º Autre Claude DE CORNULIER, né à Nantes le 4 mai 1678, mort à Teillé le 7 septembre suivant.

4º Autre Claude DE CORNULIER, né au Boismaqueau le 2 octobre 1685, dit successivement l'*abbé du Boismaqueau*, l'*abbé de Cornulier*, et, depuis 1723, le *chevalier de Cornulier;* seigneur du Boisbenoît en 1718; prieur de la Madeleine d'Iff, dans la paroisse du Gâvre; fit ses preuves pour l'ordre de Saint-Lazare et du Mont-Carmel, où il fut reçu chevalier en 1723. Il vivait encore en 1731, suivant une procuration qu'il envoie de Lyon à cette date.

5º Marie DE CORNULIER, née à Nantes en 1670, nommée à Teillé le 24 août de ladite année, vivait encore en 1697, mais était morte en 1710 sans avoir été mariée.

6º Marie-Anne DE CORNULIER, née au Boismaqueau le 9 septembre 1671, religieuse aux Ursulines de Nantes où elle vivait en 1710.

7º Pélagie DE CORNULIER, née à Nantes le 31 décembre 1676, mariée par contrat du 7 juillet 1692, mariage bénit dans la chapelle du Boismaqueau le 9 juillet 1692, à Toussaint *Henry*, seigneur de la Plesse, dont elle n'eut qu'un fils unique, qui fut reçu conseiller au Parlement de Bretagne en 1718, lequel ne laissa lui-même qu'une fille, morte sans postérité en 1729.

8º Julie DE CORNULIER, née à Nantes le 14 septembre 1679, mariée dans la chapelle du Boismaqueau, le 16 juillet 1697, à Paul *Le Feuvre*, seigneur de la Brulaire, dans la paroisse de Gesté, en Anjou, conseiller au Parlement de Bretagne, fils de défunt Charles Le Feuvre et de dame Hippolyte de Chevigné. Elle eut en partage la terre de la Poëze, et mourut à Nantes le 17 août 1735, et fut inhumée à Sainte-Radégonde. Elle laissa deux garçons et deux filles.

9° Thérèse DE CORNULIER, née à Nantes le 1er mars 1681, morte à Teillé le 20 du même mois.

10° Prudence-Renée DE CORNULIER, née à Nantes le 27 mai 1682, morte dans la même ville le 25 décembre 1697, et inhumée à Sainte-Radégonde.

11° Eulalie DE CORNULIER, née à Nantes le 26 janvier 1690, morte à sa terre de Boisbenoît le 16 novembre 1715, et inhumée dans l'église de Vallet. Sans alliance.

XI. — Claude DE CORNULIER, IIe du nom, chevalier, seigneur du Boismaqueau, de la Sionnière, de la Poëze, de Bourmont, Clermont, Saint-Père, Saint-Ouën, la Motte ; de la Guillebaudière, en Haute-Goulaine, etc., naquit à Nantes le 1er janvier 1666, et fut nommé à Teillé le 30 août 1667. Il fut d'abord destiné à l'état ecclésiastique, et était pourvu, dès 1679, du prieuré de la Madeleine d'Iff, qui passa à son frère cadet du même nom quand il renonça à cette vocation ; il tenait encore, en 1695, l'aumônerie du Loroux-Bottereau. Il fut pourvu de l'office de président en la Chambre des Comptes de Bretagne, en survivance de son père, par lettres du 11 août 1691, « étant bien informé, dit le Roi, des grands
« et signalés services que nous ont rendus ses père et

« ayeul ; » et reçu et installé dans ledit office par arrêt du 14 septembre suivant. Puis il fut nommé conseiller du Roi en ses conseils d'État et privé.

Il entra à la Chambre avec des dispenses de quatorze ans d'âge et de dix ans de service ainsi motivées : « Estimant
« qu'il est très-juste de mettre en particulière recommanda-
« tion les anciennes familles qui ont produit successivement,
« depuis des siècles entiers, des personnes qui se sont ren-
« dues recommandables et placées hors du commun des
« hommes, tant par leurs vertus que par leurs services et
« actions importantes ; bien informé que tous les prédéces-
« seurs du sieur Claude de Cornulier se sont toujours fait
« distinguer par leur fidélité et affection à notre service, etc. »
— Et quand, en 1726, il fit la résignation de son office en faveur de son fils, le Roi ne l'accepta qu'à la condition qu'il en retiendrait la survivance. « La connaissance particulière,
« dit-il, que s'est acquise le sieur de Cornulier père, des
« droits de notre couronne et de nos domaines et finances
« dans l'exercice de sa charge, nous ayant fait souhaiter
« qu'il continuât de la remplir et de nous y rendre les mêmes
« services qu'il a jusqu'ici rendus à l'exemple de ses ayeul
« et père, nous n'avons donné notre agrément à son fils
« pour la charge de président qu'à la condition de retenue
« de service ; en sorte que, sans nous priver et le public de
« l'avantage et de l'utilité qu'on doit retirer des lumières,
« de l'expérience et de la capacité que s'est acquises le sieur
« de Cornulier père, nous lui marquerons notre estime et
« la satisfaction que méritent ses longs services et ceux de

« ses ancêtres, et nous marquerons de même à son fils
« notre confiance et le désir que nous avons, en le voyant
« succéder à la charge de son père, de le voir aussi succé-
« der aux vertus et à la probité qui le distinguent. »

Claude *de Cornulier* mourut à Nantes, le 3 avril 1740, et fut inhumé dans l'église de Sainte-Radégonde. Il avait épousé dans la même ville, le 2 juin 1697, Anne-Marie Douard de Villeport, née à la Guillebaudière, en Haute-Goulaine, le 30 juillet 1675, et morte à Nantes le 28 février 1747. Elle était fille aînée et principale héritière de défunt Jean-Baptiste Douard, chevalier, seigneur de Villeport; de la Drouétière, en Saint-Herblon ; du Grador, du Hesqueno, du Coëtdigo, du Hencoët, aux paroisses de Saint-Patern, de Saint-Avé, de Plaudren et de Questembert, en l'évêché de Vannes ; du Bodel, etc.; premier chambellan du duc d'Orléans, maréchal de bataille des camps et armées du roi, son lieutenant en l'île et citadelle de Belle-Isle-en-Mer et îles adjacentes, gouverneur de Malestroit ; et de Marie *Gouyon*, douairière du Gué, dame du Plessis et de la Guillebaudière. Jean-Baptiste Douard était veuf en premières noces de Gabrielle Botherel de Quintin, dont il n'eut pas d'enfants ; et sa seconde femme était aussi veuve en premières noces et sans enfants de Germain-François Foucher, chevalier, seigneur baron du Gué, en la paroisse de Sainte-Flaive, en Poitou. De ce second mariage ne vinrent que deux filles : madame de Cornulier, aînée, et Thérèse Douard, religieuse à l'abbaye des Couëts, près Nantes. Claude de Cornulier et sa femme vendirent la terre de la Drouétière en 1718, et leurs terres de l'évêché de Vannes en 1719. Leurs enfants furent :

1º Anonyme DE CORNULIER, mort à la Guillebaudière le 19 janvier 1700.

2º Toussaint DE CORNULIER, qui suit.

3º Jean-Baptiste-Toussaint DE CORNULIER, né en 1709, seigneur de la Sionnière, en Teillé, et de l'Esnaudière, en Rezé ; était mousquetaire de la 1re compagnie en 1743, chevalier de Saint-Louis en 1745 ; reçut son partage de puîné le 2 avril 1746 ; assista aux États assemblés à Nantes le 1er octobre 1764, et mourut le 19 janvier 1793. Il avait épousé à Nantes, le 7 août 1747, Anne-Marie COSNIER DE LA BOTHINIÈRE, née le 29 septembre 1709, morte à Nantes le 1er avril 1764, et inhumée dans la collégiale de Notre-Dame. Elle était veuve en premières noces de René *Cochon de Maurepas*, reçu secrétaire du Roi en 1722, seigneur de Cordemais, de Vigneux et de la Haye-Mahéas, en Saint-Étienne-de-Montluc ; conseiller au conseil souverain du Cap-Français, dans l'île de Saint-Domingue ; et fille de Gilles Cosnier, écuyer, seigneur de la Bothinière, en Saffré, et de Marie-Marguerite *Cosnier* de la Grand'Haye, sa cousine germaine. Elle n'avait qu'un frère, qui mourut sans postérité en 1798. De ce mariage vinrent un fils et une fille, qui suivent.

>A. Jean-Pierre DE CORNULIER, chevalier, né à Nantes le 31 janvier 1750, mousquetaire de la 1re compagnie le 31 mars 1764, sous-lieutenant au régiment de Royal-Pologne, cavalerie, le 17 août 1774, capitaine au même régiment le 12 juillet 1781 ; réformé le 1er mai 1788 ; chevalier de Saint-Louis en 1791 ; émigra à Naples, puis à Palerme pendant la Révolution ; rentra en France en 1802, fut nommé lieutenant-colonel honoraire à la Restauration, et mourut à Paris le 7 décembre 1825. Sans alliance.

>B. Marie-Anne-Sainte DE CORNULIER, née à Nantes le 29 mai 1748, mariée dans la même ville, le 7 mai 1776, à

Louis-Anne *du Tressay*, chevalier, seigneur de la Sicaudais, en Arthon ; de la Jarie, la Bunière, etc. ; fils de Pierre-Louis-Anne du Tressay et de dame Hippolyte-Hyacinthe de Tinguy. Elle est morte, sans laisser de postérité, au château de la Jarie, dans la paroisse du Clion, le 30 octobre 1780. Son père fit en 1781 un traité avec son gendre par lequel il renonçait à la succession de sa fille.

4° Jeanne DE CORNULIER, née en 1698, mariée dans la chapelle du Boismaqueau, le 11 mars 1720, à Jean-Pierre *Charbonneau*, chevalier, seigneur de l'Étang, en Mouzeil, fils de défunt Pierre Charbonneau et d'Yvonne Baudoin : elle était déjà veuve lorsqu'elle reçut son partage le 5 avril 1746. Elle mourut à Nantes le 3 avril 1772, et fut inhumée à Sainte-Radégonde. Elle laissa deux fils et une fille.

5° Anne DE CORNULIER, morte à Nantes le 14 février 1704, âgée de deux jours.

XII. — TOUSSAINT DE CORNULIER, chevalier, seigneur du Boismaqueau ; de la Motte, en la paroisse de Trans ; de la Guillebaudière, en Haute-Goulaine ; baron de Quintin-en-Vannes, en 1763 (1), etc., naquit à Nantes le 2 juillet 1705,

(1) La baronnie de Quintin, sous Vannes, était un ancien membre du comté de Quintin, dans l'évêché de Saint-Brieuc. Plesou de Quintin la porta en mariage à Geoffroy du Perrier, maréchal de Bretagne ; Jeanne du Perrier à Jean de Penhouet, amiral de Bretagne ; et Béatrix de Penhouet à Yvon, baron de la Chapelle, gouverneur du prince Pierre de Bretagne, vers 1412. En 1505, Jeanne de la Chapelle, héritière de la branche aînée de sa maison, porta la baronnie de Quintin-en-Vannes à Jean de Rosmadec, et elle fut plus tard incorporée dans le marquisat de Rosmadec, que Marie-Anne de Rosmadec-Molac porta en mariage, au milieu du XVIIe siècle, à René Le Sénéchal, comte de Carcado. En 1717, le comte de Carcado-Molac obtint l'autorisation d'aliéner plusieurs membres de son marquisat de Rosmadec, et c'est en vertu de cette permission que, par acte du 13 août 1763, Corentin-Joseph Le Sénéchal de Molac vendit la baronnie du Quintin-en-Vannes à Toussaint de Cornulier.

et fut reçu président en la Chambre des Comptes de Bretagne le 4 septembre 1726, avec des lettres qui le dispensaient de l'âge requis et de tout service antérieur, mais à la condition que son père retiendrait la survivance de sa charge et en continuerait les fonctions ; « en sorte, portent les
« lettres du 27 août 1726, que la grâce que nous avons faite
« aux sieurs de Cornulier père et fils, comme une distinc-
« tion que méritent les longs services et le fidèle attache-
« ment de leur famille, nous conservera l'avantage et l'uti-
« lité qu'on doit attendre de la consommation que s'est
« acquise le sieur de Cornulier père, et mettra son fils en
« état de se former aux devoirs et fonctions de ladite charge,
« pour la remplir un jour avec le zèle et la probité qui dis-
« tinguent son père et qui ont de même distingué leurs
« ancêtres dans les différentes charges dont ils ont été
« revêtus. » — Par autres lettres, du 20 juin 1733, il lui fut permis, « sur les témoignages avantageux rendus au Roi de
« son application et capacité, et vu l'expérience qu'il s'était
« acquise depuis sept ans, de présider en la Chambre des
« Comptes, bien qu'il n'eût pas encore atteint l'âge fixé de
« quarante ans. » — Après son mariage, et en vue de succéder à la charge de son beau-père, il quitta la Chambre des Comptes pour entrer au Parlement, où il fut pourvu, le 3 février 1736, de l'office de président en la Chambre des Enquêtes ; puis nommé, le 12 septembre 1738, à la place de Charles-René *de Cornulier*, son beau-père, président à mortier au Parlement de Bretagne et conseiller du Roi en ses conseils d'État et privé. Le 9 décembre 1739, il rendit aveu

au Roi, au nom de sa femme, pour le marquisat de Château-fremont, le comté de Vair et la baronnie de Montrelais. En 1742, il rendit aveu à la baronnie d'Ancenis pour sa terre et seigneurie du Boismaqueau. En 1765 des aveux lui sont rendus à lui-même sous les qualifications de marquis de Châteaufremont, comte de Largouët et de Vair, baron de Montrelais, de Lanvaux et de Quintin-en-Vannes. En 1770, il vendit la terre de la Guillebaudière, en Haute-Goulaine, et céda à la ville de Rennes, moyennant le prix de 120,000 livres, pour y établir l'intendance, l'hôtel de Cornulier, sur la Motte, qui passait pour un des plus somptueux de la ville, et qui est la préfecture actuelle. C'est à lui qu'on attribue une critique spirituelle et mordante de la morgue qu'affectaient certains présidents à mortier. Cette pièce, qui eut un grand succès, était intitulée : *Le grand et sublime cérémonial du mortier de Bretagne.*

Toussaint *de Cornulier* mourut à Paris le 10 avril 1778. Il avait épousé, dans la chapelle du château de Vair, le 19 juillet 1735, avec dispenses du Pape, pour cause de consanguinité du 3ᵉ au 4ᵉ degré, Marie-Angélique-Sainte DE CORNULIER, sa cousine, héritière principale de la branche aînée, tombée en quenouille, et qui fit sa fortune. Elle le rendit père de neuf enfants, savoir :

1º Toussaint-Charles-François DE CORNULIER, qui suit.

2º Jean-Toussaint DE CORNULIER, né au château de Vair le 29 février 1744, fut d'abord destiné à l'état ecclésiastique et présenté à la tonsure avant d'avoir atteint sa septième année ; plus tard, son goût le porta à préférer le parti des armes ; ses parents concilièrent cette vocation avec leurs projets en l'envoyant à Malte. Il fut reçu *chevalier de justice* dans l'ordre de Saint-Jean-de-Jérusalem en 1763, et prononça ses vœux en 1769, avec la promesse du généralat des galères ; mais il ne put obtenir, en raison de son âge, que le commandement de la galère magistrale qu'il tint en 1772 et 1773, époque à laquelle il navigua et se lia d'amitié avec le fameux bailli de Suffren. Au retour de ses caravanes, il fut pourvu de la commanderie de la Roche-Ville-Dieu, en Poitou, et mourut à Poitiers le 14 février 1794.

Le grand-maître Pinto s'était engagé vis-à-vis du duc de Choiseul, en 1768 et avant l'émission de ses vœux, à lui conférer la commanderie du prieuré de Champagne ou celle du prieuré d'Aquitaine, à son choix ; mais ce grand-maître étant venu à mourir sur les entrefaites, son successeur, le bailli Ximénès, le punit de ce qu'il avait donné sa voix à un Breton, son compétiteur au magistère, en lui donnant une des plus mauvaises commanderies de l'ordre. Dès avant la Révolution, le commandeur de Cornulier s'était fait une existence fort misérable ; prodigue à l'excès, il avait contracté de grosses dettes à Malte ; sa famille, qui lui avait fourni les moyens raisonnables de tenir galère, à raison de 20,000 livres par an, refusa de payer l'excédant. Il essaya de l'y contraindre par les voies de droit, et une rupture s'en suivit. Le commandeur de Cornulier prétend, dans un mémoire qu'il publia en 1785, que de son temps on ne pouvait dignement tenir galère à moins de 40,000 à 50,000 livres par an. En 1777, ses créanciers firent séquestrer sa commanderie ; il fut réduit à une portion congrue de 800 livres et à la jouissance du bénéfice du Bois-Long, rapportant environ 500 livres, qui lui avait été donné comme clerc profès de l'Ordre de Malte.

3º Joseph-Élisabeth, dit le vicomte DE CORNULIER, né à Rennes le 28 juin 1745, seigneur de la Touche de Nozay, après son frère aîné, fut nommé capitaine au régiment de dragons de Montecler le 5 mai 1772, et mourut au mois de juillet 1776. Il avait épousé Louise-Reine-Jeanne *de Kervenozaël*, fille unique de Laurent-Guillaume de Kervenozaël, chevalier, seigneur de Kerambriz, chef de sa maison, et de Louise-Joséphine-Reine de Boutouillic. Elle était alors veuve en premières noces de Jean-Louis Baillon de

Servon, conseiller d'État, intendant de Lyon ; et elle se remaria en troisièmes noces, dès 1777, avec Joseph-Marie-Nicolas, vicomte du Dresnay. Elle n'eut pas d'enfants des deux derniers lits, mais elle avait eu du premier une fille, qui fut mariée en 1779 à M. Le Fèvre d'Ormesson, président à mortier au Parlement de Paris.

4º Marie-Angélique-Renée DE CORNULIER, née au château de Vair le 22 avril 1737, mariée à Rennes, le 26 février 1756, à Charles-Marie-François-Jean-Célestin *du Merdy*, marquis de Catuélan, en la paroisse de Trédaniel, près Saint-Brieuc, premier président du Parlement de Bretagne ; fils de Charles-Pierre-Félicien du Merdy, chevalier, marquis de Catuélan, président aux enquêtes du même Parlement, et de Marie-Jeanne-Jacquette Senant. Elle est morte à Moncontour le 3 juin 1824, laissant un fils marié à mademoiselle Bareau de Girac, et une fille mariée à M. du Boispéan.

5º Pauline-Pélagie DE CORNULIER, née à Vair le 24 août 1741, entrée en religion, le 7 mai 1758, au couvent de la Visitation du Colombier, à Rennes ; se retira pendant la Terreur au château de la Grève, dans le Perche ; puis, quand la sécurité fut rétablie, vint habiter le château de Vair, où elle est morte le 10 octobre 1816. Elle y demeurait dans une aile isolée, gardant une clôture absolue, ne sortant jamais et ne recevant personne autre qu'une sœur converse qu'elle avait près d'elle pour son service.

6º Rose-Anne DE CORNULIER, née le 11 novembre 1746, mariée à Rennes, le 26 novembre 1765, à Jacques-Célestin-Jean-François-Marie *du Merdy*, comte de Catuélan, seigneur de la Cour-de-Bouée, près Savenay, frère cadet du premier président du Parlement. Elle est morte à Paris, sans postérité, le 17 janvier 1798.

7º Marie-Anne-Charlotte DE CORNULIER, née à Vair le 2 novembre 1747, nommée à Anetz le 9 août 1751, mariée, le 10 février 1773, à Anne-Joseph *de Lanloup*, seigneur de Lanloup, près de Saint-Brieuc, fils de Gabriel-Vincent de Lanloup et d'Anne-Josèphe de la Boëssière. Elle mourut le 2 mai 1775, ne laissant qu'une fille, mariée en 1789 au comte de Bellingant, colonel, aide-de-camp du prince de Condé dans l'émigration, laquelle recueillit dans son partage la terre de la Touche, en Nozay.

8º Pauline-Jeanne DE CORNULIER, née en 1749, mariée dans la chapelle de Vair, le 20 février 1771, à Daniel-Henri-Louis-Philippe-Auguste *Le Mallier*, chevalier, comte de Chassonville, officier au régiment de Royal-Pologne, cavalerie ; fils de Jean-Charles-Louis Le Mallier, comte de Chassonville, et de Thérèse-Eugénie-Françoise-Geneviève du Moulin, dame du Brossay. Elle est morte au château du Plessis-Hudlor, près Plélan, le 1er avril 1840, laissant un fils mort sans alliance, et quatre filles: mesdames du Bot, *de Cornulier de la Caraterie*, de Montfort et de la Boëssière.

Madame de Chassonville eut dans son partage le château et le parc d'Elven ; c'était tout ce qu'il y avait de domaine foncier, et c'est tout ce qui restait, après les lois abolitives de la féodalité, du magnifique comté de Largouët et des baronnies adjacentes de Lanvaux et de Quintin-sous-Vannes. Cette abolition, sans rachat, fut une grande iniquité, en Bretagne surtout, où les juridictions particulières avaient un caractère plus essentiellement patrimonial encore que dans le reste de la France. En fait, il n'y eut de supprimé que les prérogatives honorifiques et les rentes bien minces dites féodales, devenues insignifiantes en elles-mêmes par suite de l'avilissement successif de l'argent, et qui ne servaient plus guère qu'à marquer la supériorité du fief qui les recevait, car tout ce qui constituait les droits utiles et importants fut transporté, avec aggravation des charges, au gouvernement, qui les perçoit encore aujourd'hui par les contributions indirectes et surtout par l'enregistrement. Les anciens vassaux n'y ont gagné que la vaine satisfaction de ne plus être contraints de s'avouer sujets d'un seigneur particulier ; en passant dans la mouvance directe de l'État, leurs charges matérielles ont été aggravées et la perception s'en est exercée avec plus de rigueur par des administrateurs de passage. Ce ne fut donc, en définitive, qu'une odieuse confiscation, colorée d'une apparence de bien public, et celle-là n'a été tempérée par aucune indemnité. Les propriétés de ce genre étaient les plus recherchées ; à revenu égal, elles étaient prisées à un denier bien supérieur aux simples domaines, et elles constituaient toute la fortune de beaucoup de familles. Si les revenus féodaux étaient variables en raison des casuels, leur rentrée du moins était facile et bien assurée ; leur grand inconvénient provenait de la confusion qui s'était mise dans les fiefs par le laps du temps ; il en résultait de fréquents et interminables procès entre les seigneurs voisins pour déterminer leurs mouvances. Comme simplification de la propriété foncière, le rachat des droits féodaux était d'ailleurs devenu une mesure très-désirable.

9° Marie-Émilie DE CORNULIER, née le 2 juillet 1753, mariée à Vair, le 4 juin 1776, à Charles-Jean-Baptiste *Morel*, chevalier, marquis de la Motte, en la paroisse de Gennes, conseiller au Parlement de Bretagne ; fils de Charles-Auguste-François-Annibal Morel de la Motte et de Anne-Esther Martin de la Baluère. De ce mariage ne vint qu'une fille, mariée à M. de Martel, laquelle n'a laissé elle-même que deux filles : mesdames de Caradeuc et Guérin de la Grasserie.

XIII. — Toussaint-Charles-François, marquis DE CORNULIER, seigneur de la Rivaudière, en la paroisse de Chevaigné, près Rennes ; de la Vrillière, en la Chapelle-Basse-Mer ; de la Ville-Basse, près Tréguier ; de Châteaugal, en Landelleau, près Carhaix ; des Clairaux, de Bonne-Denrée, paroisse de la Chapelle-Chaussée, près de Montfort, etc. ; mourut avant sa mère et ne survécut qu'un an à son père, en sorte qu'il ne fut jamais en possession des principales seigneuries de sa famille. Ce qui fait qu'on le qualifiait *marquis de Cornulier*, en appliquant directement à son nom patronymique le titre qui était dans sa famille sous une autre dénomination. Cependant, il avait eu en dot la terre de la Touche, en Nozay, retirée par sa mère ; il en portait le nom, et c'est là qu'il habita immédiatement après son mariage. Il y résidait depuis trois ans lorsqu'en 1770 il fut obligé d'assigner le chapelain de la chapellenie de Saint-Michel de Nozay pour le contraindre à s'acquitter du devoir de venir dire la messe dans la chapelle du château de la Touche.

Il naquit au château de Vair le 28 février 1740, et entra d'abord au service militaire en qualité de cornette au régiment de dragons de Marbœuf, le 16 août 1758, et fut nommé capitaine au régiment de dragons de Chabrillan le 1er décembre 1762. Le 21 avril de la même année, il avait été pourvu de l'office de conseiller au Parlement de Bretagne ; mais il n'en continua pas moins son service au régiment, malgré cette dernière charge, tellement qu'en 1774 on ignorait généralement qu'il en fût revêtu. Son inclination particulière ne le portait pas vers la magistrature, et on ne l'avait fait recevoir au Parlement, à l'âge de vingt-deux ans, que pour le mettre en mesure de recueillir un jour la charge de président à mortier qu'on tenait à maintenir héréditairement dans la famille. Il en fut pourvu par lettres du 2 août 1775, ainsi motivées : « La connaissance que le feu Roi, notre
« ayeul, de glorieuse mémoire, avait eue du zèle et de l'atta-
« chement du sieur Toussaint de Cornulier dans les charges
« de président qu'il avait remplies tant à la Chambre des
« Comptes de Nantes qu'aux enquêtes de notre Cour de
« Parlement de Bretagne, le détermina à le revêtir, en 1738,
« d'un office de président à mortier à la même cour.

« Satisfait de son affection au bien public et voulant lui
« en témoigner sa bienveillance, il donna en 1762, au sieur
« Toussaint-Charles-François de Cornulier, son fils, l'agré-
« ment d'un office de conseiller en la même cour, persuadé
« qu'à l'exemple de ses ancêtres, et spécialement du sieur
« de Cornulier, son père, il ne laisserait rien à désirer dans
« l'exercice dudit office. Ce zèle héréditaire, s'étant toujours
« manifesté, nous engage aujourd'hui à accepter la démis-
« sion de l'office de président à mortier qu'a faite le sieur
« de Cornulier père, et à en accorder l'agrément à son fils,
« dans la confiance où nous sommes que des services aussi
« longs et aussi distingués ne nous laisseront rien à dési-
« rer sur les devoirs d'un office de cette importance. »

Le mémoire des frais faits pour parvenir à l'obtention de ces lettres de provision s'éleva à 12,087 livres, non compris les soins non taxés, et cela indépendamment du prix de la charge en elle-même qui était fort considérable. A cette époque cependant, les gages de cet office n'étaient encore que de 3,000 livres par an, d'où l'on peut conclure que l'on n'entrait pas dans la magistrature pour y faire fortune.

Toussaint-Charles-François *de Cornulier* avait conservé sous la toge les habitudes dissipées du capitaine de dragons; elles abrégèrent ses jours; il mourut au château de Vair le 10 décembre 1779, et fut inhumé dans la chapelle de la Sainte-Vierge de l'église d'Anetz. Il avait épousé à Rennes, le 17 juin 1766, Marie-Félix-Pauline HAY DES NÉTUMIÈRES, née en 1752, fille aînée de feu Charles-Marie-Félix Hay, chevalier, comte des Nétumières, chevalier de Saint-Louis, capitaine au régiment du Roi, infanterie, et de Jeanne-Marguerite *Hay des Nétumières*, héritière principale des Hay, seigneurs de Châteaugal et de Tizé. Marie-Félix-Pauline Hay n'avait que deux sœurs cadettes : l'une, mariée à M. de Lorgeril, officier de la marine, dont elle a laissé postérité; l'autre, morte religieuse à la Visitation de Rennes, dont l'abbé Carron a écrit la vie comme un parfait modèle d'édification. Elle mourut elle-même au château de la Rivaudière, le 3 mai 1781, laissant trois enfants, savoir :

1º Toussaint-François-Joseph DE CORNULIER, qui suit.

2º Marie-Pauline-Sainte DE CORNULIER, née à Rennes le 23 février 1769, nommée à Nozay le 29 septembre 1771, mariée à Rennes, le 18 juin 1787, à Mathurin-Louis-Anne-Bertrand *de Saint-Pern*, président à mortier au Parlement de Bretagne, fils de Jean-François-Bertrand de Saint-Pern, seigneur de la Tour, et de Marie-Eulalie Salomon de Derval. Elle mourut au château de Saint-Pern le 18 septembre 1788, laissant deux fils : Jean-Louis-Marie-Bertrand, comte de Saint-Pern, marié en 1815 avec Marie-Camille-Albertine *de Cornulier*, sa cousine germaine, comme on le dira au degré suivant; et Joseph-Marie-Thérèse de Saint-Pern, lieutenant-colonel de cavalerie, marié avec Élisabeth Magon de la Lande.

3º Marie-Félicité-Camille DE CORNULIER, née le 9 novembre 1777, mourut sans alliance, le 30 juillet 1792, dans l'île de Jersey, où elle était émigrée.

XIV. — Toussaint-François-Joseph DE CORNULIER, marquis de Châteaufremont, comte de Largouët et de Vair, baron de Montrelais, de Lanvaux et de Quintin-en-Vannes, etc., naquit à Rennes le 6 juin 1771, et épousa à Paris, le 28 avril 1788, Amélie-Laurence-Marie-Céleste DE SAINT-PERN-LIGOUYER, née à Rennes le 8 février 1773, morte à Nantes le 28 janvier 1858, fille de Bertrand-Auguste, marquis de Saint-Pern, seigneur de la Bryère, et de Françoise-Marie-Jeanne *Magon de la Balue.*

Le marquis de Cornulier était encore enfant lorsqu'il perdit ses père et mère ; il fut placé au collège de Rennes avec un gouverneur et un domestique, et confié aux soins de M. de Lucinière, chez qui il passait ses jours de congé à Rennes et le temps de ses vacances à Lucinière : de sorte que les enfants de celui-ci le considéraient plutôt comme un frère que comme un parent éloigné. Il n'avait que dix-sept ans lorsqu'il se maria, sa petite femme n'en avait que quinze. Au commencement de la Révolution, il entra dans la garde constitutionnelle de Louis XVI, mais il n'y resta que peu de temps, ayant émigré bientôt après. Il servait dans l'armée des princes, lorsque, tourmenté du désir de revoir sa jeune famille qui ne l'avait pas suivi, il rentra en France au plus fort de la Terreur. Cette imprudence lui coûta la vie. Condamné à mort, il tomba sous la hache révolutionnaire à Paris, le 19 juillet 1794. L'acte d'accusation très laconique de Fouquier Tinville devant le tribunal révolutionnaire, en date du 1er thermidor an II, porte simplement que « Fran-
« çois-Joseph Cornulier, âgé de vingt-deux ans, natif du
« département d'Ille-et-Vilaine, demeurant à Paris, place
« des Piques (Vendôme), gendre de Saint-Pern, est com-

« plice de la conspiration Magon, et qu'il a été l'un des
« assassins du peuple dans la journée du 10 août. » Soixante
personnes furent exécutées le même jour ; le jeune marquis
de Cornulier se livrait au désespoir, ce fut la mère Conen
de Saint-Luc, religieuse de la Retraite de Quimper, qui, par
ses exhortations, le détermina à se résigner au sort commun.

Sa femme, condamnée à mort comme lui, fut conduite près
de la guillotine, et là, son mari la pressa de déclarer qu'elle
était grosse, ce qu'elle fit avec répugnance ; elle aurait
préféré ne pas survivre à son mari qui allait périr dans le
même moment ; mais l'idée de ses enfants ralluma en elle
l'amour de la vie ; ils étaient si jeunes, si destitués, si seuls
sur la terre ! Elle fit donc cette déclaration et fut jetée à
coups de pieds hors de la charrette qui conduisait son mari
et ses autres parents à l'échafaud. Ramenée par les gendarmes à la Conciergerie, sa femme de chambre conçut le
projet de la sauver ; elle parcourut toutes les sections de
Paris et parvint à intéresser en sa faveur M. Le Picard,
mort sous la Restauration conseiller à la Cour de Cassation:
non seulement il fit sortir de prison la marquise de Cornulier, mais il fit encore lever le séquestre mis sur ses biens ;
enfin, il n'est sorte de services qu'il ne lui rendit. De son
côté, madame de Cornulier ne tarda pas à trouver l'occasion de s'acquitter envers lui en payant la dette de la reconnaissance. Dans ces temps affreux, où chaque citoyen ne
pouvait compter sur un jour d'existence, M. Le Picard,
devenu odieux aux bonnets rouges, allait monter à l'écha-

faud lui-même, lorsque madame de Cornulier, à force d'argent et d'adresse, détourna la tempête et parvint à le sauver. A la Restauration, elle le fit nommer secrétaire-général de la chancellerie.

Le marquis *de Cornulier* fut père de cinq enfants, savoir :

1º Toussaint-Jean-Hippolyte DE CORNULIER, qui suit.

2º Marie-Camille-Albertine DE CORNULIER, née à Paris le 19 juillet 1791, mariée à Nantes, le 2 février 1815, à Jean-Louis-Marie-Bertrand, comte *de Saint-Pern*, son cousin germain, fils de Mathurin-Louis-Anne-Bertrand de Saint-Pern de la Tour et de Marie-Pauline-Sainte *de Cornulier*, mentionnée au degré précédent. Elle en a eu trois fils et trois filles, et est morte à Nantes le 27 juin 1877.

3º Marie-Pauline-Fortunée DE CORNULIER, née à Paris le 25 juillet 1792, mariée à Nantes, le 17 mai 1817, à Louis, marquis *de Monti*, officier aux gardes-du-corps du Roi, chevalier de Saint-Louis, fils de Louis-Claude-René de Monti et de Flore-Victoire le Roux des Ridellières de Commequiers. Elle est morte à Nantes, sans postérité, le 29 avril 1857. Son mari a convolé avec mademoiselle de la Jaille.

4º Marie-Ernestine DE CORNULIER, née à Paris le 5 juin 1793, morte le lendemain.

5º Marie-Cornélie DE CORNULIER, née à Paris le 15 juin 1794, morte le lendemain.

XV. — Toussaint-Jean-Hippolyte, marquis DE CORNULIER, né à Paris le 25 août 1789, fut nommé chef de la troisième cohorte de la légion de la garde nationale de la Loire-

Inférieure le 31 août 1813, chef d'escadron le 16 septembre 1814, chevau-léger de la garde du Roi le 23 du même mois ; fut attaché à l'état-major du duc de Bourbon dans la Vendée au 20 mars 1815, puis suivit le Roi à Gand, sous le commandement du duc de Berry ; fut nommé chef d'escadron au régiment de dragons de la Manche le 22 novembre 1815 ; chevalier de la Légion-d'Honneur le 25 avril 1821 ; fit la campagne d'Espagne en 1823, et y fut nommé pour son intrépidité chevalier de Saint-Louis sur le champ de bataille, le 23 juillet. Passé chef d'escadron aux chasseurs de la garde royale le 14 octobre 1823, il fut promu lieutenant-colonel au 16e régiment de chasseurs à cheval le 29 octobre 1828. Mais un jour vint où les principes qui avaient mené une partie de sa famille sur l'échafaud de 1793 lui firent un devoir de briser son épée en face d'une Révolution qui chassait les princes qu'il avait servis ; il n'hésita pas et fut réputé démissionnaire le 22 août, par suite de son refus de serment au gouvernement de 1830.

Encore jeune, doué d'une santé de fer, riche, entouré de relations brillantes, ayant déjà largement payé sa dette à son pays, tout semblait convier le marquis de Cornulier à jouir paisiblement de sa belle position sociale, à mener une de ces existences molles et agréables, mais futiles, qui sont le terme des aspirations vulgaires. Il n'eut pas un moment la pensée de se livrer à cette égoïste oisiveté ; dévoré d'une prodigieuse activité de corps et d'esprit, sa riche organisation ne comprenait pas le repos, et sa conscience se révoltait à l'idée de devenir un homme inutile.

Son ambition ne consistait pas à faire parler de lui ; d'une modestie extrême, il évitait soigneusement de se mettre en évidence ; les services cachés étaient ceux qu'il rendait le plus volontiers. Il ne se proposait pas davantage d'augmenter par des spéculations une fortune déjà bien supérieure à la simplicité de ses goûts ; en maintes circonstances on l'a vu sacrifier ses intérêts particuliers au bien public ; on peut même dire qu'il subordonnait à l'intérêt général l'avenir de ses propres enfants, en créant incessamment des établissements utiles sans doute, mais destinés à devenir d'une administration bien difficile après lui. C'est ainsi que, s'oubliant lui-même et moins préoccupé des siens que des populations qu'il avait adoptées, le marquis de Cornulier fut par excellence un grand citoyen, un véritable et sincère patriote.

Rentré, en 1831, à son château de Vair, il y essaya d'abord l'industrie des betteraves à sucre et celle de la chaufournerie sur une grande échelle, les considérant comme les deux éléments principaux d'amélioration pour la culture locale ; mais là, l'agriculture était déjà trop perfectionnée pour lui ; son esprit entreprenant n'y trouvait pas assez à créer ; il lui fallait un théâtre plus vaste, où il eût tout à faire.

Frappé des progrès qu'avait réalisés, dans le département des Landes, l'habile administration du baron d'Haussez, il voulut continuer la même œuvre. De concert avec quelques-uns de ses parents, il acquit ce qui restait de l'ancien duché d'Albret, comprenant encore plus de douze mille hectares, dans la partie de la France la plus arriérée et qui passait pour la plus ingrate ; il alla se fixer à Mont-de-Marsan pour diriger cette immense exploitation, et bientôt il couvrit de vastes établissements agricoles et d'usines importantes de toutes sortes les parties les plus déshéritées des départements des Landes, de Lot-et-Garonne et des Basses-Pyrénées, imprimant partout et à toutes choses une impulsion salutaire, donnant la vie et l'aisance là où l'on ne connaissait avant lui que la solitude et la misère. Pour nous borner à la ville de Mont-de-Marsan, qu'il avait, au péril de sa fortune, sauvée de la disette en 1846, il la dota d'une minoterie modèle, de moulins à huile, de bains publics, d'une scierie hydraulique, d'importants établissements métallurgiques ; il y créa une vaste culture maraîchère, et allait y établir une distribution d'eau sur tous les points, quand la mort le surprit.

Le seul usage qu'il fit de sa fortune était pour le travail ; il aimait mieux avoir tous les jours mille ouvriers à sa solde que de se donner le moindre luxe, la moindre jouissance : heureux et pleinement satisfait quand il avait procuré à de nombreuses familles leur pain quotidien. Sa santé, il l'usait à voyager par tous les temps, à visiter ses nombreux ateliers, à encourager ses travailleurs. Dans les distinctions civiles qui étaient venues chercher sa modestie, il ne voyait qu'une raison de plus de se dévouer aux intérêts publics, une excitation nouvelle à créer toujours, sans trêve ni repos, une dette qu'il devait payer à la société par de nouveaux efforts de générosité et d'abnégation.

Le marquis de Cornulier s'acquit ainsi une considération

et une popularité immenses dans ces contrées qu'il avait vivifiées ; son affabilité, la bonté de son cœur, la simplicité et la franchise de ses manières, le rendaient cher à ces populations qui ne le voyaient jamais user de sa supériorité que pour réaliser le bien de son pays d'adoption et de ses habitants.

Mais ce qui, surtout, relevait son caractère, c'était son empressement à aller au-devant de l'infortune et à honorer par le travail toutes les misères qui s'abritaient derrière lui. Il était la Providence du pays : tous ceux qui pouvaient travailler trouvaient, suivant leur âge, leurs forces et leur aptitude, de l'occupation dans ses nombreux établissements, et sa charité n'avait point de bornes pour ceux qui étaient incapables de gagner ; type de bienfaisance, on le nommait l'*Ami des Pauvres*.

La mort qui frappa subitement le marquis de Cornulier à Mont-de-Marsan, le 17 juillet 1862, fut un coup de foudre pour tout le pays, tant il y avait d'existences qui tenaient à la sienne. Ses funérailles présentèrent tous les caractères d'une manifestation et d'un deuil public ; les sentiments de considération, d'estime et de gratitude dont la population tout entière était pénétrée furent exprimés sur sa tombe dans des discours prononcés par le Préfet des Landes, par le maire de la ville et par le directeur de ses usines.

Le marquis *de Cornulier* avait épousé à Paris, le 22 juin 1824, Marie-Charlotte-Hermine DE SESMAISONS, née en 1806, fille de Claude-Louis-Gabriel-Donatien, comte de Sesmaisons, maréchal de camp, commandeur de la Légion-d'Honneur, pair de France et d'Anne-Charlotte-Françoise *d'Ambray*, fille du chancelier de France et petite-fille du chancelier *de Barentin*. Elle est morte au château de Benguet, près de Mont-de-Marsan, le 26 août 1867. C'était une femme d'un esprit supérieur, de grand cœur et qui avait reçu une éducation toute virile. De ce mariage sont issus :

1º Charles-Joseph-Gontran DE CORNULIER, qui suit.

2º Isabelle DE CORNULIER, née le 3 janvier 1827, morte au château de Vair au mois d'octobre 1833.

3º Donatienne-Marguerite-Marie DE CORNULIER, née le 27 février 1828, mariée à Mont-de-Marsan, le 7 juin 1844, à Augustin-Raoul, marquis *de Mauléon*, fils d'Amable-Lambert-Charles-Joseph-François-Julien, marquis de Mauléon, et d'Aglaé-Françoise-Rosalie Barrin de la Galissonnière. Elle en a eu trois filles : la marquise du Lyon, la comtesse de Villèle, et la comtesse de Villeneuve-Villeneuve. Après la mort de son mari, qui était le dernier de la branche aînée des anciens vicomtes de Soule, la marquise de Mauléon est entrée en religion chez les Carmélites de Toulouse au mois de décembre 1875.

4º Marie-Camille-Hermine DE CORNULIER, née à Mont-de-Marsan le 8 juillet 1838, mariée dans la même ville, le 11 février 1857, à Joseph-Victor, comte *de Lonjon*, mort au château de Benguet le 20 avril 1881, fils de Clément-François-Louis-Joseph, comte de Lonjon, ancien officier aux gardes-du-corps du Roi, et de Marie-Léonide Brocque. Elle en a eu trois filles.

XVI. — Charles-Joseph-Gontran, marquis DE CORNULIER, né à Paris le 18 octobre 1825, a épousé au château de

Fontaine-Henri, près Caen, le 1ᵉʳ juin 1847, Ernestine-Élisabeth LE DOULCET DE MÉRÉ, fille de Louis-Charles-Marie-Edmond Le Doulcet, vicomte de Méré, ancien lieutenant au régiment des chasseurs à cheval de la garde royale, et de Henriette-Hedwige *Gillet de la Renommière*, dont il a :

1º Jean-Henri-Marie, comte DE CORNULIER, né à Caen le 5 février 1849, fut admis à l'école militaire de Saint-Cyr le 5 octobre 1868, mais n'y est pas entré. Servit comme lieutenant dans la garde nationale mobile du Calvados en 1870-1871, a été nommé sous-lieutenant dans la cavalerie de réserve le 11 février 1876. Il a épousé à Martot, près Pont-de-l'Arche, le 2 février 1875, Marie-Josèphe-Jeanne-Yvonne-Andrée GRANDIN DE L'ÉPREVIER, fille de Pierre-Alexandre Grandin de l'Éprevier et de Sophie-Caroline *Le Fort*. Elle est morte au château de Fontaine-Henri le 14 août 1880. De ce mariage est venue :

> Hermine-Marie-Sophie-Andrée DE CORNULIER, née au château de Martot le 16 avril 1876.

2º Henri-Marie-Edmond-Toussaint, comte DE CORNULIER, né à Caen le 18 décembre 1849, a fait la campagne de 1870-1871 dans la garde nationale mobile de Calvados, a été nommé sous-lieutenant dans la cavalerie de réserve le 25 mai 1875. Il a épousé à Paris, le 27 octobre 1877, Jeanne DANIEL DE BOISDENEMETS, fille de feu Armand-Léopold Daniel, comte de Boisdenemets, et de Sophie-Caroline *de Metz*.

3º Marie-Madeleine-Aglaé-Joséphine DE CORNULIER, née à Caen le 21 juillet 1851, mariée au château de Fontaine-Henri, le 5 avril 1869, à Charles-Marie, comte *de Cussy*, fils de Charles-Isaac, marquis de Cussy, et de Mathilde-Marie Frémin de Lessard.

BRANCHE DE LA CARATERIE

IX. — Charles DE CORNULIER, chevalier, seigneur des Croix et des Gravelles, fut connu sous le nom de la première de ces seigneuries jusqu'à l'époque de son mariage, et, depuis, sous celui de la seconde. Il était fils puîné de Claude Ier *de Cornulier* et de Judith *Fleuriot*, et naquit à Nantes le 19 août 1623. Il était encore mineur lorsqu'il perdit son père et sa mère, et fut placé sous la tutelle de Charles Champion, baron de Cicé, conseiller au Parlement. Il reçut de son frère aîné, Pierre IV de Cornulier, baron de Châteaufremont, son partage de juveigneur, par acte du 22 janvier 1650 ; fut élu capitaine de la noblesse par les gentilshommes du pays de Retz, au comté nantais, et confirmé dans cette charge par lettres du Roi du 3 septembre 1666. Il mourut à Nantes le 10 mai 1678, et fut inhumé dans l'église de Sainte-Radégonde. Il avait épousé dans cette ville, par contrat du 30 avril 1651, Louise DE LA JOU, fille unique de feu Jean de la Jou, écuyer, seigneur de la Blanchardière et de la Caraterie, dans la paroisse de Saint-Étienne-de-Mer-Morte, et d'Élisabeth *Nepvouet*. Louise de la Jou se retira à Machecoul après le mariage de son fils, auquel elle abandonna la Caraterie, et mourut dans cette ville le 26 novembre 1693.

Charles de Cornulier avait reçu en partage définitif la terre et seigneurie des Gravelles, située aux paroisses de Saint-Onen et de Saint-Méen ; des métairies dans les paroisses de Plouasne et de Saint-Pern, évêché de Saint-Mâlo, et un hôtel à Nantes, dont la ville lui payait, en 1658, 1,300 livres de loyer pour y loger le maréchal de la Meilleraye ; tout cela lui constituait un fort bel aportionnement de juveigneur. Sa femme était plus riche encore : elle lui avait apporté en mariage les terres de la Caraterie, de la Blanchardière, de Pinglou, du Fief-Bérard, du Vivier, etc. Elle héritait, en outre, pour la totalité de sa cousine, Jeanne de la Jou, dame de la Bertrandière, et en partie de Philippe de la Loirie, chanoine de Guérande. Charles de Cornulier trouva le moyen de dissiper toute cette fortune, qui aurait assuré un avenir prospère à sa postérité. Sans s'occuper du lendemain, il payait ses dettes en créant des rentes, et s'estimait libéré quand il avait esquivé par ce moyen le remboursement du capital ; aussi, après que sa succession fut liquidée, il ne resta à son fils que la terre de la Caraterie toute seule, et encore n'était-elle pas complètement dégrevée. Toutefois, il est juste d'observer que, pour satisfaire aux idées de l'époque, sa charge de capi-

BRANCHE DE LA CARATERIE.

taine de la noblesse lui imposait une représentation ruineuse.

Charles *de Cornulier* et Louise *de la Jou* n'eurent pas moins de treize enfants qui suivent :

1º Pierre DE CORNULIER, né à Nantes le 14 août 1652, mort jeune, après 1668.

2º Charles-Yoland DE CORNULIER, qui restait unique héritier de son père en 1695, et qui suit.

3º Autre Charles Yoland DE CORNULIER, né à Nantes le 10 février 1665.

4º Claude DE CORNULIER, né le 11 juillet 1669, baptisé à Paulx le 7 mars 1679, vivait encore en 1687.

5º Jean-Baptiste DE CORNULIER, nommé à la Caraterie le 17 avril 1675, mort à Nantes le 25 septembre 1685, avait été destiné à l'état ecclésiastique, et était déjà pourvu, en 1684, de la chapellenie ou légat de la Savarière, en la paroisse d'Aigrefeuille.

6º Charlotte DE CORNULIER, née à Nantes le 22 juin 1654, vivait encore en 1673.

7º Françoise-Josèphe DE CORNULIER, née à Nantes le 5 octobre 1656.

8º Marie DE CORNULIER, née à Nantes le 22 février 1660, baptisée à Paulx le 26 mai 1665, vivait encore en 1677.

9º Judith DE CORNULIER, née à Nantes le 6 janvier 1663, vivait aussi en 1677.

10º Jeanne-Louise DE CORNULIER, née le 22 octobre 1666, baptisée à Paulx le 23 avril 1677, vivait encore en 1684.

11º Louise-Thérèse DE CORNULIER DES GRAVELLES, postulante aux

Carmélites de Nantes, y avait déjà pris l'habit lorsqu'elle y mourut, le 15 novembre 1685.

12º Isabelle DE CORNULIER, née à la Caraterie le 24 août 1672.

13º Anonyme DE CORNULIER, née à Nantes le 24 novembre 1678, six mois après la mort de son père.

X. — Charles-Yoland DE CORNULIER, Ier du nom, chevalier, seigneur de la Caraterie, né en 1655, lieutenant de la noblesse au comté nantais, puis capitaine de la compagnie des gentilshommes du pays de Retz après son père, mourut au château de la Caraterie le 25 septembre 1705, et fut inhumé dans l'église de Paulx. Il avait été compris indûment, en 1692, dans le rôle de taxation des familles anoblies par la mairie de Nantes, mais un arrêt du conseil du 26 juin 1696 ordonna sa radiation dudit rôle, attendu, dit-il, qu'il a justifié de sa noblesse d'ancienne extraction. Il avait épousé à Nantes, le 1er février 1681, Julienne HALLOUIN, dame de la Houssinière, qui mourut à Nantes le 29 décembre 1707, et fut inhumée dans l'église de Saint-Denis. Elle était fille de feu écuyer Pierre Hallouin, seigneur de la Morhonnière, en Saint-Similien, près Nantes, ancien échevin de cette ville et sénéchal de Clisson, et de feue Françoise *Monnier*. De ce mariage vinrent :

1º Charles-Yoland DE CORNULIER, IIe du nom, seigneur de la Caraterie, né le 3 septembre 1683, et nommé à Paulx le 6 janvier 1684. Il avait pour curateur, en 1710 (à l'âge de vingt-sept ans), Claude de Cornulier, seigneur de Boismaqueau, président en la Chambre des Comptes de Bretagne, qui le cautionna en 1715 pour la Caraterie, mise alors en bail judiciaire, et qu'il exploitait à son compte. Il était marié en 1723 avec Françoise NAU, ou NOEAU, d'une famille qui possédait la seigneurie de l'Enfernière, dans la paroisse de Saint-Mars-de-Coutais. Il mourut sans postérité en 1728.

2º Jean-Baptiste DE CORNULIER, dit l'*abbé de la Caraterie,* né à la Caraterie le 10 octobre 1688, chapelain des chapellenies de Sainte-Barbe et de Saint-Jean, en la Trinité de Machecoul, et de la Madeleine, en Saint-Philbert-de-Grand-Lieu, en 1705 ; de la chapellenie des Garreaux, en Sainte-Croix de Machecoul, en 1706 ; de Notre-Dame-de-la-Fumoire, en la Chapelle-Basse-Mer, en 1707 ; de la chapellenie des Gravoiles, en Saint-Léobin-de-Coutais, en 1711 ; prieur de Saint-Pierre-de-Matignon, au diocèse de Saint-Brieuc, en 1723 ; curé de la paroisse de Nort de 1720 à 1723, puis de celle de Saint-Étienne-de-Montluc en 1724. Il y est mort le 3 février 1725, et fut inhumé dans son église.

3º Charlemagne DE CORNULIER, né à la Caraterie le 6 février 1692, mort le 26 du même mois et inhumé dans l'église de Paulx.

4º Autre Charlemagne DE CORNULIER, qui suit.

5º Pierre DE CORNULIER, chevalier, capitaine au régiment de Ruis, mort à la Caraterie le 8 août 1713 et inhumé dans l'église de Paulx.

6º Claude DE CORNULIER, dit le *chevalier de la Caraterie,* né à la Caraterie le 19 janvier 1698, capitaine des milices établies dans la paroisse de Bois-de-Céné pour la garde des côtes, mort à Paulx le 12 janvier 1733, épousa Anne LE MEIGNEN ou LE MAIGNAN, qui est le même nom, morte à la Pajotterie le 4 janvier 1777, âgée de soixante-dix-sept ans, et inhumée dans l'église de Paulx. Il en eut deux enfants qui suivent :

 A. Claude-Michel DE CORNULIER, écuyer, né à Paulx le 22 avril 1729 ; clerc tonsuré en 1749, sous-diacre en 1753, vicaire de Saint-Étienne-de-Mer-Morte en 1755, chanoine de l'église cathédrale de Rennes en 1758 ; mort à sa terre de la Pajotterie, en Saint-Etienne-de-Mer-Morte, le 19 novembre 1769, et inhumé dans l'église de Paulx.

B. François DE CORNULIER, écuyer, seigneur de la Pajotterie, né à Saint-Étienne-de-Mer-Morte le 18 novembre 1730, mort à la Pajotterie le 22 novembre 1781 ; ne laissa qu'un fils naturel, nommé Jean-François, qu'il avait eu, en 1752, de demoiselle Jeanne Allain. Ce fils avait été baptisé à Saint-Étienne-de-Mer-Morte sous le nom de *Cornulier*, ayant pour marraine sa grand'mère Anne le Meignen ; il le porta jusqu'à son mariage, époque à laquelle un arrêt du Parlement, du 7 juillet 1778, lui fit défense de le prendre, et il s'appela depuis *des Véronnières*, ainsi que sa postérité, aujourd'hui éteinte.

7º Louise DE CORNULIER, née à la Caraterie le 29 novembre 1681, entrée en religion chez les Ursulines de Nantes en 1697, morte le 13 décembre 1751.

8º Bonne-Yolande DE CORNULIER, née le 9 mai 1685, baptisée à Paulx le 11 août suivant, mariée à Nantes, par contrat du 28 février 1709, à Simon *de Ruis*, alors capitaine des grenadiers du régiment de Laval, devenu en 1713 colonel du régiment de son nom, seigneur de la Brosse. Elle mourut à Paulx le 29 décembre 1765, sans laisser de postérité.

XI. — Charlemagne DE CORNULIER, Ier du nom, chevalier, seigneur de la Caraterie, né à Machecoul le 21 février 1694, capitaine commandant une compagnie de noblesse au comté nantais. Devenu héritier de son frère aîné, il donna, par acte du 25 février 1729, partage noble à ses deux cadets survivants, Claude et Bonne-Yolande de Cornulier. Jusque-là, les successions paternelle et maternelle n'avaient point été partagées, et, depuis la mort de leurs auteurs, tous les enfants avaient continué à vivre en commun chez leur frère aîné, qui était en curatelle. Ce Charlemagne ne fut pas moins prodigue que l'avait été son aïeul, et plus d'une fois il faillit anéantir le dernier débris de fortune que celui-ci lui avait laissé. Il contracta de grosses dettes, et, sans l'intervention de sa fille, madame de Biré, qui vint à son secours, dans les moments les plus critiques, sa terre de la Caraterie serait devenue la proie de ses créanciers.

Charlemagne Ier *de Cornulier* mourut à la Caraterie le 18 mars 1763, et fut inhumé dans l'église de Paulx. Il avait été marié trois fois. Il épousa en premières noces à Nantes, le 10 février 1721, Marie-Thérèse GIRAUD, sa cousine germaine, fille de feu François Giraud, écuyer, seigneur de la Jaillière, en Orvault, ancien conseiller du Roi au présidial de Nantes, et de Jeanne *Hallouin*, alors sa veuve. Elle mourut en couches à Nantes, le 15 mai 1722, et fut inhumée dans l'église de Saint-Denis ; elle était âgée de trente ans. Son mariage avait été bénit en l'église de Saint-Denis de Nantes par l'abbé de Cornulier, curé de Nort, après dispenses du pape pour le deuxième degré de parenté où se trouvaient les conjoints. Charlemagne de Cornulier épousa en secondes noces à Nantes, le 7 mars 1729, Françoise LE TOURNEULX, fille de feu Christophe Le Tourneulx, écuyer, seigneur de Sens, auditeur en la Chambre des Comptes de Bretagne, et de Charlotte *de la Bourdonnaye de Coëttion.* Elle était sœur puînée de Charlotte Le Tourneulx, mariée à Claude III *de Cornulier,* seigneur de Montreuil, et mourut en couches à la Caraterie le 19 mars 1730, âgée de trente ans. Il épousa en troisièmes noces à Nantes, le 21 avril 1732, Marie-Rosalie MÉNARDEAU, dame des Granges, en Saint-Étienne-de-Montluc, fille de feu Jean Ménardeau, chevalier, seigneur de Maubreuil, en Carquefou, et de Jacquette *le Haste.* Elle mourut à la Caraterie, âgée de soixante-dix ans, le 21 juin 1775, et fut inhumée dans l'église de Paulx.

Les enfants de Charlemagne Ier *de Cornulier* furent :

DU PREMIER LIT :

1º Charles-Toussaint DE CORNULIER, né à Nantes le 9 mai 1722, mort jeune.

DU DEUXIÈME LIT :

2º Anonyme DE CORNULIER, mort à la Caraterie le 9 mars 1730.

DU TROISIÈME LIT :

3º Charlemagne II DE CORNULIER, qui suit.

4º Alexandre-Gaston, chevalier DE CORNULIER, né à la Caraterie le 28 octobre 1738, lieutenant au régiment de Brie le 13 mai 1758, réformé le 31 décembre 1762 ; fut replacé comme sous-lieutenant au régiment de Bourgogne, infanterie, le 19 août 1764, promu capitaine au même régiment le 18 janvier 1775, passa au bataillon de garnison de Royal-vaisseaux le 3 juin 1779, et fut licencié le 20 mars 1791. Il avait fait les guerres de Corse, dans lesquelles il fut blessé, le 9 mai 1769, d'un coup de fusil à la main ; fut pensionné du Roi et nommé chevalier de Saint-Louis

BRANCHE DE LA CARATERIE.

en 1787. Il assista aux États assemblés à Nantes le 1ᵉʳ octobre 1764, et mourut célibataire à la fin de 1792, au château de la Caraterie, où il s'était retiré en quittant le service.

5º Marie-Rosalie DE CORNULIER, née à Nantes le 25 mars 1733, mariée à Paulx, par l'abbé de Cornulier, le 26 juin 1753, à René *de Biré*, chevalier, seigneur de la Senaigerie, en Bouaye ; de Jasson, Malnoë, l'Épine, etc. ; aîné de sa maison, fils de feu René de Biré et de Marie Baudouin. Elle est morte à Paulx le 20 août 1820, et n'a pas laissé de postérité.

6º Bonne-Jacquette DE CORNULIER, née à Nantes le 1ᵉʳ décembre 1734, morte à Paulx, sans alliance, le 23 novembre 1823.

7º Louise-Marie-Charlotte DE CORNULIER, née à la Caraterie le 16 janvier 1736, ne fut pas mariée et mourut après 1768.

XII. — Charlemagne DE CORNULIER, IIᵉ du nom, chevalier, seigneur de la Caraterie et de Boistancy, en Paulx, naquit à la Caraterie le 8 juillet 1737, assista aux États assemblés à Nantes le 1ᵉʳ octobre 1764, et donna partage noble à ses juveigneurs le 18 mars 1768. Pendant la première guerre de la Vendée, son château de la Caraterie fut incendié, et il fut réduit, comme tout le reste de la population, à fuir devant les colonnes infernales. Réfugié avec sa famille dans une ferme de la paroisse de Saint-Jean-de-Corcoué, il y tomba malade et y mourut. C'est dans le cimetière de cette commune qu'il est enterré.

Charlemagne II *de Cornulier* épousa à Nantes, par contrat du 29 mai 1770, mariage bénit le 3 juillet suivant dans la chapelle du château du Bois-Cornillé, en la paroisse d'Izé, près de Vitré, Rose-Charlotte DE GOYON, dite Mademoiselle de Brissac, morte à la Carraterie au mois de décembre 1818; fille de feu Arnaud-François de Goyon, chevalier, seigneur des Hurlières, du Bois-Cornillé, la Motte-Rousse, etc., près de Vitré, avocat-général à la Chambre des Comptes de Bretagne, et de Renée *de Luynes* ou de *Loynes*. Rose-Charlotte de Goyon, femme d'un grand mérite, avait dix frères ou sœurs, mariés pour la plupart et tous bien alliés. Son oncle, Joseph-Martin de Goyon, seigneur de l'Abbaye, en Chantenay, qui avait épousé une sœur de sa mère, laissa aussi neuf enfants. Ces vingt cousins, doublement germains, ne laissaient pas que d'avoir chacun une honnête fortune. Elle venait en majeure partie de leur grand'mère, Émilie-Bernardine Geffrard, fille d'un gentilhomme des environs de Vitré, qui avait suspendu momentanément son épée dans la salle des États pour faire, à Saint-Malo, le grand commerce maritime, dans lequel plusieurs familles de cette ville acquirent à cette époque des fortunes colossales, et où il réussit lui-même à souhait ainsi que son gendre. Celui-ci, Arnaud du Gouyon ou de Goyon, originaire de Condom, en Guyenne, était huitième co-partageant dans un patrimoine très médiocre; il vint d'abord s'établir à Nantes, en 1683, puis passa de là à Saint-Malo, où il épousa cette riche héritière en 1699.

Les enfants de Charlemagne II *de Cornulier* furent :

1º Anonyme DE CORNULIER, mort à la Carraterie le 5 octobre 1770.

2º Charlemagne-Alexandre-René-Augustin DE CORNULIER DE LA CA-
RATERIE, né à la Caraterie le 2 mars 1773, fit ses preuves de noblesse pour le grade de sous-lieutenant, au cabinet du Saint-Esprit,
devant Chérin fils, le 5 juin 1787, et entra, en 1789, en qualité
de cadet gentilhomme, dans le régiment de Royal-Comtois
infanterie, où il servit jusqu'au commencement de la Révolution.
Émigré en 1791, il entra, à Neuvied, dans les chevau-légers de
la garde du Roi, où il fut incorporé dans la première compagnie
noble d'ordonnance; fit en cette qualité la campagne de 1792
et servit dans ce corps jusqu'à son licenciement. En 1793, il fut
placé dans le cadre commandé par le prince de Léon, depuis
duc de Rohan; se trouvait à Quiberon et fit partie de la seconde
expédition préparée en Angleterre pour une descente à l'île
d'Yeu, mais qui n'opéra point son débarquement. Rentré plus
tard en Bretagne, il y fit partie de l'armée royale jusqu'à la
pacification de 1798; fut nommé chevalier de Saint-Louis à la
Restauration et chef du 1er bataillon de la 6e légion de la garde
nationale de la Loire-Inférieure, au canton de Manchecoul. Il
est mort à son château de la Caraterie le 30 octobre 1843.

Charlemagne de Cornulier s'était marié deux fois : en pre-
mières noces, le 5 septembre 1798, à Saint-Étienne-de-
Montluc, avec Marie-Sainte DE BIRÉ DE SAINT-THOMAS, née en
1766, veuve de Pierre-Jean-Marie Le Bedel, et fille unique de
Louis-René de Biré et de feue Marie-Catherine *de Chevigné*.
Il n'en eut que deux enfants morts en naissant. Il épousa en
secondes noces, à Nantes, le 18 avril 1809, Pauline LE MALLIER
DE CHASSONVILLE, fille de Daniel-Henri-Louis-Philippe-Auguste
Le Mallier, comte de Chassonville, et de Pauline-Jeanne *de
Cornulier*, de la branche du Boismaqueau. Elle mourut à la
Caraterie au mois d'août 1817, ne laissant que deux filles :

> A. Pauline-Mathilde-Rosalie DE CORNULIER, née à Nantes le
> 28 juillet 1810, mariée dans la même ville, le 17 sep-
> tembre 1835, à Charles, comte *de Montsorbier*, fils
> d'Honoré-Benjamin-Charles de Montsorbier et de Rose-
> Élisabeth-Bénigne Voyneau du Plessis. Elle est morte
> sans postérité le 23 mars 1839. Son mari épousa en
> secondes noces, le 17 janvier 1842, Victoire Guillet de
> la Brosse, qui mourut le 15 novembre 1845, laissant une

fille unique : Victoire-Marie de Montsorbier, mariée le 7 octobre 1861 à Jean-Louis-Arthur, vicomte *de Cornulier*, comme on va le dire plus loin.

B. Henriette-Rose-Augustine DE CORNULIER, née à Nantes le 17 janvier 1814, mariée le 28 octobre 1839 à Victor, comte d'*Escrots d'Estrée*, fils de Claude-Antoine, comte d'Escrots d'Estrée, ancien officier au régiment du Roi infanterie, chevalier de Saint-Louis, et de Marie-Rosalie Juchault de la Moricière. Il est mort à Nantes, le 26 mai 1877, et elle, à Nantes aussi, le 26 février 1884, laissant un fils et deux filles. Elle a porté la terre de la Caraterie dans la famille d'Estrée.

3° Arnaud-Désiré-René-Victor DE CORNULIER DU BOIS-CORBEAU, né à la Caraterie le 15 juin 1774, émigra au commencement de la Révolution à Jersey, d'où il rejoignit l'armée des princes français, et fut incorporé, en 1792, dans la compagnie noble de chevau-légers d'ordonnance commandée par M. de Clarac. Il fit partie de l'expédition de Quiberon en qualité de sergent-major dans le régiment du Dresnay. Blessé au genou par une balle et fait prisonnier, il fut conduit à Auray, où la commission militaire le condamna à mort. Mais la nuit qui devait précéder son exécution, il parvint à s'échapper avec deux de ses compagnons, dont l'un, qui était le domestique de M. de Sombreuil, eut le courage de le porter sur ses épaules jusqu'à ce qu'il fût en sûreté dans une ferme, sa blessure l'empêchant tout à fait de marcher. Aussitôt qu'il fut rétabli, il servit sous les ordres de Georges Cadoudal, dans la division Bonfils ; puis à la pacification, il alla rejoindre dans la Vendée sa mère et son jeune frère qui y étaient restés et qui le croyaient mort. Il est inscrit, sous le nom de *René de Cornulier*, sur le monument de Quiberon, à la Chartreuse d'Auray, au nombre des victimes qui ont été fusillées dans le champ des martyrs. Cette erreur provient de ce que ces noms ont été pris sur les procès-verbaux des condamnations à mort, sans qu'on ait pu reconnaître les rares exceptions pour lesquelles la sentence n'avait pas été exécutée. Il fut nommé chevalier de la Légion-d'Honneur à la Restauration, et mourut à Nantes le 21 avril 1830.

Arnaud de Cornulier avait épousé à Foucaucourt, département de la Somme, le 9 janvier 1799, Marie-Françoise-Gabrielle DES FRICHES-DORIA, née à Framerville le 11 avril 1772, morte à Troyes le 21 avril 1804, et inhumée dans le cimetière de Payens. Elle était fille de Marie-Marguerite-François-Firmin des Friches, chevalier, comte Doria, marquis de Payens, en Champagne, et de Cayeu, en Picardie, seigneur de Bethencourt, d'Ollé, de Saint-Ouen, de Cernoy, etc., ancien capitaine de cavalerie, chevalier de Saint-Louis, et de Catherine-Julie-Alexis *de Rougé*.

De ce mariage est issu un fils unique, qui suit :

> Arnaud-René-Victor, vicomte DE CORNULIER, né à Paris le 20 octobre 1799, acquit en 1825 la terre de Lucinière. Suspect au gouvernement de Juillet, il fut arrêté et conduit en prison à Bourbon-Vendée, lors de l'apparition dans le pays de *Madame*, duchesse de Berry. Élu plusieurs fois membre du conseil général de la Loire-Inférieure et du conseil municipal de Nantes, il s'acquit dans ces assemblées l'estime de ses collègues par la fermeté de ses principes, et leur affection par son esprit conciliant, l'aménité et la modestie de son caractère. Soldat discipliné dans les rangs où ses convictions l'avaient placé, il abandonna ces fonctions et renonça à toute candidature aussitôt qu'il apprit l'invitation que M. le comte de Chambord faisait à ses amis de s'abstenir de participer aux affaires publiques. Rentré à regret dans la vie privée, il continua à exercer autour de lui une influence salutaire en encourageant l'agriculture et en s'associant à toutes les œuvres de charité. Il est mort à Nantes le 25 mai 1862, et a été inhumé à Saint-Hilairede-Loulay, paroisse de sa terre du Bois-Corbeau.
>
> Le vicomte Victor de Cornulier avait épousé à Angers, le 24 juin 1823, Marie-Émilie DE BLOCQUEL DE CROIX DE WISMES, née dans la commune de Mesnil-Martinsart, département de la Somme, le 13 mars 1804, morte à Nantes le 26 juin 1862, fille de Stanislas-Catherine-Alexis de Blocquel de Croix, baron de Wismes, en Artois, alors préfet de Maine-et-Loire, et d'Émilie-Joséphine-Jeanne *Ramires de la Ramière*.
>
> De ce mariage sont nés trois fils et une fille qui suivent :
>
>> *A.* Gaston DE CORNULIER, né le 4 avril 1824, mort le 21 février 1830.

> B. Stanislas-Victor DE CORNULIER, né à Nantes le 5 octobre 1828; ordonné prêtre à Saint-Pierre de Rome à Noël 1857, nommé camérier secret du Saint-Père, avec le titre de *Monsignor*, à la Trinité de 1858; mort le 2 décembre 1876, à son château de la Preuille, commune de Saint-Hilaire-de-Loulay.
>
> C. Jean-Louis-Arthur DE CORNULIER, qui suit.
>
> D. Marie-Léonie DE CORNULIER, née à Nantes le 20 mars 1825, mariée dans la même ville, le 27 janvier 1845, à Félix, vicomte *de Villebois-Mareuil,* fils de Félix, comte de de Villebois-Mareuil, et de Sophie Foucault de Vauguyon, dont elle a quatre fils. C'est à elle qu'est échue en partage la terre du Bois-Corbeau.

Jean-Louis-Arthur, vicomte DE CORNULIER, né à Nantes le 28 mai 1830, a eu en partage la terre de Lucinière que son père avait acquise des héritiers de la branche de ce nom en 1825, a servi comme volontaire dans les zouaves de l'armée pontificale, et était à la prise de Ponte-Corvo, le 18 septembre 1860, jour de la bataille de Castelfidardo. Il est décoré de la médaille : *Pro Petri Sede.*

Le vicomte Arthur de Cornulier avait été l'un des premiers à voler au secours du pouvoir pontifical. Dix ans plus tard, l'invasion prussienne le trouvait richement établi dans ses foyers, marié et père de famille, et il n'hésitait pas davantage, sans que rien de particulier lui en fît une obligation, à quitter cette situation brillante et à rompre les liens puissants qui l'y rattachaient. Répondant à l'appel de Charette, il reprit le fusil et le sac de simple soldat, et fit avec les *volontaires de l'Ouest* la rude et sanglante campagne d'hiver qui a immortalisé ce corps d'élite. Son abnégation fut d'autant plus remarquable qu'elle contrastait avec le soin que mettaient les soi-disant patriotes à se dérober aux fatigues et aux dangers, en se cantonnant dans de grasses et douces sinécures. Une nouvelle période de dix années s'écoule sans refroidir son zèle : le 3 novembre 1880 le retrouve au premier rang des défenseurs du couvent des Capucins de Nantes, envahi en exécution de décrets illégaux, et il eut la distinction d'être conduit en prison, les mains chargées de fers.

Il a épousé à Nantes, le 7 octobre 1861, Victoire-Marie DE MONTSORBIER, fille unique de Charles, comte de Montsorbier, et de feue Victoire *Guillet de la Brosse*, née à Nantes le 23 novembre 1842. De ce mariage est née une fille unique :

Marie-Thérèse-Josèphe DE CORNULIER, née à Nantes le 17 janvier 1865, qui a eu pour parrain et marraine *Monsieur* et *Madame*, comte et comtesse de Chambord. Elle a été mariée à Nantes, le 6 mai 1884, avec Adolphe-Eugène-Michel-Marie-Edouard, comte *Le gualès de Mézaubran*, né le 16 mars 1858, à Givet (Ardennes) et domicilié à Saint-Nicolas-du-Pelem (Côtes-du-Nord); fils de feu Ange-Jean-Marie-Adolphe Le Gualès, colonel d'infanterie, commandeur de la Légion-d'Honneur, décédé à Cherbourg le 22 novembre 1859, et de Claire-Thérèse de Kerautem, demeurant à Plerin (Côtes-du-Nord).

4 Louis-Auguste DE CORNULIER DE LA LANDE, qui suit.

5º Charles-Benjamin DE CORNULIER, né à la Caraterie le 13 août 1782, mort le 18 novembre suivant.

6º Marie-Rose-Rosalie-Augustine DE CORNULIER, née à la Caraterie le 10 avril 1772, morte au même lieu le 28 juillet 1781.

XIII. — Louis-Auguste, comte DE CORNULIER DE LA LANDE, naquit à Nantes le 19 septembre 1778 et fut baptisé à Paulx, le 15 novembre suivant. Élevé avec beaucoup de soin par ses parents, il fut imbu de bonne heure des sentiments religieux et monarchiques auxquels il dévoua sa vie. Surprise par la tempête révolutionnaire, sa famille ne tarda pas à se disperser; ses deux frères aînés étaient déjà partis pour les bords du Rhin, mais son père le retenait près de lui; encore enfant, il ne lui permit pas de prendre part au premier soulèvement de la Vendée, en 1793.

En apprenant la mort de Louis XVI, il éprouva une de ces douleurs profondes et indignées que ne saurait plus guère comprendre, aujourd'hui, une génération égoïste et blasée. « Je me félicitais, disait-il, de l'insurrection qui
« éclata au mois de mars suivant avec cette imprévoyance
« de la jeunesse qui applaudit à tout ce qui est noble et
« généreux sans en voir les conséquences ; je gémissais
« de l'inaction à laquelle mon père me condamnait. »

Enfin, ayant atteint l'âge de quinze ans, il lui fut permis de débuter dans la carrière des armes et de prendre part aux dangers et aux fatigues de cette guerre terrible et impitoyable. Confié aux soins de M. de Couëtus, qui commandait en second l'armée de Charette, il ne tarda pas à perdre ce protecteur bienveillant, tombé entre les mains des soldats de la République et fusillé à Challans en 1795 ; dès lors il se trouva livré à ses seules inspirations.

Poursuivi par un ennemi implacable, Charette marchait sans trêve et sans repos ; chaque jour avait ses combats, chaque village, chaque champ était le théâtre de rencontres imprévues, de résistances désespérées. Blessé dans quatre de ces engagements, d'une balle dans la poitrine et de plusieurs coups de sabre, Louis de Cornulier fut du petit nombre de ceux qui, ayant fait abnégation de leur vie, accompagnèrent leur général jusqu'au dernier jour. « Nous
« n'étions plus que quarante autour de Charette, raconte-
« t-il dans une lettre adressée à sa mère ; treize de mes
« amis et moi, accablés de fatigue et à qui les chevaux refu-
« saient tout service, restâmes en arrière de la petite

« colonne et nous jetâmes de côté pour éviter la rencontre
« des républicains qui nous poursuivaient. Ceux-ci, arrivés
« au point de bifurcation, la reconnurent à la trace de nos
« chevaux, et se séparèrent eux-mêmes pour continuer
« leur poursuite dans les deux directions. Atteints par le
« détachement qui nous avait suivis, douze des nôtres
« furent tués ou pris ; j'échappai seul, comme par miracle,
« avec M. Ménager. »

Quand l'épée du grand homme fut brisée, le silence se fit dans les solitudes de la Vendée, et la guerre abandonna pour quelques jours ces champs bien-aimés du carnage. Une amnistie fut proclamée pour tous ceux qui rendraient leurs armes ; Louis de Cornulier acheta la tranquillité du moment en apportant un mauvais fusil, et retourna près de sa mère donner aux joies de la famille les loisirs de la pacification. Il respira quelques jours de calme, heureux de cet amour filial qui, pour lui, fut toujours un culte. Cette pauvre mère avait senti toutes les angoisses dont Dieu éprouve souvent ses privilégiés ; loin de tous les yeux, elle cachait, depuis quatre années, ses inquiétudes pour ses trois fils proscrits. Son cœur maternel, déchiré tant de fois, avait pleuré prématurément la mort de l'un d'eux, échappé par miracle au désastre de Quiberon ; il vint un soir heurter mystérieusement à ce foyer triste et solitaire, apparut comme une vision d'un monde évanoui, et la pauvre femme connut encore la joie, car elle put presser à la fois sur son sein deux têtes chéries.

En 1799, comme un cratère toujours bouillant, la Vendée

s'insurgea de nouveau. La division de Machecoul avait eu à sa tête, dans la prise d'armes précédente, M. Dubois, alors absent et proscrit. Pressés de se donner un chef, les paysans proclamèrent Louis de Cornulier, qui avait combattu dans leurs rangs ; mais, par un sentiment d'abnégation bien rare, celui-ci fit reconnaître pour commandant M. Donné, fils d'un serrurier de Machecoul, qui avait eu le second rang sous M. Dubois. Au reste, les événements de cette campagne furent courts et précipités ; la division de Machecoul n'eut qu'un seul engagement, à Bois-de-Céné, après quoi une nouvelle pacification rendit le repos au pays.

Comme à la plupart des gentilshommes qui avaient pris parti dans les mouvements de l'Ouest et s'y étaient fait remarquer, le pouvoir impérial fit offrir à Louis de Cornulier une place dans ses armées ; mais les séductions de l'Empire le trouvèrent inaccessible : c'est que, chez lui, les convictions politiques n'étaient pas un caprice du cœur ou de l'imagination, mais bien, comme la pensée religieuse, quelque chose d'austère et de sacré. Son âme, noble et généreuse, avait adopté sa cause comme un culte : royaliste, il croyait au Roi ; comme chrétien, il croyait à Dieu.

En 1815, pendant les *Cent-jours,* il commanda la division de Machecoul, prit part au combat de Roche-Servière, et fut un de ceux qui protégèrent la retraite du général de Suzannet, blessé mortellement dans cette rencontre. Après Waterloo, le pays insurgé resta sous les armes, autant pour le maintien de la tranquillité que pour protester contre l'occupation étrangère.

A la rentrée des Bourbons, il fut nommé colonel des gardes nationales du pays de Retz, et chargé de leur organisation. Il eut encore à remplir une tâche délicate : celle de mettre sous les yeux du Roi les états de services d'une foule de braves qui avaient droit aux récompenses. Il s'en acquitta avec sagesse et dévouement ; ses compagnons d'armes furent contents du zèle qu'il mit à leur être utile ; lui seul s'était oublié !

Heureux d'avoir vu triompher la cause pour laquelle il avait dévoué sa vie, retiré au milieu des siens, Louis de Cornulier fuyait, comme d'autres les recherchent, les occasions de se mettre en évidence. Satisfait de la considération dont il était entouré, il n'eût sacrifié qu'à regret sa chère obscurité. Nommé chevalier de Saint-Louis par Louis XVIII, il reçut cette distinction comme une récompense qui payait généreusement ses services ; jamais depuis une seule faveur ne le visita. Cependant une circonstance l'obligea à se produire en public, ce fut l'inauguration de la statue élevée à Charette dans le bourg de Legé, le 4 septembre 1826 ; il fut un des douze chefs de division des armées royales de la Vendée qui assistèrent à cette cérémonie à la tête de leurs anciens soldats. Inaperçu du pouvoir, ignoré de lui-même en quelque sorte, il préférait le repos de la vie privée aux agitations de la politique, et c'est ce qui lui fit refuser, en 1827, les suffrages des électeurs royalistes du collège de Saint-Philbert, qui voulaient le porter à la députation, tout en étant flatté d'une marque de confiance qu'il n'avait ni sollicitée ni désirée.

Louis de Cornulier devait rencontrer encore une Révolution qui allait s'emparer de cette existence tranquille pour la livrer de nouveau aux hasards et aux orages. Dégagé de toute ambition, spectateur paisible de la lutte des partis et des efforts des factions déchaînées depuis 1830, resté le même au milieu de toutes les convictions chancelantes, on vint un jour, de la part d'une princesse de Bourbon insultée et proscrite, demander au vieux Vendéen s'il avait encore du sang à donner à ses maîtres ; et, fidèle aux traditions de sa jeunesse, il répondit sous la double inspiration du gentilhomme et du royaliste. Et pourtant il ne se jetait pas en aveugle dans ces événements gros de menaces et de dangers ; mais son dévouement ne recula pas devant l'inutilité du sacrifice. A la veille du combat, il crut que ce n'était pas à lui de consulter les augures ; il obéit donc et partit, accompagné de deux de ses fils, pour entrer de nouveau dans cette lice où il avait exercé sa jeunesse.

A la tête d'un détachement de la division de Machecoul, il eut un léger engagement avec un bataillon du 56ᵉ de ligne, près de la Caraterie ; quelques hommes furent tués de part et d'autre. Cette affaire, qu'il considérait comme un début, devait être la fin des événements ; mais d'autres épreuves lui étaient réservées. Bientôt étouffé, le mouvement de 1832 n'eut d'autre résultat que de livrer les hommes de cœur aux proscriptions du pouvoir. La maison de Louis de Cornulier fut livrée au pillage, ses biens séquestrés ; atteint lui-même par une sentence de mort, il dut chercher son salut dans l'exil. Au bout de quatre ans, enfin, il vit sa vieille fidélité traduite à la barre d'une Cour d'assises. Sur ce banc, où venait s'asseoir la défaite, il n'apporta pour toute défense que le témoignage de sa vie entière. Interpellé sur les motifs qui l'avaient, au déclin de sa vie, jeté dans de nouveaux troubles, il répondit que madame la duchesse de Berry étant venue réclamer son concours, chevalier de Saint-Louis et gentilhomme, il s'était vu doublement engagé à la servir. Les animosités politiques s'éteignaient; ses juges, frappés de cette vie qui avait traversé tant de Révolutions et vu passer tant de bannières, toujours attachée au même serment comme au même drapeau, ne voulurent voir en lui que la fidélité vaincue et la victime du dévouement; à la loyauté de ses convictions, ils répondirent par un verdict qui le rendait à sa famille, et quittèrent leurs sièges pour serrer la main du proscrit.

Il passa encore quelques années au milieu des siens, puis remonta doucement vers Dieu, jetant un regard tranquille de l'autre côté de la tombe, car il y rencontrait une espérance. Telle fut cette vie simple et modeste, mêlée comme malgré elle aux discordes civiles, et qui se flattait, à la fin de sa carrière, de n'avoir jamais eu d'ennemis, et surtout d'avoir la certitude que personne n'avait un motif raisonnable pour l'être.

Louis *de Cornulier* mourut à Nantes le 27 février 1843. *Madame,* duchesse du Berry, écrivait à sa veuve, le 5 avril suivant :

« J'ai appris la perte cruelle que vous venez de faire ; je
« veux vous dire moi-même combien je prends part à votre

« douleur. Je remplis un devoir en vous exprimant combien
« je regrette votre brave et fidèle mari, qui méritait, à tant
« de titres, ma reconnaissance et celle de mon fils. Lorsque
« je m'adressai à lui, en 1832, son passé m'était un
« garant de l'avenir, et mon fils sait que j'avais bien jugé
« celui qui, sur un ordre de moi, a exposé à la Caraterie
« une vie que Dieu devait lui enlever plus tard à Nantes, au
« milieu de sa famille, mais trop tôt pour ses amis, trop
« tôt surtout pour la sainte cause dont il était l'un des dé-
« fenseurs les plus fermes et les plus intelligents. Puisse le
« roi de France être un jour à même de prouver à vos
« enfants qu'il n'a point oublié votre admirable dévoue-
« ment, madame, et la glorieuse conduite du chef vendéen
« aimé et regretté de tous. »

Le comte Louis de Cornulier avait épousé à la Garnache, le 10 février 1810, Adélaïde-Bonne-Marie DE LESPINAY, née au château des Clouzeaux, en Bois-de-Céné, au mois de mars 1789, veuve en premières noces de Louis-Jacob *de Lespinay de la Roche-Boulogne,* dont elle avait un fils, qui fut officier de la marine royale, et qui est mort sans alliance en 1842. Elle était fille de Charles-Alexis de Lespinay des Clouzeaux et de Gabrielle-Félicité *de Buor de la Lande.* Son père avait épousé en secondes noces, en 1797, Angélique-Josnet de la Doussetière, dont il n'eut pas d'enfants. Cette seconde femme, qui a vécu jusqu'en 1820, était elle-même veuve de deux maris : 1° de Louis-Joseph Charette de Boisfoucaud ; 2° de François-Athanase Charette de la Contrie, le célèbre général vendéen. La comtesse Louis de

Cornulier est morte à Nantes, le 21 février 1856, ayant eu de son second mariage six enfants, qui suivent.

1º Auguste-Louis-Marie DE CORNULIER, qui suit.

2º Henri-Victor-Marie DE CORNULIER, né le 3 septembre 1815, élu membre du Conseil d'Arrondissement de Nantes, par le canton de Machecoul, le 27 août 1848, fit partie des volontaires de Nantes qui marchèrent au secours de Paris au mois de juin de la même année. Fut porté à la députation aux élections de mai 1869 dans une des circonscriptions de la Loire-Inférieure ; bien que sa candidature eût été improvisée au dernier moment, il ne laissa pas que d'obtenir 12,610 voix contre son concurrent qui, grâce à l'attache officielle, en réunit 19,946. Cette minorité fut considérée comme une victoire morale. Henri de Cornulier a été élu membre du conseil général de la Loire-Inférieure en 1872 et y a toujours siégé depuis comme représentant du canton de Machecoul. Il est aussi membre du conseil municipal de Nantes.

3º Arnaud-Victor-Marie DE CORNULIER, né le 7 septembre 1818, mort au château de la Lande, en Saint-Hilaire-de-Loulay, près Montaigu, le 8 août 1823.

4º Henriette DE CORNULIER, née le 2 mars 1811, morte le 3 août de la même année.

5º Adèle-Gabrielle-Rosalie-Marie DE CORNULIER, née le 7 novembre 1814, mariée à Nantes, le 7 janvier 1833, à Henri-Victor, vicomte *de Lespinay des Moulinets*, son cousin germain, fils d'Alexis-Gabriel de Lespinay et d'Armande-Victoire-Cécile-Joséphine Le Bœuf. Elle est morte sans postérité, le 9 novembre de la même année, au château des Moulinets, dans la commune de Sainte-Cécile, en Vendée, et son mari est entré dans les ordres sacrés. Après avoir été longtemps grand vicaire de l'évêché de Luçon, cet ecclésiastique distingué est mort à Nantes le 20 avril 1878.

6º Marie-Anne DE CORNULIER, née le 1er avril 1822, mariée à

Nantes, le 11 octobre 1843, à René-Félix, comte *de Romain*, fils de Félix, comte de Romain, ancien colonel d'artillerie, chevalier de Saint-Louis, et d'Anne-Amélie-Dominique du Chillau. Elle en a deux fils.

XIV. — Auguste-Louis-Marie, comte DE CORNULIER, né à Nantes le 23 septembre 1812, page du roi Charles X, en 1829 et 1830 ; prit part, avec son père, au mouvement légitimiste de la Vendée en 1832, à la suite duquel il subit, dans la prison de la Roche-sur-Yon, une détention préventive de quatre mois avant d'être rendu à la liberté par une ordonnance de non-lieu. Depuis 1872, il est membre du conseil général de la Vendée et maire de la commune de Saint-Hilaire-de-Loulay, près de Montaigu, où est situé son château de la Lande. Il a été élu sénateur par le département de la Vendée, le 30 janvier 1876, et réélu le 8 janvier 1882, malgré la résolution qu'il avait manifestée de se retirer de la vie politique. Il avait su garder dans son pays toute l'estime, la considération et la popularité dont son père y jouissait ; de là la violence honorable faite à son inclination.

Le comte Auguste de Cornulier a épousé à Saint-Laurent-de-la-Salle (Vendée), le 11 août 1846, Caroline-Pauline GRIMOUARD DE SAINT-LAURENT, née à Vouvant (Vendée), le 23 juin 1819, fille de Henri-Jacques Grimouard, comte de Saint-Laurent, et de Coricie *du Bois de la Verronnière*. De ce mariage sont nés :

1° Louis-Henri-Marie, comte DE CORNULIER, né à Nantes le 9 janvier 1851, a épousé dans la même ville, le 28 août 1876, Marthe-Virginie-Ernestine RICHARD DE LA PERVANCHÈRE, née à Nantes le 26 décembre 1853, fille de Pierre-Alfred Richard de la Pervanchère, ancien député à l'Assemblée nationale, chevalier de la Légion-d'Honneur, et de Laure-Suzanne *Sallentin*. De ce mariage :

  A. Auguste-Laurent-Marie DE CORNULIER, né au château de la Pervanchère, commune de Casson (Loire-Inférieure), le 21 septembre 1878 ;

  B. Pierre-Henri-Marie DE CORNULIER, né aussi à la Pervanchère, mort à Nantes le 19 mars 1882, âgé de deux ans;

  C. Laure-Henriette-Caroline-Marie DE CORNULIER, née à Nantes le 12 janvier 1883.

2 Auguste-Marie DE CORNULIER, né à Nantes le 22 mai 1853, mort au château de la Lande le 13 août 1874.

3 Charles-Marie, comte DE CORNULIER, né à la Lande le 19 novembre 1856, admis à l'école militaire de Saint-Cyr le 12 octobre 1876, nommé sous-lieutenant au 125ᵉ régiment de ligne le 1ᵉʳ octobre 1878, a donné sa démission après son mariage et a été nommé le 19 février 1884 lieutenant de réserve au même régiment. Il a épousé à Meslay-du-Maine (Mayenne), le 18 octobre 1883, Geneviève-Marie-Anne PINEAU DE VIENNAY, née à Cagny (Calvados), le 10 juin 1863 ; fille de Georges-Gabriel-Marie-Antoine Pineau, comte de Viennay, et de feue Brigitte-Marie-Noémie *Costé de Triquerville*.

4 Marie-Caroline DE CORNULIER, née à la Lande le 23 juin 1847, morte au même lieu le 22 janvier 1860.

5° Yolande-Marie DE CORNULIER, née à la Lande le 24 juin 1848, mariée à Nantes, le 10 août 1870, avec Olivier-Marie-Liguori *Boux de la Vérie*, né le 26 août 1839 à Saint-Christophle-du-Ligneron (Vendée) et domicilié à Challans ; fils d'Armand Boux de la Vérie et de Marie-Victoire Guinebauld de la Grostière. Elle en a deux fils et deux filles.

6o Berthe-Marie DE CORNULIER, née à la Lande le 20 juin 1849, mariée à Nantes le 28 juillet 1873 avec Adrien-Joseph-Marie *de Mauduit du Plessis*, né à Nantes le 22 avril 1845, domicilié a Locquiriec (Finistère), fils d'Adrien-Thomas-Jules de Mauduit du Plessis et de Pauline-Julie de Kermarec.

BRANCHE DE LUCINIÈRE

VIII. — Jean DE CORNULIER, chevalier, seigneur de Lucinière et de Fayau, en Nort, en 1601 ; de Montreuil, dans la même paroisse, en 1612 ; de la Motte, en Ercé-en-Lamée, en 1640, etc. ; second fils de Pierre III *de Cornulier* et de Claude *de Comaille*, naquit à Nantes le 15 avril 1574 ; entra comme page, en 1588, au service de Philippe-Emmanuel de Lorraine, duc de Mercœur, beau-frère de Henri III, et gouverneur de Bretagne, qui le gratifia, dès 1591, d'une pension sur les États de cette province. Les témoins entendus dans l'enquête de 1593, faite canoniquement au sujet de l'ordination de son frère Pierre, depuis évêque de Rennes, disent qu'il était alors nourri près de la personne de ce prince, et qu'il portait les armes pour la garde et défense de la foi dans les armées de la Sainte-Union des Catholiques. Devenu capitaine de cinquante hommes d'armes et conseiller du Roi en ses conseils d'État et privé, il fut tout à la fois un administrateur habile et un militaire distingué.

Nommé, le 8 juin 1601, grand-prévôt de Bretagne et commissaire du Roi aux États de cette province tenus en la même année, il fut pourvu, en 1602, de l'office de grand-maître enquêteur et général réformateur des eaux, bois et forêts de France au département de Bretagne, et de celui de grand-veneur audit pays, à la place de Victor Binet, seigneur de Montifroy, son beau-frère, devenu premier président de la Chambre des Comptes de Bretagne. Dans des lettres du 19 décembre 1611, adressées à la Chambre des Comptes, le Roi dit : « En considération des services que le sieur de Lucinière, à « présent grand-maître, nous a faits en ladite charge, nous « voulons, vous mandons et expressément enjoignons, cette « fois pour toutes et sans attendre autres lettres de jussion « que la présente, faire jouir le sieur de Lucinière des gages « de 3,000 livres pour son état de grand-maître et de ceux « 1,200 livres pour son état de grand-veneur. » Il exerça ces charges jusqu'en 1642, époque à laquelle il s'en démit en faveur de son fils, Pierre IV ; mais il remplissait simultanément diverses autres commissions. C'est ainsi qu'il assista encore, en 1604, en qualité de commissaire du Roi, aux États de Bretagne, et qu'il servit activement, sous les ordres du maréchal de Brissac, à la tête d'une compagnie de chevau-légers et d'un corps de carabiniers qu'il avait mis sur pied pour le service des rois Henri IV et Louis XIII, suivant leurs lettres de commission des années 1605 et 1616. Il assista ledit maréchal dans la revue des gens de guerre de la Bretagne faite en cette dernière année, et fut encore capitaine et gouverneur des villes et châteaux de Comper, dans la paroisse de Concoret, de Nantes, du Croisic et de Guérande, sous les ordres des ducs de Vendôme et de Montbazon, en 1616 et 1619.

Le 6 mars 1618, il fut gratifié d'une pension de 1,200 livres, « en récompense, disent les lettres, des bons et
« fidèles services qu'il a ci-devant faits et continue encore
« journellement, tant en l'exercice de sa charge de grand-
« maître qu'en diverses autres occasions où il a été em-
« ployé, et lui aider à supporter les dépenses extraordi-
« naires qu'il lui a fallu faire en l'exercice de ladite charge. »

Il vendit la terre de Fayau, qu'il avait eue en partage avec Lucinière ; mais il doubla l'étendue de cette dernière en y ajoutant, par divers acquêts, les territoires de Laurière et d'Alon, en Joué. Il acquit aussi la terre de Montreuil (1). Il rendit à la châtellenie de Nozay deux aveux pour son ancien domaine et seigneurie de Lucinière, en Nort : le premier, en 1610, au connétable de Montmorency ; le second en 1633, au prince de Condé. Dans beaucoup d'actes, il est encore nommé *de Cornillé*, et c'est seulement après lui que ce nom fut tout à fait abandonné.

Jean *de Cornulier* mourut à Nantes le 28 décembre 1650.

---

(1) Montreuil appartenait en 1564 à Jean Godelin. Jean de Cornulier l'acquit en 1612 dans la succession bénéficiaire d'Esther Godelin et de Jean Guymier, son mari. Peu considérable à cette époque, la terre de Montreuil devint importante par l'annexion de Fayau et de Longlée. Montreuil et ses annexes relevaient des seigneuries de Villeneuve et du Moulin, mais ne laissaient pas que d'avoir sous leur autorité une juridiction particulière étendue, avec un beau château, qui dominait le bourg de Nort, et où les Cornulier de Montreuil faisaient leur résidence ordinaire.

Il avait épousé dans cette ville, le 24 septembre 1603, Marguerite LE LOU ou LE LOUP, née à Nantes, le 17 août 1582, et morte dans la même ville le 4 mai 1642. Elle était fille de feu Michel Le Loup, seigneur du Breil et de la Haye, maître des comptes de Bretagne, ancien maire de Nantes, commandant une compagnie contre le duc de Mercœur, qui brûla son château du Breil et le fit prisonnier, mais dont la rançon fut payée par Henri IV, et de Bonne *de Troyes de Bois-Renault*. Marguerite Le Lou était le septième et dernier des enfants de Michel Le Lou, qui s'était marié deux fois. En premières noces, il avait épousé Françoise de Rocas, dont il avait trois enfants : Yves Le Lou, maître des comptes et premier capitaine de la ville de Nantes, marié avec Catherine Jallier, desquels descendent les Le Lou de Chasseloire et de la Biliais; Marie Le Lou, femme de Maurice Boislève, conseiller au Parlement de Bretagne; et Jeanne Le Lou, femme de Bernardin d'Espinose, aussi conseiller au Parlement de Bretagne. En secondes noces, Michel Le Lou avait épousé Bonne de Troyes, veuve en premières noces de François Jallier, général des finances de Bretagne, dont elle avait une fille unique, Catherine Jallier ci-dessus. Du second lit vinrent : Michel Le Lou, auteur des seigneurs de la Motte-Glain; Pierre Le Lou, auteur des seigneurs de Beaulieu; Gabrielle Le Lou, femme de Victor Binet, premier président de la Chambre des Comptes de Bretagne; et Marguerite Le Lou, mariée à Jean de Cornulier, dont elle eut au moins quatorze enfants, qui suivent.

1° Claude DE CORNULIER, seigneur de Lucinière, né à Nantes le 2 novembre 1604, aumônier du Roi et son conseiller en ses conseils d'État et privé, abbé commendataire de l'abbaye de Blanche-Couronne après son oncle, l'évêque de Rennes, qui s'en démit en sa faveur le 27 juin 1635 ; assista en cette dernière qualité aux États assemblés à Nantes en 1638 et à ceux qui furent assemblés à Saint-Brieuc en 1659. C'est lui qui introduisit la réforme de Saint-Maur dans son abbaye ; le contrat en fut passé avec les religieux le 28 juin 1652. Il était encore prieur de Betton, près Rennes ; du Tertre, dans la paroisse de Lavau, en l'évêché de Nantes, et du Hézo, près de Sarzeau, dans la presqu'île de Rhuis ; et c'est sous le nom d'abbé du Hézo qu'on le désignait généralement depuis la réformation de son abbaye. Il fut un des commissaires nommés par les États, en 1647, pour arrêter divers articles avec la Chambre des Comptes : donna partage noble à ses puînés par acte des 19 et 20 janvier 1651, et mourut à Nantes le 4 juillet 1681. Il fut inhumé dans l'église des Chartreux de cette ville, où son corps fut conduit processionnellement. Il s'était fort intéressé, paraît-il, à la création de la compagnie des Indes-Orientales, car il y souscrit pour trois mille livres à la date du 19 janvier 1665, et, sur la liste, son nom vient immédiatement après celui du gouverneur de la ville et du château de Nantes.

L'abbé du Hézo fut le restaurateur de la fortune de sa famille ; son père, par suite de toutes les commissions onéreuses qu'il avait remplies, avait laissé des dettes considérables, telles que sa succession avait dû être acceptée sous bénéfice d'inventaire. Grâce à sa bonne administration et à plus de 7,000 livres de bénéfices dont il était pourvu, l'abbé du Hézo amortit toutes les charges, acheta la terre de la Gazoire, en Nort, et, en 1666, les terres et seigneuries du Meix, du Vernay, de la Herpinière et de Tristan-des-Landes, dans la paroisse de Touches (1), enfin, un

---

(1) La seigneurie du Meix, haute justice, était la plus considérable des trois qui se partageaient la paroisse des Touches ; elle s'étendait en outre sur celles de Nort et de Joué. Les vestiges de son ancien château fort étaient encore apparents en 1660 ; mais, quand l'abbé du Hézo en fit l'acquisition, le domaine foncier en avait déjà été détaché, il n'acheta que la juridiction. Il n'en était pas de même du Vernay, qui, en outre de sa haute justice, avait un domaine territorial important. Ces deux seigneuries relevaient de la baronnie d'Ancenis, mais le Meix avait sous sa proche mou-

hôtel à Nantes, en 1676. L'ancien fief de Lucinière s'étendait à l'ouest jusqu'à la forêt de Saffré; les fiefs acquis par l'abbé du Hézo dans les Touches, en 1666, lui étaient contigus à l'est; leur réunion formait un ensemble fort rare, une seigneurie compacte et sans aucune enclave, qui s'étendait depuis le bourg de Trans jusqu'à la forêt de Saffré, sur une longueur de trois lieues. Quand, en 1721, le Vernay fut détaché pour former le partage d'un puîné, le domaine foncier lui fut seul attribué; la juridiction dépendant de cette seigneurie fut réservée par son aîné et demeura annexée à Lucinière pour maintenir l'intégrité de cette belle féodalité, composé de trois hautes justices avec le Meix, et de deux autres moyennes justices. Lors de sa mort, les acquêts de l'abbé du Hézo furent estimés à 182,000 livres, somme considérable pour cette époque. Il fit aussi rebâtir une partie du château de Lucinière, où l'on voit encore, sur la cheminée de l'ancienne salle à manger, ses armes peintes avec ses attributs d'abbé crossé et mitré.

En 1659, un différend s'étant élevé entre l'abbé Baudoin, curé de Nort, fort autoritaire, et les seigneurs Longlée, de la Gazoire et autres, au sujet des honneurs auxquels ceux-ci prétendaient dans l'église paroissiale, Claude de Cornulier crut devoir intervenir dans le débat comme prééminencier, patron et fondateur de ladite église, et il se prononça contre le curé. Très irrité de cette décision, l'abbé Baudoin fit appel à César de la Muce-Pont-Hus pour le soutenir : c'était un calviniste fougueux, mais qui le laissait agir en maître absolu dans son église. Piquant sa vanité, il lui rappela que, comme seigneur de Villeneuve, dont le fief comprenait dans son enclave non seulement l'église, mais encore la presque totalité du bourg de Nort, c'était à lui que les prééminences devaient appartenir; qu'il était de règle que celui-là seul était réputé patron et fondateur d'une église

vance les juridictions de la Herpinière et de Tristan-des-Landes, autrement dite la Ragotière.

En 1418, le Meix appartenait à Pierre du Moulin, et, en 1427, à Jean de la Barillère. A la fin de ce siècle, il était passé à François Le Porc, qui le vendit en 1542 à Jean du Ponceau. Saisi sur René du Ponceau, il fut adjugé, en 1655, à Antoine du Vernay, son proche parent. Celui-ci, dont la famille possédait déjà le Vernay en 1427, fut le dernier de son nom. C'est dans sa succession que Claude de Cornulier acquit les fiefs du Meix et la terre et seigneurie du Vernay.

sur le fief duquel elle était bâtie, et cela à l'exclusion même du seigneur supérieur.

Par un usage plus que séculaire, c'étaient bien les seigneurs de Lucinière qui étaient en possession de cette prérogative dans l'église de Nort, mais ils l'avaient acquise plutôt à titre personnel qu'à titre féodal, aucun de leurs fiefs n'atteignant le bourg. Ils la devaient à cette double circonstance que deux des seigneurs de Lucinière avaient été successivement évêques du diocèse, tandis que les seigneurs de Villeneuve, ayant embrassé la religion réformée, avaient négligé des droits qui ne leur allaient plus.

Cependant César de la Muce, incité par l'abbé Baudoin, prit à cœur l'affaire de ses revendications; elle se débattit entre lui et Claude de Cornulier seulement, les autres s'étant retirés de la cause. Du Présidial de Nantes, elle fut portée au Parlement de Bretagne, mais un arrêt du Conseil de 1662 en renvoya la connaissance à la chambre de l'Édit, établie au Parlement de Paris en faveur des religionnaires. Celle-ci, par arrêt du 30 août 1664, attribua les prééminences au seigneur de Villeneuve. C'est ainsi que les seigneurs de Lucinière perdirent une prérogative dont ils jouissaient de temps immémorial.

Sans avoir l'esprit de chicane, l'abbé du Hézo eut un grand nombre de procès à soutenir; l'état où il avait trouvé la succession de son père l'avait rendu méticuleux en affaires; celui-ci, élevé dans la maison d'un grand prince renommé pour sa munificence, avait contracté dans ce milieu élevé un penchant à la libéralité qui ne convenait pas à une fortune ordinaire; on peut dire qu'il ne sut jamais compter. Son héritier principal voulut être un administrateur plus exact et plus prudent; il exagéra peut-être ces qualités quand on considère, eu égard à sa profession qui commandait le détachement des biens, la rigueur avec laquelle il exigea de ses cadets mariés les droits qui lui appartenaient comme aîné.

Il avait assisté, en qualité d'héritier présomptif et principal, aux contrats de mariage de son frère Pierre et de sa sœur Isabelle, auxquels le seigneur de Lucinière, leur père commun, avait assigné, par ces actes, leurs partages définitifs de juveigneurs, en stipulant que ces dots ne seraient sujettes à aucun rapport. L'abbé du Hézo avait consenti à ces dispositions; il semblait donc qu'elles fussent irrévocables. Il n'en fut cependant pas ainsi. L'aîné prétendit qu'il n'avait donné sa garantie que par respect et révérence pour son père, dont la présence enchaînait sa liberté, par conséquent que son engagement était sans valeur. Avec tout autre qu'un frère à succession, il y aurait eu là matière à un sérieux débat judiciaire, mais le différend se régla au moyen d'une transaction par laquelle le seigneur de Lorière et la dame des Vaulx durent rapporter à leur frère aîné tout ce qui excédait leurs droits de puînés dans la succession apurée de leur père.

2º Victor DE CORNULIER, écuyer, seigneur de Montreuil, né à Nantes le 18 février 1606, épousa dans la chapelle de Saint-Georges, près Nort, le 29 juillet 1631, Jacqueline DE LA RIVIÈRE, fille de Louis de la Rivière, seigneur de la Bérangerais, dans la paroisse de Cugand, et de Marie *du Ponceau*. Il mourut en 1634, et sa veuve se remaria en secondes noces, en 1636, avec Roland Morin, seigneur du Tresle et de Boistréhan, baron de Guer, alors conseiller au Parlement de Metz, depuis conseiller d'État, avocat-général et président en la Chambre des Comptes de Bretagne. Victor de Cornulier ne laissa qu'une fille unique :

Marie DE CORNULIER, dite *Madame de Lucinière*, née à Nantes le 5 octobre 1633, devait, après la mort de son oncle l'abbé du Hézo, se trouver la principale héritière de sa branche, et attendait, en outre, une grande fortune de sa mère, dame de la Bérangerais et héritière de la Ragotière, en Vallet; de la Roche-Gautron, en la paroisse de Saint-Rémy-en-Mauge ; de la Roche, en Saint-Crespin ; de la Morlière, en Anjou, etc. ; mais elle renonça à ce brillant avenir. Élevée au couvent des Ursulines de Nantes, depuis que sa mère avait convolé, elle y puisa le goût de la vie religieuse. Le 7 avril 1648, elle fit appeler au parloir son aïeul et tuteur, Jean de Cornulier, et lui déclara que son intention était de se consacrer à Dieu dans cette maison et d'y passer le reste de ses jours. Une dot de 5,000 livres lui fut constituée ; elle commença immédiatement son noviciat, et deux années après elle prononçait ses vœux.

Le couvent des Ursulines de Nantes était alors le rendez-vous des filles des premières familles de la province ; on voit parmi les religieuses de cette époque mesdemoiselles d'Anthenaise, de Montmorency, de Rieux, de la Roche-Saint-André, de Bruc, de Santo-Domingue, de Bastelard, de la Boissière, de Fourché, de Bédée, de Renouard, du Chaffault, de Goulaine, etc. Madame de Lucinière y avait déjà sa tante, Catherine de Cornulier, religieuse depuis longtemps ; c'étaient là des motifs suffisants pour la déterminer dans le choix de cette maison ; elle comptait bien d'ailleurs que la paix du cloître la dédommagerait de la position qu'elle abandonnait dans le monde et du sacrifice qu'elle faisait à l'agrandissement de l'aîné de sa branche. Sous ce dernier rapport, ses prévisions ne furent pas complètement réalisées. La division se mit dans le monastère en 1656 ; une minorité, appuyée d'influences extérieures, fit élire pour supérieure la dame de la Barre, de Chinon, appartenant à la famille d'un des juges d'Urbain Grandier ; la majorité se pourvut en justice contre cette élection irrégulière, mais, en attendant la décision du pourvoi, la dame de le Barre usait de tout son pouvoir pour maltraiter les opposantes : il en résulta un désordre complet dans la maison. On prêtait aux religieuses qui réclamaient les propos les plus violents : que leurs vœux n'étaient que conditionnels ; qu'elles souhaitaient que leur couvent fût de paille pour y mettre le feu et en sortir ; qu'elles ne voulaient plus reconnaître aucune autorité et n'aspiraient qu'à sauter par dessus les murailles, à rompre la clôture, et même à dissoudre le monastère pour partager entre elles le bien de la maison. Ces religieuses, au nombre desquelles étaient Catherine et Marie de Cornulier, adressèrent à l'évêque une supplique pour protester contre ces calomnies et de leur inviolable attachement aux statuts de leur ordre, mais pour lui demander en même temps à être gouvernées par une supérieure élue librement et canoniquement, conformément aux constitutions apostoliques.

Marie de Cornulier était procuratrice ou économe de cette maison en 1690, sous la supériorité de sa tante Catherine.

3º Yves DE CORNULIER, né à Nantes le 3 juillet 1607, mort jeune.

4º Pierre IV DE CORNULIER, qui suit.

5º et 6º Bernardin et autre Yves DE CORNULIER, jumeaux, nés à Nantes la 25 septembre 1613, et morts en bas âge.

7° Philippe-Emmanuel DE CORNULIER, auteur du RAMEAU DE MONTREUIL, ci-dessous.

8° Judith DE CORNULIER, née à Nantes le 17 septembre 1610, mariée dans la même ville, le 5 décembre 1628, à Pierre *de Kermeno*, chevalier, seigneur de Keralio, en la paroisse de Noyal-Muzillac, fils aîné, héritier principal et noble de Prégent de Kermeno, seigneur de Botpillio, Liniac, Bodeuc, Lauvergnac, les Houmeaux, Quilfistre, la Haultière, la Bigotière, etc., gouverneur des villes de Guérande et du Croisic, et de Jeanne Charette. Elle mourut sans postérité vers 1643.

9° Isabelle DE CORNULIER, née à Nantes le 1er mai 1612, entrée en religion chez les Ursulines de la même ville.

10° Catherine DE CORNULIER, aussi religieuse de Sainte-Ursule, à Nantes, un des sujets remarquables de l'Ordre, fut supérieure dudit monastère de 1649 à 1652, et de 1697 à 1699 ; prieure en

---

RAMEAU DE MONTREUIL

IX. — Philippe-Emmanuel DE CORNULIER, chevalier, seigneur de Montreuil, en Nort, le dernier des fils de Jean *de Cornulier*, seigneur de Lucinière, et de Marguerite *Le Lou*, naquit à Nantes le 22 octobre 1614, et était, en 1657, lieutenant de la noblesse au comté nantais et pensionnaire des États. Il mourut à Nantes le 13 janvier 1678, et y fut inhumé dans l'église de Saint-Laurent. Il avait épousé dans cette ville, le 4 juillet 1645, Jeanne GARNIER, dame de la Mahière, de Lousil et de la Touche, dans la paroisse de Congrier, en Anjou, fille mineure de défunts nobles gens René Garnier, seigneur de la Repenelaye, en Anjou, et de Françoise *le Din*. Elle mourut au château de Montreuil et fut inhumée à Nantes, dans l'enfeu des Cornulier à Saint-Laurent, le 6 novembre 1679. Jeanne Garnier était un riche parti ; elle apportait en dot à son mari des terres estimées valoir quinze mille livres de rente ; et

1690 et sous-prieure en 1700. Elle n'est plus mentionnée après cette date qui est probablement celle de sa mort.

11º Françoise DE CORNULIER, née à Nantes le 25 mai 1616.

12º Prudence DE CORNULIER, sœur jumelle de Françoise.

13º Marie DE CORNULIER, née à Nantes le 22 mai 1619, entrée en religion, en 1636, au couvent des Bénédictines de Vitré, où elle vivait encore en 1665. Elle avait dû succéder à sa tante, Philippe de Cornulier, au prieuré de Saint-Malo, de Teillay-aux-Nonnains, et jouissait, par compensation, d'une pension de 400 livres sur ce prieuré depuis qu'il avait été réformé.

14º Autre Isabelle DE CORNULIER, mariée en premières noces à Rennes; le 28 juin 1643, à René *des Vaulx*, de la maison de Lévaré, chevalier, seigneur de Beauchesne, Marigny, etc., mort le 22 janvier 1655; et en secondes noces, en 1657, à écuyer René *le Lardeux*, seigneur de la Gastière, en la paroisse de

---

était seule héritière d'un oncle paternel, et pour les trois quarts d'un oncle maternel et d'un grand-oncle du même côté. Elle eut de son mari les enfants qui suivent :

1º Claude Iᵉʳ DE CORNULIER, qui suit.

2º Autre Claude DE CORNULIER, né à Nantes le 11 avril 1659, mort jeune.

3º Françoise-Josèphe DE CORNULIER, née à Nantes le 1ᵉʳ juillet 1646, était morte en 1668.

4º Marie-Prudence DE CORNULIER, née à Nantes le 25 mai 1647, morte dans la même ville le 10 mars 1669, non mariée.

5º Charlotte DE CORNULIER, née à Nantes le 27 août 1649, morte en odeur de sainteté le 28 février 1686, et inhumée solennellement dans le cimetière de Saint-Léonard de Nantes.

6º Jeanne DE CORNULIER, née le 8 octobre 1652, nommée à Nantes le 20 juillet 1655.

7º Hélène DE CORNULIER, née à Nantes le 20 décembre 1653.

Lalleu. Par acte du 13 octobre 1644, son père lui donna en partage la terre de la Motte, dans la paroisse d'Ercé-en-Lamée, où elle se fixa avec son mari, et qui depuis a retenu le nom de la Motte-des-Vaulx ; mais la valeur de cette terre excédant sa légitime de cadette, elle dut, pour la conserver à la mort de son père, en 1650, donner un retour à son frère aîné. Isabelle de Cornulier mourut au château de la Motte le 19 septembre 1672, et fut inhumée dans l'église d'Ercé. Elle n'avait pas eu d'enfants du second lit, mais elle en laissa cinq du premier, entre autres Jean-Baptiste des Vaulx, qui épousa en 1682 Françoise le Meneust, et dont le fils unique se remaria en 1706 avec Pélagie *de Cornulier*, sa cousine, comme on le dira plus loin.

IX. — Pierre DE CORNULIER, IV° du nom, chevalier, seigneur de Lorière, du Pesle, du Branday, de la Grande-Haye

---

8° Charlotte-Jeanne DE CORNULIER, née à Nantes le 23 avril 1655.

9° Marie-Pétronille DE CORNULIER, née à Nantes le 9 juin 1656, morte dans la même ville le 17 septembre 1679, sans alliance.

De tous ces enfants il ne restait plus, en 1682, lors du partage de la succession de l'abbé du Hézo, que Claude, le fils aîné, et sa sœur Charlotte.

X. — Claude DE CORNULIER, Ier du nom, chevalier, seigneur de Montreuil ; de Saint-Thomas, en Saint-Étienne-de-Montluc ; de la Gandonnière, en Vallet ; de la Gazoire, en Nort, qu'il eut en partage, en 1682, dans la succession de l'abbé du Hézo ; de Longlée, de Fayau et du Coudray, aussi en Nort, qu'il acquit en 1684 (1), etc.; naquit à Nantes

(1) C'est Joseph de Montullé, conseiller au Parlement de Paris, qui vendit, par acte du 19 décembre 1684, à Claude Ier de Montreuil, les trois terres nobles de Longlée, de Fayau et du Coudray, ayant chacune, en particulier, haute, moyenne et basse justice. Longlée avait, de plus, un droit de pêche exclusif dans la rivière d'Erdre, le long de ses fiefs, et, comme la Gazoire, une

et de la Moricière, dans les paroisses de Brains, Saint-Léger et Port-Saint-Père, né à Nantes le 5 octobre 1609, conseiller du Roi en ses conseils d'État et privé, capitaine d'une compagnie d'infanterie levée par lui suivant commission du 16 novembre 1635 ; fut pourvu, le 3 janvier 1642, des offices de grand-maître et de grand-veneur, enquêteur et général réformateur des eaux, bois et forêts de France au département de Bretagne, charges que son père lui avait résignées et qu'il exerça jusqu'en 1656. Puis il fut commissaire du Roi aux États de Bretagne des années 1657, 1659, 1661 et 1665. Il mourut à Nantes le 19 décembre 1668, et fut inhumé dans l'enfeu des Cornulier, en l'église de Sainte-Radégonde.

---

le 18 septembre 1651, et fut nommé par son oncle, Claude de Cornulier, abbé du Hézo. Il acheta, en 1684, de Julien le Meneust, devenu depuis son beau-père, la charge de maître des comptes de Bretagne ; mais il la revendit en 1686, sans s'être fait recevoir dans cet office. Il était lieutenant des maréchaux de France au comté nantais (1) et commandait une compagnie de gentilshommes de ce comté à l'arrière-ban convoqué

chapelle prohibitive avec banc, et enfeu, dans l'église paroissiale de Nort. La possession de ces cinq terres décorées et des métairies séparées de la Foresterie, de La Haye, de la Menantière, de la Brezardière, etc., donnaient à Claude de Cornulier une situation considérable dans la paroisse de Nort.

(1) Les duels ayant été interdits sous des peines très rigoureuses, les contestations relatives au point d'honneur entre gentilshommes et entre militaires, que les tribunaux ordinaires étaient peu aptes à juger, durent être portées devant les maréchaux de France ; et ceux-ci établirent, pour connaître des faits de cette nature, un ou deux lieutenants de leur juridiction dans chaque bailliage ou sénéchaussée. Deux édits de Louis XIV, l'un de 1651 et l'autre de 1693, réglèrent cette matière. Ces charges furent érigées en titre d'offices militaires sous le nom de *lieutenants des maréchaux de France, juges du point d'honneur*. Les officiers qui en furent revêtus eurent rang immédiatement après les sénéchaux ou baillis des provinces, avec le droit de nommer, pour être placés sous leurs ordres, deux archers de la connétablie et un secrétaire greffier ; la maréchaussée dut obtempérer à leurs réquisitions. Pour remplir ces fonctions délicates, qui réclamaient surtout un grand ascendant moral, on exigeait que les titulaires fussent dans une position sociale capable d'imposer le respect, que leur naissance fût distinguée et leur vie sans tache.

Comme puîné, Pierre de Cornulier n'eut en partage aucune des terres de sa famille ; ses charges de grand-maître et de grand-veneur de Bretagne lui tinrent lieu de légitime, et, à la mort de son père, leur valeur se trouvant excéder la part de juveigneur qui lui revenait dans sa succession, il dut même rapporter une certaine somme à l'abbé du Hézo, son frère aîné.

Son beau-père lui avait transporté, en 1647, à valoir à la dot de sa femme, un vaste terrain vague nommé *Papolin* et situé en la paroisse de Brains, qu'il avait lui-même afféagé du Roi en 1640. Pierre de Cornulier s'appliqua à en former une terre, qu'il nomma *Lorière* ; il y bâtit un manoir et y ajouta par acquêt, en 1655, les anciennes terres et seigneu-

---

en 1690. Il mourut à Nantes le 16 février 1707, et fut inhumé dans l'église de Saint-Léonard. Il avait épousé dans la même ville, le 5 décembre 1684, Marie-Marguerite LE MENEUST, fille de Julien le Meneust, écuyer, seigneur des Islettes et de Saint-Thomas, maître des comptes de Bretagne, et de défunte Perrine *Bureau*, sa première femme. Marguerite le Meneust était alors élevée au couvent des Bénédictines de la ville de Clisson, et c'est au parloir de cette maison qu'elle signa son contrat de mariage. Elle mourut à Nantes, à l'âge de trente ans, le 24 juin 1692, et fut inhumée dans l'église de Saint-Laurent. Elle était fille unique du premier lit de son père, qui se remaria en secondes noces avec Marie-Thérèse-Charier, dont il eut : Marie le Meneust, née en 1686 et mariée à François Boux, seigneur de Louvrardière. Marguerite le Meneust avait apporté une grande fortune à son mari, déjà riche par lui-même. Ce sont eux qui firent bâtir le beau château de Montreuil, dans une position qui domine la petite ville de Nort ; et l'époque où ils vécurent fut celle de la plus grande splendeur de cette branche, qui ne fit plus que décliner après eux. Les enfants de Marie-Marguerite le Meneust furent :

ries du Pesle et dépendances qui lui étaient contiguës. Par suite de l'intérêt qu'inspire toujours ce qu'on a créé, il préféra le nom de Lorière aux autres, quoique le Pesle fût une haute justice et eût un domaine fort étendu, tandis que Lorière n'avait point de juridiction. C'est donc sous cette dénomination qu'il fut généralement connu, et elle s'établit si bien, qu'elle prévalut encore dans sa postérité durant deux générations après lui ; en sorte que le nom de Lucinière, qui, souvent tout seul, avait servi à désigner le chef de branche, ne fut réellement repris que par son arrière-petit-fils, bien que cette terre fût tout à la fois plus importante, plus décorée et plus ancienne dans la famille.

On lit dans un Mémoire imprimé du temps, que « Pierre

1º Claude DE CORNULIER, IIe du nom, chevalier, seigneur de Montreuil, Longlée, Fayau, Le Coudray, La Gazoire, Saint-Thomas, etc.; né au château de Montreuil le 13 octobre 1686, lieutenant des maréchaux de France au comté nantais et capitaine de la noblesse audit comté, mourut sans alliance en 1714. Arrivé tout jeune à la tête d'une fortune qui dépassait 500,000 livres, somme fort considérable à cette époque, il en dissipa une grande partie, ne songeant guère qu'à se divertir. Lors de sa mort, son fermier de Longlée, dont il avait fait résilier le bail en 1711, après une seule année de jouissance, pour détournements, réclamait jusqu'à 1,500 livres pour prix de vin, viandes, beurre, etc., qu'il lui aurait fournis lorsqu'il y venait en compagnie faire des parties de pêche, et une somme de 4,800 livres pour avances faites en espèces.

2º Anonyme DE CORNULIER, mort à Nantes le 24 janvier 1688.

3º Autre Claude DE CORNULIER, IIIe du nom, qui suit, et qui succéda à son frère aîné du même nom, du vivant duquel on l'appelait le *Chevalier de Cornulier*.

4º Marie-Euphrasie-Scholastique DE CORNULIER, née à Nantes le 13 mars 1690, mariée dans la même ville, le 11 juillet 1707, à René *Boux*,

« de Cornulier fut grand-maître des eaux et forêts de Bre-
« tagne pendant quatorze ans, et qu'il s'acquitta avec hon-
« neur et intégrité de sa charge. Que ses procès-verbaux
« marquent le grand soin qu'il a apporté à la conservation
« des forêts, et qu'en bon officier de Sa Majesté, il n'a pas
« craint de choquer les personnes les plus qualifiées en
« s'opposant vigoureusement à leurs usurpations. Que
« ses visites extraordinaires, partout où il apprenait que
« le mal était le plus grand, lui ont occasionné d'exces-
« sives dépenses, et particulièrement son procès-verbal
« de 1643, qui est l'unique pièce qui fixe l'état des forêts.
« Enfin, que les dérèglements et la ruine des forêts n'ont
« commencé que depuis qu'il est hors de sa charge. »

---

chevalier, seigneur de Saint-Mars-de-Coutais, des Huguetières, de Lenfernière, de Casson, etc., conseiller au Parlement de Bretagne, fils aîné, héritier principal et noble de Julien Boux, chevalier d'honneur au siège présidial de Nantes, et de Marie Baudouin, dame de Casson. En attendant son partage définitif, qui ne fut réglé qu'en 1711, elle reçut en dot 60,000 livres et la terre de la Gandonnière, en Vallet; on y ajouta pour complément, en 1723, la terre de La Gazoire et des métairies en Nort. Elle mourut en couches à Nantes, le 4 octobre 1726, en donnant le jour à deux filles qui ne vécurent pas; mais elle laissait d'autres enfants qui recueillirent, en 1756, tous les biens des Cornulier de Montreuil, comme on le verra au degré suivant.

5º Marguerite DE CORNULIER, née à Nantes le 1er août 1691, morte jeune.

XI. — Claude DE CORNULIER, IIIe du nom, chevalier, seigneur de Montreuil, La Gazoire, Longlée, Fayau et Le Coudray, en Nort ; de La Chauvinière, en Saint-Herblain, près Nantes, etc.; capitaine de la no-

Pierre IV *de Cornulier* avait épousé à Nantes, le 22 janvier 1645, Françoise-Josèphe DU PLESSIER, fille aînée de René-Louis du Plessier, chevalier, seigneur de Genonville, de la Blanchardais, en la paroisse de Vue ; du Pont-en-Vertais, à Nantes, etc. ; gentilhomme ordinaire de la chambre du Roi et premier gentilhomme du duc de Vendôme, capitaine et gouverneur des ville et château d'Ancenis, maître des eaux et forêts de ladite baronnie, et de Marie *Blanchard*, fille de Jean Blanchard, seigneur de Lessongère, baron du Bois et Plessis-de-la-Muce, en Chantenay, maire de Nantes en 1611, superintendant du duc de Vendôme, conseiller d'État et premier président de la Chambre des Comptes de Bretagne en 1634.

---

blesse et lieutenant des maréchaux de France au comté nantais ; naquit à Nantes le 12 février 1689 et fut nommé à Nort, le 31 juillet 1690, par Claude de Cornulier, marquis de Châteaufremont. Il mourut à Nantes le 26 juin 1722, et fut, d'après son désir, inhumé dans le cimetière de Saint-Léonard, au pied de la croix. Il fut aussi mauvais administrateur de sa fortune que l'avait été son frère aîné ; un procès-verbal de l'année 1723 constate que le manoir de Longlée menaçait ruine, que le château de Montreuil lui-même et toutes les métairies en dépendant étaient dans un grand état de délabrement ; enfin l'état général de ses affaires était tel, que sa veuve dut renoncer à sa communauté, et ses enfants n'accepter sa succession que sous bénéfice d'inventaire. Cette situation ne tenait pas seulement à son caractère personnel ; ainsi qu'on a pu déjà le remarquer dans la *branche de la Caraterie*, l'office si honorable de capitaine de la noblesse était une charge excessivement lourde ; il exigeait, en Bretagne, une représentation et des dépenses telles que la plupart des fortunes y succombaient. Cette perspective ruineuse n'arrêtait pas dans la recherche des fonctions, tant on était convaincu alors que la considération ne pourrait s'acquérir qu'au prix des sacrifices pécu-

Françoise-Josèphe *du Plessier* appartenait à une ancienne maison de Picardie qui avait de très brillantes alliances, et qui, au commencement du XVe siècle, avait changé son nom de *Foucanine* en celui du Plessier, qui est une terre située près de Noyon. Elle-même avait été élevée dans l'hôtel de Vendôme, à Paris, près de la Duchesse, qui était sa marraine ; son contrat de mariage fut signé par tous les membres de la famille de Vendôme. Elle était liée avec tout ce qu'il y avait de plus considérable à la cour, et Madeleine d'Orléans, fille de Gaston, frère de Louis XIII, et mariée depuis au duc de Guise, entretenait avec elle une correspondance suivie et lui écrivait comme à une amie intime. Ses lettres, conservées à Lorière, y ont été brûlées avec

---

niaires qu'entraînait l'exercice d'une charge publique dont le faible émolument n'était vraiment qu'honoraire (1).

(1) Au siècle dernier, les gentilshommes aimaient la joie et le plaisir ; leurs habitudes étaient souvent désordonnées, mais ils ne perdaient pas de vue les devoirs de leur condition, ne s'abandonnaient pas au sensualisme décent et tempéré de nos jours : ils étaient plus préoccupés de maintenir l'état moral de leur maison que de rendre leur vie commode et de s'enrichir. La base de cet état avait changé ; la possession féodale avait perdu son antique importance ; elle ne représentait plus que la fortune dont les alternatives sont capricieuses ; elle n'entraînait plus l'illustration du nom avec elle ; sa détention jointe à la naissance ne suffisaient plus pour justifier les immunités fiscales et les honneurs personnels dont le gentilhomme était resté en possession après que les pouvoirs locaux lui avaient été retirés.

Les empiètements successifs de l'administration publique avaient anéanti les institutions féodales : le seigneur n'avait plus de vassaux à mener à la guerre, plus de sujets que dans le style des notaires ; plus de direction politique, de surveillance, de protection et d'assistance à exercer dans sa seigneurie. S'il avait gardé la nomination aux offices de sa juridiction, l'action de sa justice avait été si étroitement limitée qu'il ne lui restait presque aucune autorité effective dans son fief ; il n'en était que le premier habitant.

Cette situation nominale sans substance pesait aux cœurs fiers, aux esprits généreux, avides de mériter la considération qu'on leur accordait encore. C'est dans le but de s'en rendre dignes que les gentilshommes recherchaient un office qui leur donnât un pouvoir dans la société, bien que cette fonction fût réellement une *charge* dans l'acception vulgaire du nom. Les plus importants de ces offices, en Bretagne, étaient ceux du Parlement, à cause du rôle attribué à ce grand corps dans le gouvernement de la province, mais le prix en était si élevé qu'ils n'étaient accessibles qu'aux grandes fortunes.

cette maison en 1793. En raison de son origine et de ses relations, madame de Lorière passait pour être très fière de sa naissance et un peu hautaine.

Elle était née au château d'Ancenis en 1625, et n'avait été nommée que trois ans et demi après, le 25 mars 1629, dans la chapelle de l'hôtel de Vendôme, sur la paroisse de Saint-Roch, à Paris, par Françoise de Lorraine, duchesse de Vendôme, et par M. de Lessongère-Blanchard. L'évêque de Lisieux, Philippe Cospéan, qui fit la cérémonie, omit, dans l'acte de baptême, de rappeler la date de sa naissance, ce qui, dans la suite, et après qu'elle fut morte, donna occasion à sa sœur cadette, Élisabeth du Plessier, née le 14 septembre 1626, et mariée à Charles Hubert, seigneur de la Vesquerie, de prétendre qu'elle était l'aînée. Jean-Baptiste de Cornulier dut à ce sujet suivre une longue procédure contre sa tante et faire faire une enquête sur le droit d'aînesse contesté à sa mère. Interrogée judiciairement, à l'article de la mort, par une commission du présidial de Nantes,

---

Claude III *de Cornulier* avait épousé à Nantes, le 26 avril 1718, Charlotte LE TOURNEULX, fille aînée, héritière principale et noble de défunt Christophe le Tourneulx, écuyer, seigneur de Sens, auditeur des comptes de Bretagne, et de Charlotte *de la Bourdonnaye de Coëttion*, alors sa veuve, sœur du président de la Bourdonnaye. Charlotte le Tourneulx était sœur de la dame *de la Caraterie*, et elle se remaria en secondes noces, à Nort, le 30 juin 1734, avec Pierre Picaud, chevalier, seigneur de la Pommeraye, en la paroisse de Messac, qui était veuf lui-même de Pélagie de Becdelièvre, sœur de Jean-Baptiste-Antoine de Becdelièvre, mentionné ci-dessous. Claude III de Cornulier ne laissa que deux enfants.

la dame de la Vesquerie ne voulut jamais répondre catégoriquement, disant qu'elle avait bien été élevée comme cadette dans la maison paternelle, mais qu'au surplus elle s'en rapportait aux extraits de baptême. En outre des dépositions de divers témoins, Jean-Baptiste de Cornulier produisit un livre-journal de M. de Genonville, où il avait inscrit jour par jour, depuis son mariage jusqu'à sa mort, tous les événements qui l'intéressaient, et un autre dial semblable tenu par M. de Lessongère, beau-père de M. de Genonville, lesquels établirent définitivement l'aînesse de madame de Lorière.

René-Louis du Plessier, plus connu sous le nom de marquis de Genonville, se fixa tout à fait dans le comté nantais, où il avait un frère prieur de Saint-Herblon d'Indre, non seulement par son mariage, mais encore par des acquisitions considérables qu'il y fit. En 1636, il acheta du marquis de Châteaurenault la belle terre de la Blanchardais, et devint propriétaire de l'île d'Indret, en Loire, qu'il échangea avec

---

1º Claude DE CORNULIER, IVᵉ du nom, chevalier, seigneur de Montreuil, né à Nantes le 11 février 1721, mort dans la même ville le 24 mars 1733 et inhumé à Saint-Léonard, dernier mâle de son rameau.

2º Renée-Charlotte DE CORNULIER, née le 6 avril 1720, baptisée à Nantes le 31 janvier 1724, héritière de Montreuil après la mort de son frère, épousa à Nort, le 21 décembre 1735, Jean-Baptiste-Antoine *de Becdelièvre*, chevalier, comte de Bouexic, conseiller au Parlement de Bretagne, fils de Pierre de Becdelièvre, comte de Bouexic, et de Jeanne-Louise Gabard, dame de Teilhac. Renée-Charlotte de Cornulier mourut sans postérité en 1756. En sa personne s'éteignit le rameau de Montreuil, dont tous les biens passèrent alors dans la famille Boux, aux héritiers de Marie-Eufrasie-Scholastique de Cornulier.

le Roi, en 1642, contre le fief du Pont-en-Vertais et la prairie de Biesse, à Nantes. C'était un esprit entreprenant, un grand spéculateur ; il s'était mis à la tête du projet de dessèchement du lac de Grand-Lieu. Il mourut en 1665, laissant deux fils et trois filles. Le marquis de Genonville avait une grande préférence pour la dernière de celles-ci, Marie-Anne du Plessier, mariée depuis à Sylvestre du Quengo, seigneur de Pontgamp, Crenolle, Penhoët, etc., et il lui fit don, en 1664, de tous les biens qui lui avaient été légués au bailliage de Clermont-en-Beauvaisis par Samuel Bochart, seigneur de Cauroy, son oncle, tandis qu'il avait déjà marié ses deux autres filles, mesdames de Lorière et de la Vesquerie, avec des dots fixes, les excluant de tout autre partage dans sa succession. Après sa mort, son fils aîné, Jean-Baptiste du Plessier, entré dans la congrégation de Saint-Lazare, où il mourut en 1668, répara de lui-même et sur sa propre fortune cette inégalité en donnant une augmentation de dot à ses deux sœurs aînées. L'héritier principal de cette famille fut définitivement Louis du Plessier, né en 1651, et marié avec Anne Rogier de Crévy, dont il ne laissa qu'une fille unique, mariée à M. Le Febvre de la Falluère, président à mortier au Parlement de Bretagne.

Par acte du 5 février 1679, Françoise-Josèphe du Plessier se démit de tous ses biens en faveur de son fils aîné, devenu majeur. Elle mourut à Lorière le 22 avril 1680, et fut enterrée sous le banc seigneurial de la famille de Cornulier, du côté de l'Évangile, dans le chœur de l'église paroissiale de Brains, dont elle était devenue fondatrice et prééminencière en la rebâtissant, privilège dans lequel ses descendants furent maintenus par un arrêt du Parlement de Bretagne du 21 avril 1752. Son mari et elle avaient fondé, en 1656, une chapelle avec un bénéfice à leur manoir de Lorière. Ils eurent sept enfants qui suivent.

1° Jean-Baptiste DE CORNULIER, qui suit.

2° Autre Jean-Baptiste DE CORNULIER, chevalier, seigneur du Pesle, du Branday, de la Grande-Haye, de la Moricière, et des châtellenies de Jasson et Malnoë, en 1686; naquit à Nantes le 13 février 1655 et fut d'abord destiné à l'état ecclésiastique. Connu sous le nom d'*Abbé de Cornulier*, il était, en 1677, pourvu du prieuré du Tertre, dans la paroisse de Lavau, par la résignation que lui en avait faite son frère aîné, destiné aussi à la prêtrise dans sa première jeunesse, et qu'on nommait alors l'*Abbé de Lorière*. Jean-Baptiste de Cornulier, le jeune, fut reçu chevalier de Saint-Lazare et du Mont-Carmel en 1681. Il habitait ordinairement sa maison seigneuriale du Pesle, où il fut attaqué, en 1685, par une troupe de plus de cent paysans, ses vassaux, armés de fourches, de faux et autres instruments aratoires, et qui voulaient le tuer, parce qu'il avait fait renfermer certains marais auxquels ils prétendaient avoir droit. M. du Pesle repoussa cette agression furieuse à la tête de ses domestiques armés de fusils, puis présenta au présidial de Nantes une requête pour en obtenir satisfaction. Il y expose que ces excès ont fait injure à l'un des gentilshommes les plus qualifiés de la province, et qu'il s'agit de venger l'outrage fait par des vassaux à leur seigneur, le trouble qu'ils lui ont apporté dans la possession de son domaine seigneurial, ce qui constitue la félonie et entraîne la perte de ce qu'ils tiennent de lui, selon la règle des fiefs.

Il fut pourvu, par lettres du 13 novembre 1692, de l'office de président en la Chambre des Comptes de Bretagne, et reçu et installé dans ladite charge le 29 du même mois. L'enquête faite pour sa réception porte: « qu'il est homme d'honneur et de qua-
« lité, des gens les plus considérables, duquel toute la noblesse
« fait grande estime; qu'il a beaucoup de mérite, possède de

« belles sciences et est fort savant, de bonnes vie et mœurs,
« bon catholique, etc. » Il fut admis avec des lettres qui le dispensaient de tous services antérieurs ; mais la Chambre adressa, à ce sujet, des remontrances au roi, pour le prier de ne plus accorder à l'avenir de pareilles dispenses, comme étant contraires à ses ordonnances.

Le président Du Pesle fut encore nommé conseiller du Roi en ses conseils d'État et privé. Il mourut à Rennes le 6 septembre 1708, et fut enterré dans l'église des Pères Minimes de cette ville, dont MM. de Cornulier sont fondateurs. Ce fut un grand dissipateur ; la valeur de ses terres ne suffisait pas à couvrir les dettes qu'il laissa à sa mort, et sa seconde femme disputa longtemps aux héritiers de la première le prix de sa charge de président en la Chambre des Comptes pour la reprise de ses deniers dotaux.

Comme on vient de le dire, le président Du Pesle s'était marié deux fois. Il épousa en premières noces, à Nantes, le 16 mai 1683, Louise RAGUIDEAU, née le 23 juin 1652, morte au château du Pesle et inhumée dans le chœur de l'église de Brains le 26 novembre 1689. Elle était fille de François Raguideau, chevalier, seigneur du Rocher, en la paroisse de Monnières, et du Plessis-Grimaud, en Puceul, président en la Chambre des Comptes de Bretagne, et de Philiberte *Morel,* fille de Julien Morel, écuyer, seigneur de Grémil, en Saffré, et du Vauguillaume, en Puceul. Il épousa en secondes noces, à Nantes, par contrat du 16 août, mariage bénit le 19 août 1692, Louise TROTEREAU, dame du Palierne, de la Clérissais, du Boisvert, du Vaubenoît, de la Trahanière, etc., dans la paroisse de Moisdon, fille unique de Louis Trotereau, écuyer, seigneur des mêmes terres, et de Jeanne *Chrestien.* Louise Trotereau, très riche héritière, avait épousé en premières noces, en 1670, Jean Morin, seigneur de la Roche-Gautron, en Anjou, fils puîné de Roland Morin, seigneur du Tresle, et de Jacqueline de la Rivière, qui avait été mariée en premières noces, comme on l'a dit plus haut, à Victor *de Cornulier,* seigneur de Montreuil. De son premier lit, Louise Trotereau avait deux filles : la cadette mourut sans postérité, et l'aînée, Marie-Anne Morin, mariée à Achille Barrin, seigneur de la Galissonnière et du Pallet, resta seule héritière en 1701. Outre sa fortune personnelle, Louise Trotereau jouissait encore, comme usufruitière, des terres et seigneuries de la Roche-Gautron et de la Roche-Saint-Crespin, en Anjou. Le président Du Pesle n'eut pas d'enfants de cette seconde femme ; mais il avait eu de son premier mariage deux filles qui suivent :

> A. Françoise DE CORNULIER, née à Nantes le 15 mars 1684, morte jeune.
>
> B. Angélique-Thérèse DE CORNULIER, dite *Mademoiselle de Jasson et Du Pesle,* née à Nantes le 18 mai 1685, morte dans la même ville avant son père, le 16 mars 1708, et inhumée à Sainte-Radégonde. Sans alliance.

3° Charles DE CORNULIER, né à Nantes le 19 avril 1656, officier de cavalerie, mort au service vers l'âge de vingt ans.

4° Jeanne-Marie DE CORNULIER, née à Nantes le 24 avril 1648, sœur jumelle de Jean-Baptiste de Cornulier, l'aîné, entra en religion, en 1663, chez les Carmélites de Nantes et y mourut le 22 octobre 1694. Elle avait été élevée au couvent des Ursulines de Nantes, où elle avait plusieurs tantes et autres parentes qui l'aimaient tendrement et auxquelles elle était fort attachée. Elle fit le sacrifice de ces affections et s'arracha des bras de sa mère qui la chérissait d'une manière toute particulière pour obéir à la vocation qui l'appelait à vivre sous la règle de sainte Thérèse. D'une constitution délicate, mais douée d'une intelligence remarquable et d'une adresse merveilleuse, elle fut pour la maison un des sujets les plus précieux, en même temps qu'elle en était un des plus exemplaires.

5° Louise-Charlotte DE CORNULIER, née à Nantes le 5 juillet 1649, entra aussi en religion, en 1667, chez les Carmélites de Nantes où elle mourut le 6 février 1727 après avoir rempli les fonctions de sous-prieure, de première dépositaire et de maîtresse des novices. Elle défendit qu'on écrivît aucune des particularités de sa vie. Comme sa sœur aînée, elle avait été élevée aux Ursulines, mais sa vocation l'appela également au Carmel. Après avoir rempli ses différentes charges d'une manière remarquable, elle perdit la vue et fut affligée de grandes infirmités dans les dernières années de sa vie. Elle mourut doyenne du monastère après soixante ans de profession.

A cette époque, une ferveur singulière s'était emparée des hautes classes, et, poussées par une foi ardente, les filles des plus grandes maisons se précipitaient à l'envi dans l'ordre austère du Carmel, réformé par sainte Thérèse, qui prit tout à coup un développement prodigieux.

6º Françoise-Élisabeth DE CORNULIER, dame de Lorière, née à Nantes le 30 novembre 1650, mourut à Lorière, sans alliance, le 2 octobre 1727, et fut enterrée dans le chœur de l'église paroissiale de Brains, sous le banc seigneurial de la famille de Cornulier. Elle vivait retirée à Lorière, ne s'occupant que de bonnes œuvres, et longtemps sa mémoire est restée en bénédiction dans tout le pays, où on la considérait comme une sainte. Elle ne quitta sa retraite qu'une seule fois: ce fut pour aller voir à Paris, quand elle entra définitivement aux Carmélites, madame de la Vallière, sa parente, et qui avait été son amie. Elle lui dit qu'elle l'avait méconnue pendant tout le temps que, par ses faiblesses criminelles, elle avait été placée au faîte des grandeurs, mais que, depuis qu'elle était devenue pénitente, elle s'enorgueillissait de lui appartenir, et qu'elle arrivait du fond de la Bretagne pour se réjouir avec elle de l'heureux changement qui s'était opéré.

7º Françoise DE CORNULIER, née à Nantes le 22 juillet 1652, morte avant 1669.

X. — Jean-Baptiste DE CORNULIER, chevalier, seigneur de Lorière, de Lucinière, du Meix, du Vernay, de la Herpinière, de Tristan-des-Landes, du Pesle, du Branday, de la Grande-Haye, de la Moricière, etc., baron de la Roche-en-Nort, en 1686, naquit à Nantes le 24 avril 1648, et fut d'abord destiné à l'état ecclésiastique. Dès 1657, il était clerc tonsuré et pourvu du bénéfice de la chapelle de Lorière ; plus tard son oncle, l'abbé du Hézo, sous la curatelle duquel il resta à la mort de son père, lui abandonna le prieuré du Tertre, qu'il résigna lui-même, en 1676, à son frère cadet, qui fut depuis le président du Pesle. Il reçut une éducation très soignée et alla, en 1669, terminer ses études à Paris, à l'Académie royale. Le 24 septembre 1678, il rendit aveu au roi pour ses terres et seigneuries Du Pesle. Reçu conseiller au Parlement de Bretagne le 19 octobre 1676, il mourut dans l'exercice de sa charge le 12 décembre 1720, à Rennes, et fut inhumé dans l'église de Saint-Germain de cette ville.

Jean-Baptiste de Cornulier fut d'abord connu sous le nom de *Monsieur de Lorière,* comme l'avait été son père, puis sous celui de baron de la Roche-en-Nort, à partir de 1686 ; mais il reprit la dénomination de sa jeunesse à la majorité de son fils aîné, héritier de la Roche-en-Nort du chef de sa mère, parce que cette baronnie avait été acquise de ses deniers. En 1681, à la mort de son oncle, l'abbé du Hézo, qui était l'aîné de sa branche, il hérita des terres et seigneuries de Lucinière, de la Gazoire, du Meix, du Vernay, de la Herpinière et de Tristan-des-Landes. Il partagea ses puînés par acte du 21 septembre 1682, donnant La Gazoire à ses cousins, de la branche de Montreuil ; Lorière à sa sœur Françoise-Élisabeth, qui dut lui faire une rente en retour de l'excédant de ce partage ; et abandonna pareillement, à la charge d'une rente, à son frère cadet, le président Du Pesle, la terre et seigneurie du Pesle avec ses dépendances du Branday, de la Grande-Haye et de la Moricière. Celui-ci étant venu à mourir sans postérité, en 1708, il accepta sa succession sous bénéfice d'inventaire ; remit à M. de la Blottière les châtellenies de Jasson et Malnoë, en Brains et Cheix, que le président Du Pesle lui avait achetées en 1686, mais qu'il n'avait pas encore payées ; et il lui vendit en même temps la terre du Pesle et ses dépendances à la condition qu'il acquitterait la totalité des dettes de son frère.

Le baron de la Roche-en-Nort rebâtit une partie du château de Lucinière, notamment la façade du Levant, où l'on voit encore ses armes accolées à celles de sa première femme. C'est lui qui fit tracer, par le célèbre Le Nôtre, les belles avenues qui percent cette terre dans toutes les directions. Il avait une existence fort considérable ; un grand état de maison à Lucinière, dont le mobilier fut estimé 40,000 livres à sa mort, somme qui représente une valeur triple de nos jours ; un hôtel à Rennes, pour le temps de son semestre au Parlement ; et, à Nantes, un autre hôtel qu'il avait acheté en 1689. Sa charge de conseiller lui avait coûté 130,000 livres, et c'était un capital à peu près mort, car les émoluments en étaient insignifiants. Pour faire honneur à leurs charges, les membres du Parlement étaient tenus à une représentation fort dispendieuse. Il était si bien reconnu que la Cour faisait la fortune des villes où elle résidait, que, quand elle fut rappelée de Vannes à Rennes, tous les baux à loyer des maisons de ces deux villes furent cassés d'autorité de justice, tant leur situation se trouva profondément modifiée. Dans la robe, comme dans l'épée, les fonctions étaient loin de mener à la fortune.

A cette mauvaise direction donnée à ses affaires, il faut ajouter une longue suite de procès ruineux qu'il eut à soutenir, tant de son côté que de celui de sa première femme. Maître de toute la fortune de celle-ci, pour ainsi dire au lendemain de son mariage, par suite de la mort de son beau-père survenue dans l'année même, il débuta par dissiper des sommes considérables dévorées en repas somptueux donnés a Vannes, où le Parlement tenait alors ses séances. C'est ainsi qu'avec de grands biens il n'en fut pas moins toujours fort mal aisé. Constamment à court d'argent, il ne rendit jamais à ses enfants aucun compte de la succession de leur mère; il obligeait son fils aîné à vivre sur des emprunts, jouissait par lui-même du bénéfice dont son fils cadet était pourvu, et ne payait que fort irrégulièrement les dots de ses filles religieuses et même de celles qui étaient mariées; aussi ces dernières ne se faisaient-elles aucun scrupule de mettre, à toutes leurs visites, sa maison au pillage, emportant chacune quelque pièce d'argenterie ou autre chose à leur convenance.

Le baron de la Roche-en-Nort fut marié deux fois; il épousa en premières noces à Hennebont, le 13 févrir 1679, Françoise DONDEL, qui mourut à Lucinière le 30 mai 1704 et fut inhumée dans le chœur de l'église paroissiale de Nort. Elle était fille d'écuyer Thomas Dondel, seigneur de Brangolo, receveur-général des devoirs, impôts et billots des évêchés de Vannes et de Cornouaille, et de feue Marie *Touzé*. Il épousa en secondes noces, à Nantes, le 19 février 1705, Jeanne Libault, dame de la Templerie et de Belabord, dans la paroisse de Château-Thébaud ; du Bois-Robin, en Grandchamp ; du Bois-Elou, en Héric, etc., qui mourut à Lucinière, le 8 janvier 1722, âgée de quatre-vingt-quatre ans. Elle était fille unique de Gratien Libault, écuyer, seigneur du Perray, et de Jeanne *Moreau*. Jeanne Libault avait épousé en premières noces Denis *Marion*, écuyer, seigneur des Noyers, dont elle n'avait pas d'enfants ; elle n'en eut pas non plus de son second mariage, contracté à soixante-sept ans.

Quant à Françoise *Dondel*, elle appartenait à une famille d'ancienne extraction noble, originaire du Maine, où la branche aînée des seigneurs de Montigné s'est fondue dans la maison du Hardaz vers 1620. Une branche cadette, mal partagée du côté des biens, vint se fixer dans l'évêché de Vannes à la fin du XVIe siècle, et plusieurs de ses membres s'y livrèrent au commerce. Thomas Dondel, l'un d'eux, s'était associé, en 1659, avec François de la Pierre, son beau-frère, seigneur des Salles (auteur des barons de la Forest et des marquis de Fremeur, qui ont donné plusieurs grands maîtres des eaux et forêts de Bretagne et des officiers généraux à l'armée), pour l'exploitation des fermes et devoirs de Bretagne, où ils étaient intéressés chacun pour un quart ; ils faisaient en outre la banque dans les principales villes du royaume, et négociaient même au dehors, en Hollande, en Angleterre et en Espagne. Ils amassèrent une grande fortune dans ces opérations.

Ce Thomas Dondel laissa quatre fils et une fille. Pierre, l'aîné, mousquetaire dans la garde à cheval du Roi, se distingua particulièrement dans l'expédition qui fut envoyée dans l'île de Candie, en 1669, sous les ordres du duc de Navailles; puis il fut pourvu, en 1672, de l'office de sénéchal de Vannes. Le second, Marc, après avoir servi pendant plusieurs années en qualité de lieutenant aux gardes-françaises, devint général des finances en Bretagne. Jean, le troisième, fut aumônier de S. A. R. belle-sœur de Louis XIV ; et le quatrième, Charles, fut sénéchal de Quimper.

Leur sœur, Françoise Dondel, mariée au baron de la Roche-en-Nort, n'aurait pu prétendre, suivant la coutume de Bretagne, qu'à un douzième des successions paternelle et maternelle, si leur partage avait dû se régler noblement; mais il fut décidé, en 1679, que, pour cette fois, il devait se faire par portions égales, cette fortune ayant été acquise dans le commerce et par usage de bourse commune, auquel cas le gouvernement noble était suspendu dans la famille et dormait comme la noblesse elle-même. Ainsi, bien qu'ils eussent repris la vie noble longtemps avant la mort de leur père, les enfants de Thomas Dondel n'en recouvrèrent pas immédiatement toutes les prérogatives; leurs descendants durent même attendre jusqu'en 1746 pour être admis aux États dans l'ordre de la noblesse, admission pour laquelle il fallait justifier de trois partages nobles consécutifs.

Les filles dans la position de Françoise Dondel étaient des

partis fort recherchés en Bretagne, où elles apportaient à leur mari la fortune sans qu'il eût aucun sacrifice essentiel à faire du côté de la naissance. Hors du cas exceptionnel où il se trouvait, il était difficile, en effet, de trouver les deux avantages réunis, car, dans les familles où le gouvernement noble était continu, les filles ne passaient qu'après tous les garçons, et il fallait qu'il n'existât aucun mâle pour que l'aînée d'entre elles devînt héritière principale.

Françoise Dondel obtint en partage une somme de 85,000 livres en argent, avec des maisons au Port-Louis et à Lorient, et des biens fonds importants aux environs de Josselin, d'Hennebout et de Malestroit ; à la mort de son mari, tout cela avait disparu ; et il avait en outre aliéné pour plus de 100,000 livres des propres de sa seconde femme.

Le baron de la Roche-en-Nort eut de Françoise Dondel neuf enfants, qui suivent.

1º Claude-Jean-Baptiste DE CORNULIER, qui suit.

2º Pierre-Eustache DE CORNULIER, chevalier, seigneur du Vernay; du Plessis, en Pont-Saint-Martin; du Treget, en la Chevrollière, etc.; pensionnaire des États de Bretagne, docteur en théologie de la Faculté de Paris ; fut d'abord destiné à l'état ecclésiastique. Il était connu sous le nom d'*Abbé de Lorière*, et pourvu déjà depuis longtemps d'un bénéfice, lorsqu'il quitta cette vocation et épousa au Pont-Saint-Martin, le 26 juin 1724, Jacquette-Marguerite BROSSARD DU VIGNEAU, fille unique de feu Jacques Brossard, écuyer, seigneur du Vigneau et du Plessis, et de Marie-Anne *Goin du Fief*. Pierre de Cornulier avait demandé en mariage la mère, dont l'âge était beaucoup plus en rapport avec le sien ; mais celle-ci, ne voulant pas faire tort à sa fille, lui proposa de l'épouser, quoiqu'elle n'eût encore que douze ans. Les choses s'arrangèrent ainsi, et à treize ans et demi elle donna le jour à son fils aîné. Marguerite-Jacquette Brossard mourut à Nantes le 13 janvier 1778, et fut inhumée dans le caveau de Sainte-Radégonde. Elle était veuve depuis 1739, et avait eu de son mariage les enfants qui suivent, tous nés au château du Plessis, en Pont-Saint-Martin.

 A. Pierre-Jean-Baptiste-Henri DE CORNULIER, chevalier, seigneur du Vernay, du Plessis, du Treget, etc., né le 13 octobre 1725, épousa à Angers, le 11 octobre 1763, Marie-Louise *Collas de l'Épronnière*, fille de Charles-François Collas, chevalier, seigneur de l'Épronnière, dans la paroisse de Rochefort-sur-Loire, en Anjou, de la même famille que les Collas de la Baronnais, en Bretagne, et de Louise-Claude Hernault de Montiron. Il n'eut pas d'enfants de ce mariage; assista dans l'ordre de la noblesse aux États assemblés à Nantes le 1er octobre 1764, et mourut détenu à l'hôpital révolutionnaire de cette ville le 14 décembre 1794.

 B. Claude-Étienne-Pélage, chevalier DE CORNULIER DU VERNAY, né le 26 janvier 1729, assista aussi aux États assemblés à Nantes le 1er octobre 1764. C'était un homme rempli d'esprit et plein de connaissances; il faisait des vers charmants, mais sa verve était satirique et mordante. Il était presque aveugle et l'avait même été tout à fait dans sa jeunesse. Cet accident, que les médecins avaient attribué à l'influence de la lune, parce qu'étant au collége à Paris, il couchait sans rideaux auprès d'une fenêtre, l'obligeait à avoir un lecteur à gages. La petite vérole, au surplus, avait fait d'horribles ravages dans toute cette famille.

 Le chevalier de Cornulier du Vernay fut reçu, en 1759, sous le nom de *Comte de Cornulier*, en qualité d'associé étranger, membre des Académies royales d'Angers et de Nancy. Le journaliste Fréron a donné une analyse du discours qu'il prononça lors de sa réception à Angers dans l'*Année littéraire* 1758, t. IV, p. 353, et deux de ses pièces fugitives dans ses *Lettres sur quelques écrits de ce temps*, t. V, p. 143, et t. X, p. 22.

 Il était lié d'amitié avec le célèbre littérateur Titon du

Tillet, et plus encore avec son compatriote le poète Desforges-Maillard. C'est ce dernier qui lui procura son admission à l'Académie de Nancy. Il écrivait du Croisic à cette Compagnie : « M. le comte de Cornulier du « Vernay fait de très jolis vers et d'excellente prose ; il « possède le latin, le grec, l'anglais et l'italien, et c'est, « selon moi, un des hommes de cette province qui aient « le plus d'esprit et de goût. C'est mon ami intime, un « homme parfait, d'une générosité sans bornes. Il a « composé un traité très curieux sur le genre de littéra- « ture qu'on nomme *Nouvelles*. » De son côté, le comte du Tressan, président de l'Académie de Nancy, répondant au discours que le nouvel associé avait adressé à sa Compagnie, disait que « le comte de Cornulier était un « des hommes de l'Europe les plus profonds dans les « belles-lettres anciennes et modernes. »

Dans les correspondances littéraires de l'époque, il est toujours désigné sous le nom de *Comte de Cornulier*, titre qu'il avait pris en voyant que son cousin de Lucinière négligeait de le relever après la mort de son frère aîné, lui préférant celui de *conseiller en la cour*, qui lui donnait une autorité souveraine effective, tandis que le titre de comte conféré à son père était devenu tout platonique depuis que la terre sur laquelle il reposait lui avait échappé, ne lui laissant plus aucun droit seigneurial à exercer. Magistrat préposé à la garde de la règle, il entendait s'appliquer à lui-même le *summum jus*; n'admettait pas qu'il pût y avoir légalement des comtes sans comtés réels. Il voyait bien, sans sortir de sa compagnie, des titres purement honorifiques, des conseillers hors d'exercice et décorés de l'honorariat, mais ces qualifications n'étaient que personnelles ; elles ne se transmettaient pas héréditairement ; il en était tout autrement de l'application directe du titre au nom patronymique ; il le suivait jusqu'à ce qu'il s'éteignît, ce qui renversait tout le système de l'érection des fiefs en dignité.

Le chevalier de Cornulier du Vernay envisageait la situation à un point de vue moins féodal, moins juridique, mais plus conforme à l'esprit du temps ; il n'admettait pas qu'un titre créé en faveur d'une race dût tomber en deshérence, parce qu'elle perdait la terre sur laquelle il reposait. Il ne faisait d'ailleurs que se conformer à un usage déjà fort répandu et qui pouvait se justifier par cette considération d'ordre supérieur, qu'une perte matérielle, d'où qu'elle vînt, ne pouvait réagir sur une distinction qui n'était plus guère que morale; qu'il en était, ou du moins qu'il en devait être, du titre comme de la simple qualité de noble, que son attache véritable était au nom et non pas à une terre. Les événements politiques qui survinrent bientôt après montrèrent que cette manière de voir était la seule qui pût s'accorder avec l'état moderne de la société telle que des transformations successives l'avaient faite (1).

(1) Déjà, au siècle dernier, on admettait généralement l'application directe du titre au nom patronymique ; la délivrance des *titres à brevet* autorisait cet usage ; et cette tendance était si bien passée dans les mœurs qu'on voit quantité de lettres-patentes changer le nom de la terre érigée en dignité pour lui imposer le nom de celui en faveur duquel l'érection est faite. Il y avait là une dégénérescence profonde de la conception féodale primitive, une modification du caractère du titre de dignité : de territorial qu'il avait été d'abord, on le faisait personnel. Cette transformation mérite qu'on s'y arrête, car les conséquences en ont été profondes.

A l'origine du système féodal, tous les gentilshommes étaient réputés égaux ; il n'y avait de hiérarchie établie entre eux que par le moyen des seigneuries qu'ils possédaient ; la subordination dépendait uniquement de la mouvance de celles-ci, quelle que fût d'ailleurs la qualification que l'usage leur eût donnée. Le fief était un gouvernement réel, effectif, qui donnait à son possesseur une qualification correspondante à son office. La terre ainsi qualifiée ne perdait jamais son titre, en quelques mains qu'elle passât ; ce titre était dans le commerce, mais entre gentilshommes seulement, car il fallait être noble pour être apte à posséder un fief. Sous ce régime, où l'on était comte par cela seul qu'on possédait un comté, on tenait pour maxime: *C'est la terre qui fait l'homme.*

Bien que le titre fût inséparable de la terre, on ne laissait pas parfois que de le prendre sans avoir la propriété de la terre ; c'était alors comme marque d'une prétention à la posséder. Après avoir perdu un fief de dignité, il n'en restait pas moins à une famille l'honneur de l'avoir possédé ; elle en tirait un lustre, comme elle se glorifie encore d'avoir produit des sujets revêtus de fonctions importantes ; de là vint naturellement une classification morale entre les familles nobles.

Le progrès de la puissance souveraine enleva à l'usage la faculté d'attribuer à l'avenir des qualifications aux terres : ce fut le prince qui s'en réserva le droit, en y mettant les conditions que lui dictait son bon plaisir. Dans l'exercice de ce droit, le prince s'attacha moins à l'importance de la terre, dont le rôle politique allait s'effaçant de plus en plus de jour en jour, qu'au mérite du possesseur qu'il voulait gratifier ; on peut dire que dans ses érections il renversa la maxime ancienne pour y substituer celle-ci : *C'est l'homme qui fait la terre.*

Du premier plan qu'elle occupait, la terre passa au second ; elle n'intervint plus dans l'érection que comme un accessoire destiné à assurer au dignitaire, dans la société, une situation matérielle en rapport avec son titre. De simple qu'il était à son origine, le titre prit un caractère mixte, hybride : il fut tout à la fois personnel et terrien. Cette complication n'allait pas à l'esprit public, qui aime les situations nettes

Le chevalier de Cornulier du Vernay ne s'était pas marié ; il mourut, le 15 avril 1796, à Blois, où il avait été déporté pendant la persécution révolutionnaire.

— C. Philippe-Toussaint DE CORNULIER, né au Plessis le 23 juillet 1735, mort au même lieu le 13 novembre 1736.

et bien tranchées. Comme l'homme avait évidemment, dans le nouveau système, la préférence sur la terre, il rapporta tout à l'homme. Ne voyant dans les nouvelles érections en titre de dignité que de simples adjectifs honorifiques, et elles n'étaient pas autre chose au fond, le public considéra comme une anomalie l'idée d'attribuer à une terre une qualification qui ne lui donnait aucun relief sous le régime nouveau. Puisqu'en réalité c'était un nom qu'on voulait décorer, il fallait aller droit au but; le nom étant le véritable substantif, c'est avec lui qu'il fallait faire accorder l'adjectif ; c'est le nom qui devait être titré et non la terre.

Le gentilhomme venu en possession d'une terre *titrée d'ancienneté* avait le droit d'en prendre le titre aussi longtemps qu'il la possédait ; mais il n'acquérait pas ce droit s'il achetait une terre *érigée en dignité en faveur d'une famille déterminée.* Cette dernière famille, qui avait été l'objet d'une faveur spéciale, perdait *légalement* son titre en perdant la terre sur laquelle il reposait : il tombait en deshérence. C'est sans doute ce qui fit que, dérogeant à la coutume traditionnelle, il est arrivé à l'ancienne monarchie de conférer quelques titres directement au nom patronymique, c'est-à-dire de les incorporer avec lui et non plus avec la terre. En agissant ainsi, elle ne faisait qu'obéir à un usage fort répandu dès ce temps-là, usage qui s'imposait en quelque sorte par la nature même des choses.

L'opinion n'admet pas que, suivant la rigueur des nouvelles règles de l'érection des terres en dignité, le titre s'éteignît *ipso facto* quand le possesseur des fiefs incorporés en détachait quelque chose. Elle n'admit pas qu'il s'éteignît dans une famille quand la ligne masculine qui en avait été décorée venait à défaillir ; elle trouvait juste que ce titre fût recueilli par le collatéral du nom le plus proche. Elle trouvait souverainement inique qu'on le disputât à ce collatéral quand une fille héritière lui apportait en mariage la terre sur laquelle reposait le titre. En un mot, elle accueillait favorablement tous les moyens de transmission par voie d'hérédité, fussent-ils même de nature récurrente, et c'était justice puisque les mérites des ancêtres de celui qui le premier avait été décoré d'un titre avaient contribué à la distinction qu'il avait obtenue. Enfin, l'opinion publique n'admit même pas que la perte totale de la terre, érigée en dignité pour récompenser une race, pût lui faire perdre le titre qu'elle avait gagné ; cela aurait signifié que l'honneur se perdait avec la terre.

En effet, du jour où il fut manifeste qu'en érigeant une terre en dignité le roi se proposait, non de faire une organisation territoriale, mais bien d'honorer un nom, le titre ne dut plus être considéré que comme un patrimoine d'honneur, une distinction honorifique conférée à une race méritante. S'il faisait encore intervenir une terre dans cette concession, ce n'était qu'accessoirement, pour soutenir matériellement un titre tout moral; car il n'était pas rationnel de subordonner le principal à l'aléa de la possession accessoire. Dans le système d'union, sur le pied de l'égalité, des deux éléments constitutifs du titre, le corollaire obligé de toute érection de terre en dignité, en faveur d'une race, aurait dû être la substitution de cette terre à perpétuité dans l'ordre de transmission réglé pour le titre, afin d'établir entre ces deux

D. Françoise-Élisabeth DE CORNULIER, née le 12 septembre 1727, morte sans alliance, le 24 août 1794, à Blois, où elle avait été déportée avec son frère le chevalier.

E. Marie DE CORNULIER, née le 30 avril 1731, morte jeune.

éléments une union indissoluble ; c'était le seul moyen de rendre l'honneur aussi durable que le nom. Cependant cette union entre la terre et la race ne fut réalisée qu'exceptionnellement, des considérations économiques de premier ordre n'ayant jamais permis de généraliser cette immobilisation de la propriété. C'est donc sur une base hybride que reposait la transmission des titres sous l'ancienne monarchie, sur le concours du principe matériel et du principe moral, qui ne pouvaient pas toujours s'accorder, ce qui rendait cette transmission boiteuse.

En matière de titres, l'opinion se réglait sur la maxime reçue en Bretagne à l'égard de la simple noblesse : *Dormit sed non extinguitur*. Si la pauvreté, qui n'est pas un vice, pouvait obliger un gentilhomme à exercer un état dérogeant, une disgrâce de la fortune pouvait de même enlever son majorat à la personne titrée ; dans le second cas comme dans le premier, le titre devait sommeiller, sauf à se réveiller quand la situation sociale était changée. C'était un germe qui s'épanouissait naturellement dès qu'il avait été placé dans un milieu approprié à sa nature ; le titulaire était autorisé à l'arborer, à le sortir du fourreau où les circonstances l'avaient tenu caché.

Toutes ces considérations avaient rendu l'ancien régime fort tolérant en matière de titres. « Ce qui caractérise l'ancien régime, remarque M. de Tocqueville dans son « livre : *L'ancien régime et la Révolution*, est l'application molle d'une règle dont la « lettre est impérieuse. Qui voudrait juger le gouvernement de ce temps-là par le « recueil de ses lois tomberait dans les erreurs les plus ridicules ; dans la pratique, « rien n'était plus commun que les exceptions. » Les usurpations de simple noblesse étaient poursuivies assez rigoureusement parce qu'il y allait d'un intérêt fiscal, mais il n'y avait guère que celles-là qui fussent recherchées. Dès qu'un individu était gentilhomme de condition relevée, on laissait pour ainsi dire à sa discrétion le choix du titre dont il jugeait convenable de se décorer, ou plutôt de se laisser décorer ; car, dans le monde, il n'a jamais été de bon ton de signer son titre ; la simple particule *de* n'était même pas employée. L'opinion publique approuvait cette tolérance pourvu qu'il n'y eût pas abus ; elle voyait dans ces distinctions de naissance un contre-poids nécessaire à l'aristocratie d'argent qui devenait de plus en plus envahissante. Le pouvoir lui-même semblait encourager ces empiètements sur sa prérogative puisqu'il autorisait les personnes présentées à la cour, les officiers généraux et d'autres hauts fonctionnaires, à prendre des titres personnels en rapport avec leur situation. A la fin du siècle dernier, il n'y avait plus guère que la Chambre des Comptes qui, dans les aveux qu'on lui rendait pour les terres, exigeât la justification des titres qu'on leur attribuait, mais les titres appliqués directement au nom patronymique échappaient à son contrôle.

Le fief avait été déclaré impartageable à cause du service militaire qu'il devait ; la terre érigée en dignité dut l'être aussi par la raison qu'elle était destinée à soutenir l'éclat du titre ; de là leur double dévolution à l'aîné seul. Napoléon 1er, ayant reconnu l'utilité sociale d'une noblesse, en créa une nouvelle qui, à plusieurs égards, différait de l'ancienne ; ce fut moins une distinction de classes qu'une hiérarchie de titres. Sous le régime impérial, on ne connut point de nobles sans titres, car la qua-

F. Marguerite-Rosalie DE CORNULIER, née le 18 septembre 1732, aussi morte en bas âge.

Les deux frères et la sœur survivants demeuraient ensemble à Nantes ; l'aîné n'ayant point d'enfants, sa femme avait adopté une nièce, mademoiselle Céleste-

lification de chevalier y était prise comme le premier échelon dans l'ordre des dignitaires. Pour ne point heurter les idées modernes, qui repoussaient absolument la conception féodale primitive, les titres de nouvelle création durent, à la différence de l'ancien régime, où cela ne s'était fait que tardivement et très exceptionnellement, s'appliquer directement au nom patronymique ; il n'y eut point en France de terres érigées en dignité ; l'empereur ne se permit de faire des érections territoriales qu'en pays étrangers. Tous ces titres furent créés uniquement en considération des personnes ; elles eurent la faculté de les rendre héréditaires, à la condition de constituer un majorat destiné à en soutenir l'éclat ; la valeur de ce majorat fut déterminée pour chacun d'eux en raison de son relief. Contrairement à la règle ancienne, l'empire permit aux titulaires de constituer ces majorats en rentes sur l'État, c'est-à-dire d'ériger un fief où les écus tenaient lieu de vassaux.

La charte de 1814 dit : « La noblesse ancienne reprend ses titres. La nouvelle « conserve les siens. » Mais comme la Restauration ne rendait pas à l'ancienne noblesse ses terres confisquées révolutionnairement, et ne pouvait maintenir la nouvelle dans la possession des dotations dont elle avait été gratifiée en pays conquis, et qui se trouvaient *in partibus infidelium*, la plupart des titres ne reposèrent plus sur rien de réel ; la dernière base positive leur fut enlevée après 1830, par l'abolition des majorats. La Restauration ne pouvait que se montrer accommodante pour les titres de l'ancienne noblesse ; elle consacrait les spoliations réelles qu'elle avait subies par suite de son attachement pour elle ; elle aurait eu bien mauvaise grâce à disputer à ses fidèles une vaine compensation d'amour-propre. D'ailleurs elle-même, tout en conférant des titres, s'abstint d'ériger aucune terre en dignité.

La quasi-monarchie de juillet avait laissé à chacun la liberté complète de s'attribuer les titres qu'il voulait ; le scandale de la curée fut sans bornes ; le ridicule ne suffit pas à le réprimer ; il s'étala impunément dans les grands centres où les gens arrivaient sans que leurs antécédents y fussent connus. C'est là surtout qu'on les vit éclore spontanément, sans l'ombre d'une racine dans le passé, sans l'apparence d'une raison actuelle. Le second empire s'émut de ce pillage ; il rétablit l'article du code qui punissait les usurpations de ce genre ; mais, comme il ne prescrivit aucune recherche générale, n'édicta aucune règle de vérification, n'établit pour juges en cette matière que des commissaires révocables, le rétablissement de la pénalité ne fut entre ses mains qu'une épée de Damoclès destinée à intimider, à rançonner ou à vexer des personnalités qui ne lui étaient pas agréables.

Cependant il est encore juste et utile aujourd'hui, autant qu'il l'était autrefois, de distinguer par des titres héréditaires les familles qui, durant plusieurs générations successives, se sont particulièrement fait remarquer par leurs services ; il y a là un moyen d'émulation du même genre que les inscriptions destinées à passer à la postérité, une leçon abrégée d'histoire. Sous l'ancien régime, le prince proclamait la distinction d'une famille en érigeant ses terres en dignité, en donnant à ses possessions un relief spécial. Ce procédé effectif n'est plus applicable sous le régime actuel, tel qu'il résulte des faits accomplis et aussi de tendances irrésistibles dont les premières manifestations remontent très loin. Toutes les terres sont désormais

Renée-Rose Collas de la Baronnais, devenue depuis madame de Gouyon de Saint-Loyal. Leur maison était citée pour la bonne chère et pour le choix de la compagnie qui s'y réunissait. Dans le but de se faire une existence plus large, ils avaient vendu à viager leurs biens

placées au même niveau sans que l'une puisse dominer l'autre ; ce n'est donc plus à une terre qu'un titre impliquant une supériorité sociale peut être incorporé d'une manière réelle et tangible. De nos jours, un titre, dépouillé de tout privilège et devoir correspondant, ne saurait plus être qu'une distinction abstraite, une qualification de courtoisie ; il ne peut plus être associé qu'au nom patronymique qui est de même nature ; c'est là ce que proclame la logique par la voix de l'usage moderne.

Le titre de dignité dépourvu de fief n'a plus d'autre valeur que celle d'un anoblissement d'une classe plus relevée que celle des anoblissements ordinaires. Là où il n'y a plus de terres seigneuriales, plus de sujets, il ne saurait y avoir des duchés, des comtés, etc.; mais seulement des familles historiquement ducales, comtales, etc. Il ne peut y avoir que des princes de race princière; sans États effectifs, ni présomptifs, ils ne sauraient se décorer d'une situation qu'ils ne revendiquent même pas. Or, dans cet état de choses, qui s'impose forcément, dans cette situation où la terre ne joue plus aucun rôle décoratif, on ne peut rattacher le titre qu'au nom patronymique, c'est-à-dire ne le considérer que comme un accessoire de ce nom. Cette union admise, on est obligé de concéder que le titre doit suivre la même loi d'hérédité que le principal, son congénère ; que, comme le nom, comme la noblesse simple, comme tout ce qui constitue le patrimoine moral de la famille et lui assigne son rang dans l'ordre social, le titre doit être recueilli intégralement par chacun des enfants. Si la multiplication du nom entre les descendants d'une même souche ne diminue pas le prestige de l'appellation, on ne saurait objecter que la multiplication du titre entre ces mêmes descendants en affaiblirait la valeur morale, la seule qu'on puisse lui attribuer de nos jours où il n'y a plus de démembrement de fief à prendre en considération. On ne saurait objecter non plus la confusion qui en résulterait, l'adjonction du nom de baptême suffisant pour la faire cesser.

Il ne s'agit point ici d'une rêverie théorique ou philosophique, mais d'une rigoureuse déduction des faits ; ce mode de répartition est déjà appliqué dans plusieurs États voisins, et, comme il est logique, il tend de plus en plus à prévaloir en France. Il ne s'agit même pas d'introduire une nouveauté chez nous ; ce que l'usage et la raison y imposent aujourd'hui, ils l'ont déjà imposé dans des circonstances analogues. Quand, par suite de l'abolition des armées féodales, la chevalerie cessa d'avoir une existence effective, les familles chez lesquelles elle avait coutume de se recruter n'en gardèrent pas moins l'honneur d'avoir été la pépinière de cette milice d'élite. En reconnaissance des services qu'elles avaient rendus, l'usage et la législation elle-même conservèrent aux rejetons de ces races distinguées la qualification de chevaliers ; tous furent également réputés chevaliers sans égard à l'ordre de leur naissance ; issus de l'ordre équestre, ils naquirent chevaliers comme les nobles du premier degré naissaient écuyers. Il n'en pouvait être autrement d'une distinction de nature purement honorifique, alors qu'on voulait qu'elle fût héréditaire ; elle ne pouvait être assujettie à un autre mode de dévolution que celui qui était usité pour le nom patronymique.

Dès l'origine, il y avait eu deux sortes de chevaleries : l'une personnelle, qui se

maternels. Ces dispositions, qui semblaient si bien prises pour s'assurer une vie agréable, furent cruellement dérangées par la Révolution.

3° Françoise-Josèphe DE CORNULIER, née le 23 novembre 1679,

conférait accidentellement au mérite individuel et ne se transmettait pas ; ne faisant pas souche, elle s'éteignit avec l'arme qui lui avait donné accès dans l'ordre ; l'autre, attachée à la possession d'un fief de haubert, et qui passait par héritage avec ce fief tenu de fournir à l'ost un homme d'armes en équipage complet. Quand ce fief fut déchargé de son service, il perdit jusqu'à sa dénomination, et le titre qui y était attaché aurait disparu si on ne l'avait fait revivre moralement en mémoire d'une institution qui avait jeté un grand éclat.

Il en aurait été de même des titres de baron, de comte, etc., si le pouvoir royal ne les avait réorganisés en leur donnant un nouvel aliment d'apparence réelle par ses lettres-patentes. Ces titres, dits de dignité, émanaient aussi de l'organisation du territoire sous le régime féodal alors qu'il était en plein épanouissement ; mais les fiefs d'un ordre relevé dont ils tenaient leur nom avaient été de plus en plus étroitement médiatisés à mesure que la puissance royale devenait plus prépondérante. Ils avaient perdu toute autorité, n'avaient plus guère qu'une existence nominale, et leurs détenteurs se seraient trouvés dans le même cas que ceux des simples fiefs de haubert si les rois n'avaient jugé utile d'ériger de nouvelles terres en dignité en adoptant un régime qui avait pour objet de créer un titre sans lui attribuer aucune action. Ces érections n'avaient, en effet, sauf celles en titre de pairies, rien de sérieux ; elles ne conféraient au titulaire aucun droit nouveau, aucune autorité particulière, ne lui imposaient aucune charge, aucun office spécial ; ce n'était qu'une appellation à laquelle rien de réel ne correspondait. Cependant, comme c'était la terre qui était titrée et non le nom, le titre dut être dévolu comme l'était la terre et par conséquent rester unique dans la famille. Telle fut la règle en vigueur jusqu'à la fin de l'ancien régime.

L'abolition générale des fiefs en 1789 devait opérer une révolution dans le mode de transmission des titres de dignité, faire, comme cela était déjà arrivé lors de la suppression de la chevalerie, passer de la terre au nom patronymique l'attribution du titre, si on voulait qu'il ne s'éteignît pas faute de base, comme un adjectif dépourvu de substantif. Or, de cette attache nouvelle, il résulte comme conséquence que le titre, accessoire du nom, doit être dévolu comme l'est le nom lui-même, c'est-à-dire qu'il doit être attribué intégralement à chacun des enfants.

Tout ce que les convenances peuvent exiger, c'est que les enfants, par respect pour leur père, ne prennent pas de son vivant une qualification égale à la sienne. Quant à l'aîné, il peut être l'objet d'une déférence analogue de la part de ses cadets ; mais il ne saurait prétendre à personnifier en lui seul toute l'illustration de la famille. Ce sont des considérations toutes politiques d'un autre âge qui lui avaient fait attribuer, dans l'établissement domestique, une prépondérance exagérée que la loi naturelle ne ratifie pas.

La Restauration avait imaginé, à l'usage des fils de pairs de France exclusivement, d'établir entre les cadets une hiérarchie décroissante de titres en raison de l'ordre de leurs naissances. Ce système peu rationnel n'était au fond qu'une transaction entre le régime où l'aîné était tout et le régime de l'égalité entre frères, une con-

nommée à Brains le 5 octobre 1680, morte à Nantes le 16 septembre 1681.

4º Marie-Prudence DE CORNULIER, née à Nantes le 16 mars 1683, mariée dans la chapelle de Lucinière, le 1ᵉʳ juin 1701, à Claude-

cession à l'esprit moderne. Bien des familles étrangères à la pairie ont adopté cette règle.

La manière d'envisager l'hérédité des titres que nous venons d'exposer est contraire aux dispositions de la loi positive, mais cette loi surannée n'est plus en harmonie avec les institutions actuelles. Basée sur l'accouplement hétérogène de l'homme avec sa terre, elle impliquait à l'origine entre eux une union indissoluble que le temps a rarement respectée, aussi fut-elle obligée d'admettre de bonne heure des tempéraments à la rigueur de sa règle, de fermer les yeux sur des infractions que l'équité règnent aujourd'hui, et qui s'imposent comme une conséquence de notre état social, ce n'est plus une terre qui peut être érigée en dignité, c'est un nom. N'y ayant plus de seigneuries, il ne peut plus exister de titres fonciers. La commission du sceau des titres l'a si bien compris qu'elle a décidé qu'il n'était plus loisible d'ajouter le nom de sa terre à son nom patronymique, si cette incorporation ne remontait au delà de 1789. Et la Cour de cassation a jugé dans le même sens.

En résumé, depuis la loi du 4 août 1789, qui a passé le niveau sur toutes les terres, loi qui n'a jamais été rapportée et qui est entrée complètement dans nos mœurs, les titres ne peuvent plus avoir de base réelle; les dénominations territoriales ne peuvent qu'induire en erreur sur le mode de leur dévolution héréditaire. Depuis les lois qui ont établi le partage égal entre tous les enfants; qui ont aboli le privilège d'aînesse dans les successions matérielles, on ne comprend plus qu'un titre honorifique puisse être dévolu uniquement au chef de la famille. Là où il n'y a plus de prétexte de fief indivisible, le titre doit suivre la loi du nom. Les règles légales de la dévolution des titres se sont maintenues comme s'il n'y avait pas eu de transition entre le régime féodal pur et le régime actuel, comme s'il ne s'était opéré aucune évolution sociale : elles ne sont plus en harmonie avec nos mœurs. En vain objecterait-on la condition imposée dans les lettres qui ont créé le titre, qui l'ont attribué aux aînés à l'exclusion des cadets; cette condition doit être réputée non écrite, comme on le fait en pareil cas pour les donations, pour les féodalités, car elle est contraire aux principes dominants de notre législation.

Les antiques dispositions légales, en matière de titres, ne peuvent se soutenir; elles sont réprouvées tout à la fois par les faits, par la logique et par l'usage; elles devront céder devant cette triple opposition.

Mores leges perduxerunt jam in potestatem suam.

. . . . Quid leges sine moribus?
Vanæ proficiunt.

Sous le régime des lois qui paraissent le plus strictement codifiées, ce n'en est pas moins la coutume qui gouverne, car c'est elle qui, sous le nom de jurisprudence, interprète les textes et les applique conformément à l'opinion du jour en faisant souvent violence à la lettre.

François *Louail*, chevalier, seigneur de la Saudrais, dans la paroisse de Saint-Grégoire, près Rennes ; de Senegrand, etc.; fils de défunts Jean Louail et de Claudine de Revault. Il mourut à la Saudrais, le 28 novembre 1726, laissant de sa femme, qui lui survécut assez longtemps, trois enfants : un fils, qui n'a pas laissé de postérité, une fille religieuse, et une autre fille mariée à M. du Baudiez. Celle-ci était une espèce de folle ; riche de 12 à 15,000 livres de rentes, elle vivait à la campagne comme une paysanne. Elle était restée veuve avec deux filles qu'elle mit en apprentissage : l'une pour être couturière, l'autre pour apprendre à chanter dans les rues en s'accompagnant d'un instrument. M. de Lucinière, leur oncle à la mode de Bretagne, alla trouver le premier président du Parlement, qui était aussi parent de ces demoiselles, et lui fit part de l'étrange idée de madame du Baudiez. Un arrêt fut immédiatement rendu, par lequel M. de Lucinière fut chargé de retirer ces demoiselles de leur apprentissage, de les placer dans un couvent et d'en prendre la tutelle ; il obligeait, en outre, la mère à leur faire une pension convenable. M. de Lucinière maria, dans la suite, l'aînée au comte de Bonteville, capitaine au régiment du Roi, frère de l'évêque de Grenoble, et la cadette à M. le Voyer.

5º Renée-Élisabeth DE CORNULIER, née à Lucinière le 22 juin 1684, entrée en religion en 1705 chez les Ursulines de Vannes.

6º Jeanne DE CORNULIER, dite la mère de Sainte-Marie, entrée en religion en 1706 chez les Hospitalières de Quimper, était supérieure en 1748 et mourut le 2 juillet 1767 après avoir édifié cette communauté durant cinquante-cinq ans. Elle avait exigé très formellement qu'il ne fût rien relaté de sa vie dans les mémoires de l'Ordre.

7º Marie-Anne-Marcuise DE CORNULIER, dite *Mademoiselle de Lucinière*, née à Lucinière le 18 décembre 1686, nommée à Rennes le 9 janvier 1693, mariée dans la chapelle de Lucinière, le 26 avril 1712, à Louis-Bernard *Chotard,* seigneur de la Loyenne et de la Loirie, intendant-général de S. A. S. le prince de Condé dans les provinces de Bretagne, Anjou, Touraine et Poitou, fils de Jacques Chotard, aussi intendant-général du prince de

Condé, et de Marguerite Laurencin. Madame de la Loirie mourut à Nantes le 25 janvier 1729, et fut inhumée à Sainte-Radégonde. Elle ne laissa qu'un fils, qui fut maître des comptes de Bretagne en 1745, charge dont il obtint des lettres d'honneur en 1776, et qui ne laissa lui-même qu'une fille unique, mariée au marquis du Bois-de-la-Musse, conseiller au Parlement de Bretagne.

8° Pélagie DE CORNULIER fut mariée deux fois : en premières noces dans la chapelle de Lucinière, le 4 novembre 1706, à François-Bernard *des Vaulx*, chevalier, seigneur de la Loizellière, dans la paroisse de Donges, son cousin issu de germain, fils unique de Jean-Baptiste des Vaulx et de Françoise le Meneust. Elle épousa en secondes noces à Nantes, le 6 mai 1726, Emmanuel *Cassard*, seigneur de la Jou, conseiller du Roi, juge criminel au siège Présidial de Nantes, veuf de Françoise Merlet de la Guyonnière, fils de Paul Cassard, écuyer, seigneur de la Frudière, de la Jou, de Vigneux, de la Poissonnière, du Port-Lambert, etc., aussi juge criminel au Présidial de Nantes, ancien maire de cette ville, et de Françoise Mesnard. Pélagie de Cornulier avait eu en partage les métairies d'Alon, près de Lucinière, qu'elle vendit en 1763 à M. de Lucinière ; elle était alors veuve de son second mari. Elle avait été si frappante par sa beauté, qu'étant présentée à Versailles au grand couvert, la Reine lui fit donner l'ordre de sortir, tant elle craignait qu'elle ne donnât dans la vue du Roi. Elle n'eut pas d'enfants du second lit, et laissa du premier un fils unique, Vincent-Marie des Vaulx, capitaine de cavalerie au régiment de Conti, mort sans alliance. A cette époque, l'usage était fort répandu, surtout dans la famille *d*es Vaulx, de différer excessivement les cérémonies du baptême ; on ondoyait immédiatement l'enfant, mais on négligeait souvent d'enregistrer sa naissance ; c'est là ce qui était arrivé pour Vincent-Marie des Vaulx. Né au château de la Loizellière le 9 août 1715, il ne fut baptisé à Nantes que le 2 mars 1742 ; l'évêque ordonna une enquête, où sa mère dut comparaître, et où elle subit une réprimande pour sa négligence.

9° Françoise DE CORNULIER, née à Lucinière le 10 février 1692, morte jeune.

XI. — Claude-Jean-Baptiste DE CORNULIER, chevalier, comte de la Roche-en-Nort, seigneur de Lucinière, du Meix, de Lorière, du Pesle, de Brains, etc., naquit à Vannes, le 21 janvier 1686, et fut nommé à Nort le 24 juin 1687. Il fut émancipé par lettres du mois de juin 1708, et reçu conseiller au Parlement de Bretagne, à la place de son père, le 15 octobre 1721. Il épousa à Rennes, le 7 mai 1720, Anne-Marie DE GENNES, née en 1701, morte à Nantes le 31 août 1773, et inhumée dans l'église de Sainte-Radégonde. Elle était fille de Benjamin de Gennes, seigneur de Vaudué, fermier-général des deniers de Bretagne, et d'Anne-Marie *Pommeret*, dame *de Caisnoir*.

« Cette famille *de Gennes*, dit M. l'abbé Jallobert, dans
« son *Histoire de Vitré*, est peut-être la plus ancienne de
« cette ville ; elle en est, sans contredit, la plus nombreuse
« et la plus importante par ses alliances et par les charges
« qu'elle a occupées. » Elle tirait son nom de la paroisse de Gennes, près de Vitré ; elle avait embrassé tout entière la religion prétendue réformée, ce qui lui avait attiré de grandes persécutions ; mais elle était revenue depuis au catholicisme de bonne foi et avec une ardeur égale à celle qu'elle avait mise à le combattre, car les de Gennes ne savaient rien faire à demi. Cette conversion, néanmoins, ne s'opéra pas d'une manière uniforme. Madame de Cornulier avait cinq frères, dont quatre furent religieux ; deux étaient jésuites et marchaient à la tête des molinistes avec une ardeur telle, que leur compagnie leur décerna le titre de *défenseurs de la foi*, tandis que les deux autres n'étaient

pas de moins fougueux jansénistes. L'un, savant bénédictin, bibliothécaire de la célèbre abbaye de Saint-Vincent du Mans, où la congrégation de Saint-Maur avait établi son Académie littéraire; l'autre, oratorien, exilé sans cesse à cause de sa véhémence, avait fait passer dans l'esprit de ses sœurs, madame de Cornulier et madame de la Motte-d'Aubigné, son enthousiasme pour les prétendus miracles du diacre Pâris. Le cinquième frère, connu sous le nom de chevalier de Gennes, était receveur des impôts de l'évêché de Rennes; il avait épousé Anne-Marie Leclerc, dont il n'eut pas d'enfants.

Le *comte de la Roche-en-Nort* ou *comte de Lorière*, car on le désignait indifféremment des deux manières, était venu de droit, sinon en fait, en possession de la baronnie de la Roche-en-Nort du vivant même de son père, parce qu'elle avait été acquise des deniers maternels; il la fit ériger en comté en 1713. C'était une question controversée de savoir si un titre de baronnie de toute ancienneté n'était pas préférable à une érection nouvelle en dignité de comté, et c'est sans doute par suite de cette indécision qu'on trouve Claude-Jean-Baptiste de Cornulier qualifié, postérieurement à cette époque, tantôt de *baron*, tantôt de *comte*, tantôt même de *comte-baron* de la Roche-en-Nort. Cette qualité cumulative n'est pas seulement prise par lui dans des actes privés; elle lui est attribuée dans des sentences du présidial de Nantes et dans des arrêts du Parlement et du grand conseil du roi (1).

(1) Claude-Jean-Baptiste de Cornulier s'est trouvé dans une situation toute particulière au sujet de la Roche-en-Nort. Venu, à la mort de sa mère, en 1704, en possession de cette seigneurie qui portait son titre avec elle, il se trouva de droit baron de la Roche-en-Nort depuis lors jusqu'en 1720, époque à laquelle il vendit cette baron-

Quoi qu'il en soit, cette seigneurie de premier ordre, dont le titre immémorial de baronnie avait été reconnu formellement par des lettres-patentes du mois de septembre 1640, avait eu autrefois pour chef-lieu le château même de Lucinière, anciennement nommé La Roche. Depuis que le domaine de Lucinière en avait été détaché, au XVe siècle, la baronnie ne consistait plus qu'en fiefs volants répandus sur un espace de quinze lieues du Levant au Couchant, entre Maumusson et Quilly, et sur une pareille étendue du Midi au Nord, entre Quiheix, sur l'Erdre, et Saint-Herblon dans l'évêché de Rennes. Elle avait juridiction supérieure sur les paroisses de Nort, Nozay, Quilly, Saint-Mars-de-la-Jaille, Saint-Julien-de-Vouvantes, le Pin, Vritz, Soudan, Louifert, Saint-Vincent-

nie d'ancienneté, et où le titre passa à son nouveau propriétaire par le même moyen qu'il l'avait recueilli, c'est-à-dire par la possession du fief auquel il était inhérent.

Mais, dans l'intervalle de 1704 à 1720, en 1713, il avait obtenu, pour lui et ses descendants, l'érection de cette baronnie en titre de comté. Toutefois, sur l'observation qui lui fut faite qu'une baronnie d'ancienneté avait plus de relief qu'un comté de création nouvelle, il ne poursuivit pas l'enregistrement des lettres qui lui conféraient cette dernière dignité.

Un enregistrement n'avait pas la valeur d'une approbation, d'une ratification, d'une homologation; si les Cours intervenaient en pareil cas, ce n'était pas pour confirmer un acte de l'autorité royale supérieure à la leur; c'était pour vérifier l'exactitude des faits qui y étaient énoncés, et surtout pour promulguer le dispositif afin que personne n'en ignorât. Les lettres qui n'avaient pas été soumises à la formalité de l'enregistrement n'en conservaient pas moins leur force virtuelle.

Claude-Jean-Baptiste de Cornulier était donc fondé à se dire comte de la Roche-en-Nort, seulement il ne pouvait, faute de la publicité requise, obliger personne à le qualifier ainsi ; et les actes émanés de sa juridiction de la Roche-en-Nort devaient garder leur ancienne intitulation de baronnie. Quoi qu'il en soit, non seulement les notaires et les actes de l'état-civil, mais encore les tribunaux, les cours souveraines, y compris le grand-conseil du roi, lui attribuent cette qualification de comte, et même lui donnent, en les cumulant, les deux titres de *comte-baron* de la Roche-en-Nort ; c'est-à-dire comte d'honneur, par une grâce du prince attachée à la famille de Cornulier, et baron par le fait de la possession d'une seigneurie qui emportait ce titre avec elle.

Cependant la Roche-en-Nort était une domination trop précise pour qu'il fût possible de la conserver en présence d'un nouveau propriétaire devenu baron réel de ce nom ; il ne pouvait y avoir tout à la fois deux personnes étrangères l'une à l'autre,

des-Landes, Saint-Aubin-des-Châteaux, Maumusson, Saint-Herblon, etc., etc. Bien que sa juridiction n'atteignît pas les rives de la Loire, elle n'en était pas moins inféodée du droit de prélever un péage sur les bateaux passant devant Ancenis, suivant la nature de leur chargement. Elle avait été dans l'origine un bailliage de l'immense baronnie de la Roche-Bernard, à une époque où celle-ci comprenait la majeure partie du comté nantais au nord de la Loire ; parmi les hommages qui en relevaient, il y en avait de princiers, tels que la Motte-Glain et la châtellenie de Nozay, à raison de laquelle le duc de Bourbon fit, en 1716, foi et hommage à Jean-Baptiste de Cornulier, pour cause de sa baronnie de la Roche-en-Nort (1).

dont l'une aurait été comte et l'autre baron d'un fief unique. Le titre de comte devait donc être reporté ailleurs. Au commencement du XVIII° siècle, on n'aurait pas eu l'idée de l'accoler directement au nom patronymique, comme l'usage s'en est établi depuis; on aurait vu dans cette union une hérésie choquante en matière féodale ; on ne comprenait encore que les titres reposant sur un fief.
 Dans cette situation, il n'y avait d'autre parti à prendre que de transporter sur une autre terre appartenant à la famille un titre qui avait été créé pour elle. On le reporta sur la terre de Lorière, dont le nom avait servi à désigner le comte de la Roche-en-Nort, son père et son aïeul, et il fut dit le *comte de Lorière*. Cette manière de procéder n'était pas sans doute très régulière, mais en cette matière, moins encore qu'en toute autre, il n'y eut jamais rien de bien régulier ; la filière légale était dispendieuse ; on pratiquait ce que l'usage autorisait: *mos suprema lex*.
 A l'exclusion du nom patronymique, non encore accepté pour soutenir un titre, on choisissait la dénomination territoriale qui s'en rapprochait le plus, celle qui avait été la plus répandue: c'était un acheminement à l'usage qui a prévalu depuis. Il aurait été plus convenable, vu son importance foncière et féodale, de reporter le titre sur la terre de Lucinière, mais son nom n'était pas aussi complètement incorporé avec le nom patronymique que celui de Lorière ; il ne répondait pas aussi bien à une tendance déjà prononcée. Lucinière n'était en effet rentré que récemment dans la ligne directe, l'abbé du Hézo l'ayant possédé jusqu'en 1681. Ce fut dans cet ordre d'idées, qu'à défaut du vrai nom, on donna pour base au titre le nom de la terre qui en avait tenu lieu durant plus longtemps, celui qui rappelait le mieux la filiation.
 (1) En 1305, le sire de la Roche rend aveu au Duc pour ses baronnies de la Roche-Bernard et de la Roche-en-Nort, ce qui prouve que dès lors elles étaient réunies dans la même main, sans cependant être confondues, puisque chacune d'elles est

A cette belle seigneurie, le comte de la Roche-en-Nort devait, comme héritier principal, réunir un jour la plupart des anciennes terres de sa famille, mais son père venait d'en laisser échapper une des plus importantes par l'engagement qu'il avait contracté, au mois de décembre 1709, avec M. de la Blottière. Dégoûté de la chicane, par les discussions sans nombre et presque toujours malheureuses que lui avaient suscitées les mouvances de la Roche-en-Nort et du Meix, aussi bien que la succession de son beau-père Thomas Dondel, pour la liquidation de sa société avec François de la Pierre, il n'avait pas voulu rentrer dans de nouveaux débats au sujet de la succession embarrassée du

---

déclarée sous son nom particulier. En 1364, Isabeau de la Roche, dite de Lohéac, les porta dans la maison de Montfort-Gaël, qui prit le nom de Laval en 1404.

Un aveu de la Roche-Bernard, rendu en 1419, comprend, dans un article séparé, le grand de la terre de la Roche-Bernard au siège et bailliage de Nort. En 1462, le comte de Laval rend aveu au Duc pour ses baronnies de la Roche-Bernard et de la Roche-en-Nort, ô leurs appartenances et dépendances, sans en donner le détail.

Ces deux baronnies ne furent possédées séparément qu'à partir du commencement du XVI° siècle. En 1518, Catherine de Laval porta la Roche-Bernard dans la maison de Rieux, alors que la Roche-en-Nort restait dans celle de Laval. En 1605, elle passait, avec les autres biens de celle-ci, au duc de la Trémouille qui, au milieu de tous ses titres princiers, n'omettait pas celui de *baron de la Roche-en-Nort*.

En 1626, le duc de la Trémouille vendit la baronnie de la Roche-en-Nort au prince de Guémené, mais celui-ci l'échangea la même année contre la terre de Crérain, près Saint-Brieuc, que lui céda Françoise de Marec, douairière de la Roche-Giffart.

Quelques difficultés ayant été faites aux sieurs de la Roche-Giffart sur le titre de baronnie appliqué à la seigneurie de la Roche-en-Nort, cette qualification lui fut confirmée par lettres-patentes du mois de septembre 1640, enregistrées au Parlement et à la Chambre des Comptes. Ces lettres déclarent que la Roche-en-Nort a été qualifiée de baronnie de tout temps immémorial, notamment dans ses aveux de 1409 et de 1467; que la duchesse Françoise de Bretagne lui donne ce titre en 1464 quand elle reconnaît que sa terre de Nozay en relève. En conséquence, ordonnent que les possesseurs de cette seigneurie en jouissent en qualité de baronnie avec les prérogatives en dépendantes.

En 1686, Jean-Baptiste de Cornulier acquit la baronnie de la Roche-en-Nort dans la succession de Henri de la Chapelle, seigneur de la Roche-Giffart et marquis de Fougeray. Les Goyon de Marcé, qui possédaient dans la paroisse de Nort les trois

président du Pesle ; autant donc par lassitude que par amour du repos, il s'était déchargé de ce soin sur M. de la Blottière, et s'était résigné à un sacrifice en lui cédant la terre et seigeurie du Pesle avec ses dépendances à vil prix : un quart de moins cher qu'il ne l'avait comptée à son frère en 1682. Son fils vit cet arrangement avec regret et, profitant de la faculté que lui donnait la coutume, il se fit adjuger, du vivant même de son père, par sentence du prédial de Nantes, du 20 décembre 1713, la prémesse lignagère de cette terre. Ce retrait fut pour lui la source d'interminables et ruineux procès ; entré dans le dédale des affaires de son oncle, il lui aurait fallu, pour en sortir heureuse-

seigeuries de Villeneuve, du Moulin et de Rieux, en avaient pris sujet de se dire seigneurs comtes de Nort. Cette qualification porta ombrage à Jean-Baptiste de Cornulier qui obtint, le 31 août 1714, un arrêt du Parlement portant qu'elle ne pouvait nullement préjudicier aux droits du baron de la Roche-en-Nort. Cette décision était d'autant mieux fondée que Villeneuve, la principale des trois seigneuries des Goyon, dans la paroisse de Nort, relevait de la baronnie.

Depuis que son siège de la Roche, à Nort, avait été détaché de la baronnie pour former la seigneurie de Lucinière, la baronnie n'avait plus de domaine foncier, mais seulement une juridiction ; plus de dépôt fixe pour y garder ses archives. Sa justice était devenue ambulante pour se mettre à la portée de vassaux dispersés sur un grand territoire, et son greffe le suivait dans un fourgon, ce qui occasionna la perte de quantité de titres et fut la source de nombreuses usurpations sur ses mouvances. Dépourvus de prétoire, ses officiers prononçaient leurs sentences çà et là, selon le lieu où leur Cour se trouvait réunie pour le moment ; c'est ainsi que, dans l'affaire du retrait féodal de Toulan, membre de la Touche qui relevait prochement de la baronnie de la Roche-en-Nort, une sentence est rendue le 13 août 1718 à l'audience *tenue au bourg de Soudan*, et une autre sentence est rendue le 2 décembre suivant à l'audience *tenue au bourg de Louifert*.

Jean-Baptiste de Cornulier et ses enfants, dont les droits respectifs n'avaient jamais été réglés, vendirent la baronnie de la Roche-en-Nort, par acte du 1er février 1720, à Julien-François de Larlan, comte de Rochefort, président à mortier au Parlement de Bretagne ; mais le prince de Condé n'en fut pas plus tôt informé qu'il s'en fit céder par le roi le droit de la retirer féodalement. Sa baronnie de Châteaubriant avait eu plusieurs contestations de mouvances avec celle de la Roche-en-Nort ; lui-même avait dû se reconnaître son vassal à cause de sa châtellenie de Nozay, et il tenait beaucoup à être le seul suzerain incontesté de tout le pays. Cette acquisition lui fut si agréable que, depuis qu'il l'eut réalisée, il n'omettait pas de joindre à ses autres titres celui de baron de la Roche-en-Nort.

ment, un esprit d'ordre et une aptitude qui lui manquaient totalement (1).

Ayant donc obéré tout à fait sa fortune, tant par sa mauvaise gestion que par ses folies de jeunesse, il épousa Mlle de Gennes dans le moment où ses affaires étaient dans le plus grand désordre; elle lui apporta en mariage cent mille écus en argent, somme énorme pour ces temps-là, et c'est à cette respectable aïeule que ses descendants durent la conservation de leur fortune.

Le comte de la Roche-en-Nort était un homme parfaitement aimable, de beaucoup d'esprit, faisant de jolis vers, mais intolérable pour la dépense. Son genre de vie plus que

---

(1) Ce n'était pas sans motif raisonnable que le comte de la Roche-en-Nort désirait voir le Pesle rentrer dans sa famille. Son aïeul, son père et lui-même avaient été généralement connus sous le nom de *Lorière*. Or, Lorière, domaine sans juridiction, tirait tout son relief féodal de la seigneurie du Pesle qui lui avait été annexée. Le Pesle détaché, il ne lui restait plus, outre Loire, qu'une terre de simple condition noble; il perdait, en ce pays, toute la considération dont ses ancêtres y avaient joui suivant les idées qui régnaient alors.

En effet, le Pesle, en outre de son domaine étendu, avait une haute justice qui relevait directement du roi; sa juridiction immédiate s'étendait sur les trois paroisses de Brains, de Saint-Léger et de Port-Saint-Père; et, par les juridictions de la Moricière, du Branday et de la Grande-Haye, qui lui étaient soumises, son autorité atteignait les paroisses de Bouguenais et de Rezé. En outre des droits féodaux ordinaires, le seigneur du Pesle avait dans les trois premières paroisses toutes les prééminences d'églises, les droits de mouture, de four bannal, de quintaine. Il avait seul, le long de ses fiefs, le droit de pêche dans le canal qui fait communiquer le lac de Grand-Lieu à la Loire, garenne, colombier, répartition annuelle de l'usage dans de vastes marais, nomination d'officiers, etc. Du Pesle relevaient nombre de terres nobles possédées par des gentilshommes de naissance distinguée qui lui devaient hommage.

Voilà tous les honneurs auxquels il fallait renoncer en abandonnant le Pesle; c'était une véritable déchéance locale. Mais il ne s'agissait pas seulement d'entamer l'affaire; il fallait la conduire sagement, ce que son esprit léger ne sut pas exécuter. La sentence du présidial de Nantes fut confirmée par arrêt du Parlement du 24 octobre 1714, mais ce retrait lui attira sur les bras tous les créanciers de son père et de son oncle, le président Du Pesle, qui l'amenèrent devant le Grand Conseil, lequel confirma la décision des juges de Bretagne. Par suite de fautes réitérées, il fut amené, sept ans plus tard, à consommer un sacrifice autrement considérable: la vente de sa baronnie de la Roche-en-Nort.

dissipé ne pouvant convenir à sa femme, ils s'étaient séparés; il demeurait à Joué, et sa femme à Lucinière, où il venait la voir de temps en temps. Non seulement il trouvait Lucinière un séjour sévère par son site, mais il lui répugnait encore davantage pour la compagnie qu'on y rencontrait. Homme de plaisir avant tout, les disputes théologiques de l'époque ne l'intéressaient guère; or Mlle de Gennes avait fait de son château une sorte de petit *Port-Royal-des-Champs :* il était devenu l'asile de tous les jansénistes persécutés. Presque tous appartenaient au couvent des bénédictins des Blancs-Manteaux de Paris; c'étaient pour la plupart des hommes d'un rare mérite, mais austères. Les filles de Mme de Cornulier furent instruites par eux; ils leur enseignèrent non seulement le latin, qu'elles possédaient dans la perfection, mais encore les éléments de la langue grecque, dans laquelle Mlle du Pesle avait particulièrement fait de grands progrès.

En 1737, Mlle de Gennes obligea son mari à se démettre de tous ses biens en faveur de ses enfants qui restèrent sous la tutelle de leur mère, puis elle le fit interdire par arrêt du Parlement. Mais cette mesure n'ayant pas encore paru suffisante au conseil de famille, il demanda et obtint une lettre de cachet en vertu de laquelle il fut, lors de la naissance de son dernier fils, en 1740, enfermé à l'abbaye de Saint-Gildas-des-Bois, où il est mort en 1750, après dix années d'expiation.

Placée à la tête de la fortune que l'inconduite de son mari avait failli anéantir, Mme de Lorière (son mari et elle ne furent plus connus que sous ce nom depuis la démission de 1737) l'administra si bien que, non seulement elle répara ses mauvaises affaires, termina les procès, paya les dettes, mais qu'elle se trouva encore en état de bâtir la belle façade de Lucinière qui regarde le jardin, et de réédifier en entier le petit château de Lorière, brûlé depuis pendant les guerres de la Vendée. C'est là que, après le mariage de son fils, elle se retira avec ses filles ; celles-ci renoncèrent généreusement à se marier pour que leur frère pût recueillir un jour tout l'héritage, et Mlle de Lucinière refusa pour ce motif d'épouser le comte de Crux-Courboyer, qui habitait le château voisin de Saffré. La baronnie de la Roche-en-Nort avait été vendue trois mois avant le mariage de mademoiselle de Gennes ; elle témoigna souvent le regret qu'elle éprouvait de cette aliénation qu'elle aurait certainement empêchée si elle était arrivée à temps dans la famille. Sa belle-fille la tenait en telle estime qu'elle disait à son mari : « Vous « n'aurez jamais assez de reconnaissance pour la mémoire « de votre mère ; vous devriez baiser les traces de ses « pas. »

Le comte de la Roche-en-Nort fut père de onze enfants qui suivent.

1º Jean-Baptiste-Ange-Benjamin-Toussaint DE CORNULIER, né à Rennes le 18 décembre 1722, vivait encore en 1731, mais mourut jeune.

2º Claude-Toussaint-Henri, comte DE CORNULIER, seigneur de Lucinière, né à Lucinière le 20 mai 1729, capitaine de cavalerie, ne fut pas marié et fut tué en duel à Angers, étant au service, vers 1750. Par suite de sa mort malheureuse, ses sœurs, qui seules auraient pu en transmettre le souvenir, évitaient d'en jamais parler, ce qui fait qu'on n'a conservé ni le nom du corps dans lequel il servait, ni la connaissance exacte du lieu et de la date de sa mort.

3° Julien-Benjamin DE CORNULIER, né à Lucinière le 30 mai 1730, mort le 2 juin suivant.

4° Anonyme DE CORNULIER, mort à Lucinière le 7 novembre 1733.

5° Jean-Baptiste-Benjamin DE CORNULIER, qui suit.

6° Anne-Marie-Élisabeth DE CORNULIER, dite *Mademoiselle de Lorière*, née à Rennes le 19 janvier 1724, mourut à Nantes le 15 janvier 1783, et fut inhumée à Sainte-Radégonde. Non mariée.

7° Marcuise-Edmée DE CORNULIER, dite *Mademoiselle de Cornulier*, née à Lucinière le 19 août 1725, morte sans alliance de 1772 à 1778.

8° Félicité-Louise-Marie DE CORNULIER, dite *Mademoiselle Du Pesle*, née à Lucinière le 25 janvier 1727, morte sans alliance, à Nantes, le 8 janvier 1778 et inhumée à Sainte-Radégonde.

9° Rose-Charlotte DE CORNULIER, dite *Mademoiselle de Lucinière*, née à Lucinière le 5 mars 1728, morte sans alliance en 1769.

10° Jeanne-Eulalie DE CORNULIER, née à Lucinière le 24 août 1731, morte jeune.

11° Un autre enfant qui ne vécut pas.

XII. — Jean-Baptiste-Benjamin DE CORNULIER, chevalier, seigneur de Lucinière, du Meix, de la Herpinière, de Lorière, du Pesle, de Brains, au comté nantais ; du Cosquer, en Pommerit-Jaudi, et de Kergaro, en Quemper-Guézennec, près de Pontrieux, etc. ; fut le dernier des enfants du comte de la Roche-en-Nort et d'Anne-Marie de Gennes, ce qui lui fit donner le nom de Benjamin. Il naquit au château de Lucinière le 18 février 1740, et eut pour parrain son frère aîné, le comte de Cornulier. Son éducation fut dirigée exclusivement par sa mère, femme d'un rare mérite, et elle l'éleva en enfant que l'on destine à devenir un jour un homme vraiment homme. Grâce à ses soins éclairés, il annonça dès ses premières années cette bonté, cette probité stricte, cette haine de tout mensonge, de toute duplicité, et cet inébranlable attachement à ses devoirs qui depuis se firent remarquer dans toutes les occasions de sa longue vie.

Retirée à Lucinière avec ses filles, ce furent celles-ci qui se chargèrent de la première éducation de leur frère ; elles lui enseignèrent les principes de la langue latine qu'elles possédaient parfaitement. Jamais sa mère ne consentit à le mettre en pension, dans la crainte qu'il n'y corrompît ses mœurs, ou qu'il perdît l'amour de la religion qu'elle cherchait surtout à lui inspirer. Lorsqu'il fut assez avancé pour commencer sa quatrième, elle prit un logement à Nantes, afin d'envoyer son fils au collège sans le perdre de vue ; elle choisit celui de l'Oratoire, et l'y envoyait comme externe seulement, pensant réunir par là le double avantage de l'éducation publique et de l'éducation particulière, sans avoir les inconvénients de l'une ou de l'autre exclusivement. Ses sœurs, et particulièrement mademoiselle

Du Pesle, lui servaient de répétiteurs ; elles continuèrent à remplir cet office jusqu'à ce qu'il eût terminé ses classes.

Quand il alla faire son droit à Rennes, il y fut placé sous la surveillance de son oncle de Gennes. C'était un homme d'une vivacité extrême, et son joug était loin d'être léger ; il ne fallait pas moins que le caractère si doux et si conciliant de M. de Lucinière pour endurer le despotisme du chevalier de Gennes ; il se conduisit néanmoins avec tant de réserve et de prudence, qu'il ne tarda pas à gagner son affection et sa plus intime confiance.

M. de Lucinière fut pourvu de l'office de conseiller au Parlement de Bretagne le 20 avril 1763 (1), puis de celui de président de la Chambre des enquêtes le 10 juin 1784. Il s'acquit au Parlement l'attachement et l'estime de tous ses confrères, comme il s'était acquis chez lui toute l'affection de ses voisins et le respect et la confiance de ses vassaux.

(1) Il n'avait pas encore atteint l'âge requis de vingt-cinq ans pour avoir voix délibérative, mais il avait obtenu des lettres de dispense qui lui permettaient de siéger. Ces admissions hâtives ne laissaient pas que d'être fort recherchées, bien qu'elles fussent purement honoraires ; elles procuraient au nouveau *maître* (c'est là le titre que se donnaient entre eux les conseillers) l'avantage de prendre rang dans la compagnie du jour de sa réception. Les fils de conseillers avaient en outre le privilège de se faire recevoir avant ceux dont le père n'était pas membre du Parlement.

M. Charette de la Colinière, qui avait obtenu des provisions avant M. de Lucinière, et avait présenté sa requête à fin d'admission dès le 1er février 1763, prétendait être reçu avant ce dernier qui n'avait présenté la sienne que le 2 mai. Celui-ci alléguait qu'il était fils et petit-fils de conseillers ; que si son père n'était pas mort dans l'exercice de sa charge, s'il avait même négligé d'obtenir des lettres d'honoraire, il n'en avait pas moins continué jusqu'à sa mort d'en prendre la qualité dans tous les actes qu'il avait passés ; qu'en conséquence il avait droit à la faveur accoutumée. — M. de la Colinière répliquait que le père de M. de Lucinière avait vendu sa charge après dix-sept ans d'exercice, et que les honneurs de la vétérance ne s'acquéraient qu'après vingt années de service. Que le privilège des fils de maître ne pouvait concerner que ceux dont le père était encore en exercice ou bien était mort *in gremio curiæ*. — Ces raisons furent accueillies par la cour qui, le 4 août 1763, reçut d'abord M. de la Colinière et immédiatement après M. de Lucinière.

« Le président de Lucinière, dit M. de Kerdanet, avait au
« Parlement la réputation d'un des plus grands jurisconsultes
« de France ; c'était le meilleur conseiller - rapporteur,
« l'homme le plus juste, le magistrat le plus savant comme
« le plus vénéré. » On le citait comme un type parfait,
soit comme homme public, soit comme homme particulier ;
ferme dans l'accomplissement de ses devoirs, inébranlablement attaché à ses principes, rien au monde n'eût été
capable de l'en écarter ; toute considération humaine s'arrêtait là. Sa bonté naturelle le portait à une indulgence
peut-être excessive ; il ne craignait rien tant que les discussions, et on le vit souvent fuir ou garder le silence en des
occasions où il semblait qu'il eût mieux valu qu'il tînt sa
place ; mais il avouait qu'il en agissait ainsi dans l'appréhension de se livrer à un transport de colère. Il était l'ami de la
jeunesse, et comme il avait fait son droit avec beaucoup
de distinction et qu'il aimait passionnément l'étude des
lois, on lui confia le soin de faire des conférences aux jeunes
élèves en droit ; et c'est ainsi qu'il eut au nombre de ses
disciples le futur général Moreau, si célèbre depuis dans les
fastes de la Révolution française. Hors de son semestre,
c'était un des chasseurs les plus intrépides de la province ; il
avait organisé en société régulière tous ceux du pays de
Châteaubriant qui le reconnaissaient pour leur chef, et
l'avaient choisi pour arbitre de toutes les discussions qui s'élevaient entre eux.

A l'époque où il entra dans la magistrature, on était dans
toute la chaleur de l'affaire des Parlements ; il y prit une

part très active et fut successivement exilé à Lucinière, à Saint-Hilaire-du-Harcouët, puis à Civray, en Poitou, enfin arrêté à Houdan, en 1788, alors qu'il faisait partie d'une députation de douze membres que sa Compagnie envoyait près du Roi. En 1770, il avait été l'un des témoins qui chargèrent le plus le duc d'Aiguillon dans l'enquête ouverte à Paris par la Cour des Pairs au sujet de ses actes dans le gouvernement de Bretagne ; aussi Linguet, l'avocat du duc, ne consacre-t-il pas moins de 21 pages in-4° de son mémoire justificatif à combattre la déposition de M. de Lucinière.

La Révolution débuta à Rennes, dès 1789, par le massacre de MM. de Boishue et de Saint-Riveul ; les événements prenaient chaque jour un aspect de plus en plus menaçant ; le Parlement cessa ses fonctions, et bientôt chacun de ses membres chercha son salut dans la fuite. M. de Lucinière resta à Rennes l'un des derniers ; aimé et considéré de toute la ville, il y jouissait d'une grande popularité. Les gens du Tiers-État essayèrent, par des démarches, de l'engager dans leur parti ; mais il repoussa ces ouvertures avec tant d'énergie qu'ils devinrent furieux contre lui. Il dut abandonner sa maison et se cacher chez les Cordeliers, en attendant qu'il pût sortir furtivement de la ville pour regagner Lucinière où sa famille l'avait précédé. Là, en butte à des visites domiciliaires incessantes ; parlant et écrivant avec une liberté qui dégénérait en imprudence ; refusant de déférer aux injonctions soi-disant patriotiques des municipalités ; ne voulant, en un mot, plier en aucune façon devant l'idole du jour; menacé à chaque instant d'arrestation et d'incendie, il ne lui restait d'autre parti à prendre que la fuite pour dérober sa tête à la guillotine. Il prit donc avec sa famille la route de Saint-Mâlo, où il s'embarqua pour Jersey le 23 mai 1791, et il fut inscrit sur la liste des émigrés le 7 août 1792, ce qui entraîna la confiscation de tous ses biens.

« Comme mon père, dit Mlle de Lucinière, ne s'imaginait
« pas que nous dussions être longtemps absents de France,
« et qu'il regardait ce qui se passait comme une efferves-
« cence populaire, il nous avait recommandé de n'emporter
« exactement que ce qui nous était nécessaire pour rester
« au plus trois mois loin de nos foyers. Notre séjour à
« Jersey fut d'abord assez agréable; nous nous bercions
« des plus douces illusions, et si les nouvelles de France
« ne nous eussent pas sans cesse apporté les plus sinistres
« détails sur les horreurs qu'on y exerçait contre les amis
« de l'autel et du trône, nous eussions encore mieux appré-
« cié le bonheur de la vie si paisible, quoique si peu mono-
« tone, que nous menions dans cette île, que nous consi-
« dérions à juste titre comme un port assuré contre la
« tempête. Notre logement était situé précisément près de
« l'endroit où débarquaient nos malheureux compatriotes,
« les uns déportés par le gouvernement révolutionnaire,
« les autres fuyant une mort certaine; il nous mit souvent,
« je dirais presque tous les jours, à même d'exercer à leur
« égard une hospitalité beaucoup trop onéreuse pour nos
« moyens. Mon père, aussitôt qu'un bâtiment venant de
« France était signalé, volait au bord du rivage, et se trou-

« vait toujours à temps d'offrir un dîner aux infortunés
« proscrits qui y abordaient. Ces dépenses journalières pré-
« parèrent notre ruine ; nous n'avions emporté avec nous
« qu'une somme de mille écus, je crois, notre famille était
« composée de neuf personnes, et la vie était très chère, la
« quantité de réfugiés augmentant chaque jour le prix des
« denrées. Nous commencions à manquer d'argent ; Gué-
« rand, le garde de mon père, le savait, et vint à notre
« secours ; il ne pouvait nous apporter de numéraire, il
« était prohibé sur la côte de France, et il eût été saisi
« immédiatement. Guérand, donc, se travestit en marchand
« de bœufs et, au péril de sa vie, à deux fois différentes,
« nous amena une cargaison de bœufs gras, convertissant
« ainsi en denrées l'argent que nous devions recevoir de
« la vente de la futaie de Quincangrogne, à Lucinière, que
« mon père avait conclue avant de partir pour l'émigra-
« tion.

« Cependant, plus le temps s'écoulait, plus nos moyens
« d'existence diminuaient. Le Roi venait de périr sur l'écha-
« faud et la terreur et la désolation couvraient toute la France ;
« il était devenu impossible d'en tirer aucun secours, ni même
« d'en recevoir aucune nouvelle ; la peine capitale était
« décrétée contre ceux qui auraient entretenu la plus petite
« correspondance avec les émigrés. Nous commençâmes
« par vendre le peu d'argenterie que nous avions emporté
« avec nous ; montres, boîtes d'or, bijoux, tout fut sacrifié.
« Mon père se fit pêcheur et nous couturières.

« Mon père passait une grande partie des nuits sur la

« mer avec un de ses compagnons d'infortune, M. de Sceaux,
« de Saint-Malo, homme assez grossier et de peu d'éduca-
« tion, mais fort habile à manier la rame et les filets, et le
« matin on les voyait vendre au marché le poisson qu'ils
« avaient pris. Nous, levées dès l'aurore, nous travaillions
« aux gilets, habits et culottes que la charité anglaise four-
« nissait aux ecclésiastiques déportés ou fugitifs à Jersey.
« Le nombre des prêtres excédait quatre mille ; et la pré-
« voyante sollicitude de la marquise de Buckingham, qui
« avait eu l'idée d'établir nos ateliers, avait mis pour condi-
« tion que ces vêtements seraient confectionnés par les
« dames françaises pour leur assurer quelques moyens
« d'existence. Les plus habiles en couture devinrent les
« maîtresses et les guides des autres. Jusqu'alors ce métier
« m'avait été bien étranger ; mais dame nécessité est indus-
« trieuse, et à l'aide de quelques amies plus adroites que
« moi, je venais à bout de ma difficile besogne. Soit nou-
« veauté, soit occupation, les jours nous parurent des mi-
« nutes, et jamais je ne fus plus heureuse. Les hommes de
« notre société, que la débâcle de l'armée des princes en
« Allemagne avait ramenés près de nous, prenaient plaisir à
« égayer les heures de travail en nous faisant des lectures inté-
« ressantes et en remplissant le rôle de commissionnaires
« pour les choses dont nous pouvions avoir besoin au dehors.
« Nous recevions chaque samedi le salaire de notre ou-
« vrage, et le dimanche, après avoir rempli nos devoirs
« religieux, nous allions faire de jolies promenades dans la
« campagne, et nous nous permettions de dépenser en fruits

« et en laitages une petite portion du gain de la se-
« maine. »

Cependant, Fouché, devenu ministre, se souvint de M. de Lucinière ; élevé au Pellerin, tout près de Lorière, il l'avait connu dans sa jeunesse et revu depuis dans les séjours qu'il y faisait de temps à autre. Fouché, donc, fit proposer à M. de Lucinière un sauf-conduit, s'il voulait mettre pour un instant le pied sur le territoire français, et là, faire dresser un certificat de présence au moyen duquel il se faisait fort d'arrêter la vente de ses biens et de le mettre en jouissance de ses revenus. M. de Lucinière fit remercier le ministre de ses bonnes intentions à son égard, mais il refusa de sauver sa fortune au moyen d'un acte qui lui paraissait un faux, et tout ce qu'il possédait fut vendu nationalement.

Peu de temps après, à la fin d'août 1795, il se décida à quitter Jersey, où lui et sa famille ne connaissaient plus que douleurs et misères ; à la lettre, ils y mouraient de faim. Le gouvernement anglais n'avait pas encore alloué aux émigrés les secours qu'il leur accorda depuis ; les six pences qu'ils recevaient par jour ne provenaient que des souscriptions et des quêtes faites en leur faveur, et encore, pour y avoir droit, fallait-il donner sa parole d'honneur que l'on ne possédait absolument rien. M. de Lucinière avait contracté à Jersey des dettes qu'il ne pouvait acquitter, une somme de douze mille francs qu'il attendait venait d'être saisie sur le bâtiment qui devait l'apporter. Ses créanciers consentirent à le laisser partir sur la parole qu'il leur donna de les rembourser aussitôt que cela lui serait possible.

Il s'embarqua donc avec les siens sur un énorme transport que le gouvernement anglais avait mis à la disposition des réfugiés et qu'il faisait escorter par une frégate. Ils y étaient entassés au nombre de douze cents, et mirent onze mortels jours pour gagner Southampton.

Arrivé à Londres, M. de Lucinière obtint du gouvernement anglais une petite pension comme ancien magistrat, et vécut de cette modique ressource jusqu'en 1814 ; mais, dans le but de faire l'aumône autant qu'il le pouvait, il se fit jardinier de l'établissement de l'abbé Carron. Cet homme admirable, cet humble chrétien ne comprenait la vie que pour s'y rendre utile. C'est ainsi encore que, sans consulter son âge et ses forces, et n'écoutant que son zèle, il voulut s'embarquer pour l'expédition de l'Ile-d'Yeu, à la suite du comte d'Artois ; il en revint avec une santé totalement délabrée.

La restauration des Bourbons sur le trône de leurs ancêtres ne permit pas à M. de Lucinière de balancer un moment entre la terre d'exil et une patrie qui, malgré ses injustices, lui était toujours chère. Il nourrissait d'ailleurs dans son cœur le plus vif désir de revoir, avant de mourir, sa femme et sa famille, dont il était séparé depuis douze ans. Il partit donc immédiatement pour Paris, où son fils et sa belle-fille étaient allés au devant de lui, et de là pour le vieux castel.

« Nous voici arrivés au port tant désiré, écrivait cette der-
« nière ; on ne peut se figurer le bonheur de tous ses pa-

« rents de le revoir enfin à ce cher Lucinière dont il conser-
« vait un précieux souvenir. Nous n'avons tous pu que
« pleurer, mais que ces larmes de bonheur sont douces à
« répandre ! Chaque jour nous avons des visites sans nom-
« bre ; cette affluence lui témoigne un intérêt qui me fait un
« plaisir extrême et dont il est bien digne d'être l'objet. »

Le retour du vieux châtelain fut fêté avec enthousiasme dans tout le pays ; mais ces beaux jours de 1814, si pleins d'effusion, si gros d'espérances, furent de courte durée. Bonaparte, revenant de l'île d'Elbe, lança un décret par lequel tous les émigrés qui n'étaient rentrés qu'avec le Roi devaient quitter le territoire français dans un bref délai (1). Atteint par cette nouvelle proscription, M. de Lucinière se disposait de nouveau à regagner l'Angleterre, lorsqu'une puissante protection obtint, en raison de son âge avancé, que pour lui l'exil serait converti en surveillance de la haute police, qu'il dut aller subir à Nantes même, sous les yeux de l'autorité supérieure ; mais cet état de contrainte ne se

(1) Le 28 juin 1815, M. de Lucinière écrivait à M. du Bourblanc, son beau-frère :
« Recevez, mes amis, les derniers adieux d'un proscrit ; il part la semaine prochaine
« pour Saint-Malo. Quand je me rappelle la réception du mois de juin d'Antoinette et de
« son mari (belle-fille et fils de M. du Bourblanc), la tendresse avec laquelle ils me
« serrèrent dans leurs bras, toute l'amitié qu'ils me témoignèrent et à ma pauvre
« fille pendant leur séjour à Paris ; l'accueil que je reçus à Saint-Symphorien (châ-
« teau qu'habitait M. du Bourblanc) de ce frère que j'ai toute ma vie tant chéri ;
« tous ces souvenirs me percent le cœur et m'arrachent des larmes, mais il faut
« savoir être homme et se soumettre aux décrets de la Providence.
« Cependant comment m'arracher des bras de cette tendre épouse qui a fait le
« bonheur de ma vie, qui, usée par la vieillesse et la maladie, avait besoin de la
« présence du plus sincère de ses amis ? Je tremble pour l'instant de notre sépara-
« tion ; ce cœur, qui est si sensible, pourra-t-il soutenir ce coup ? Déjà la certitude
« de ce cruel événement l'a singulièrement affectée, et l'instant de la crise sera ter-
« rible. Je me voyais réuni à la fin de mes jours avec la personne que j'avais tant
« aimée ; je me disais : la Providence nous accorde à l'un et à l'autre la consolation

prolongea pas longtemps, le second Empire étant venu à crouler. Toutefois les brillantes illusions de la première Restauration ne se renouvelèrent pas à la seconde.

Lors de sa rentrée en France, en 1814, on avait envoyé à M. de Lucinière un brevet de conseiller à la Cour royale de Rennes ; mais il le retourna immédiatement au ministre, en disant que la place de premier président pouvait seule être acceptée par le doyen des anciens conseillers au Parlement. On la lui promit, et le *vingt mars* dérangea seul cette nomination ; mais sa santé devint si mauvaise pendant les *Cent-Jours*, qu'on ne songea point à renouer cette affaire depuis. Ne voulant pas absolument être un homme inutile, il accepta, en 1816, les fonctions de maire de Nort, et termina dans l'exercice de cette modeste magistrature une carrière qui semblait, par sa direction, devoir être tranquille, et qui ne fut en effet qu'une suite non interrompue d'orages.

M. de Lucinière résumait lui-même sa vie dans le préam-

« de fermer les yeux à celui de nous qui s'en ira le premier ; mais tout nous est
« enlevé !

« Quel sacrifice encore ; il faut quitter cette bonne et excellente Annette (sa belle-
« fille), à qui chaque jour on découvre de nouvelles qualités ; aussi sensible que
« bonne, aussi spirituelle que vertueuse ; réunissant tous les soins d'une bonne
« mère aux égards et aux attentions et aux preuves d'amitié pour ses vieux parents
« adoptifs.

« Je n'oublierai pas de mettre au nombre de mes plus grands sacrifices le bon et
« excellent Théodore, propre à tout et si bon fils ; et cette jolie et charmante
« famille qui faisait tout mon espoir.

« Et oui, mes amis, pourquoi m'avez-vous tous fait tant d'amitiés, m'avez-vous
« comblé de tant d'attentions ? Serait-ce pour augmenter mes regrets en vous quit-
« tant ? Je vous entretiens longuement de tout ce qui m'est le plus cher et des
« objets de ma douleur ; mais c'est une consolation pour les affligés de trouver
« quelqu'un à qui confier leurs peines ; et à qui puis-je le faire avec plus de
« certitude qu'il y sera sensible, qu'à vous qui m'avez témoigné tant d'attache-
« ment ? »

bule d'un acte par lequel il se démettait, en 1816, de tous ses biens en faveur de son fils. « Après avoir repassé dans
« ma mémoire tous les événements de ma vie et les diffé-
« rentes tribulations que j'ai éprouvées, j'ai remarqué que
« la Providence avait toujours été attentive à mon égard ; et
« que, si elle avait souvent appesanti sa main sur moi, elle
« m'avait bientôt accordé des compensations ; à un mal-
« heur, à une affliction, elle faisait bientôt succéder un
« bienfait.

« M'étant dévoué à la magistrature, j'y devais attendre
« une vie tranquille ; mais bientôt je fus exposé à des
« orages. Mon premier exil fut compensé par un établisse-
« ment selon mon cœur, les autres exils successifs par la
« naissance d'enfants faits pour me consoler dans mes dis-
« grâces. Forcé, par la dernière révolution qui a accablé
« tous les Français, de chercher avec ma famille une re-
« traite sur une terre étrangère, ayant essuyé la confiscation
« de tous mes biens, cette même Providence me fit donner
« la préférence à l'Angleterre, où j'ai trouvé une nation
« généreuse qui, touchée de nos malheurs, accorda des se-
« cours aux Français émigrés, et qui, en ma faveur, tripla
« ses bienfaits. J'ai, pendant mon séjour dans cette terre
« hospitalière, essuyé de grandes pertes qui ne s'effaceront
« jamais de ma mémoire ; mais la Providence a semblé
« encore vouloir compenser cette affliction, ainsi qu'un
« exil de près de vingt-cinq ans et une séparation de ma
« famille depuis plus de dix ans, par l'événement le plus
« inattendu et le plus heureux, je veux dire la restauration

« du roi sur le trône de ses pères. C'est à cette nouvelle
« faveur de la Providence que je dois le bonheur qui m'était
« étranger depuis si longtemps. Je me vois rentré, sur mes
« derniers jours, dans une patrie qui, malgré ses injustices,
« m'était toujours chère ; j'y retrouve une épouse toujours
« plus chère à mon cœur, un fils qui, échappé comme par
« miracle au désastre de Quiberon, ne semble avoir été
« conservé que pour me donner une belle-fille qui, aux
« agréments de l'esprit faits pour enchainer tous les cœurs,
« réunit la vertu et la piété qui commandent le respect ;
« enfin quatre petits-enfants qui se disputent, par leur ama-
« bilité, le droit d'être plus aimés. Rentré au sein d'une fa-
« mille chérie, dépouillé de tout, sans aucune propriété, je
« ne me suis point aperçu de ce dénuement ; j'ai trouvé
« dans le cœur de ma femme et de mes enfants tous les
« secours dont j'avais besoin, et le plaisir de la reconnais-
« sance m'a complètement dédommagé de la privation de
« mes propriétés personnelles (1). »

Ce fut dans ces sentiments qu'il mourut à Lucinière, le
4 juin 1818, et fut inhumé dans la chapelle du château. A

---

(1) Les sacrifices que M. de Lucinière acceptait de si bonne grâce en rentrant dans sa patrie sous les auspices du prince légitime étaient considérables. Son fils en a dressé un état détaillé, duquel il résulte que ses propriétés foncières, confisquées pour cause d'émigration, lui constituaient une fortune nette de plus de quarante mille livres de rente, défalcation faite des droits féodaux, à l'époque où il fut obligé de quitter la France. Cet état laisse de côté les pertes de cheptels, récoltes, mobiliers, valeurs mobilières et de la finance considérable de sa charge judiciaire.

En exécution de la loi votée en 1825, bien plus pour consacrer les spoliations révolutionnaires que pour les réparer, les héritiers de M. de Lucinière ont reçu, à titre d'indemnité soi-disant intégrale, six mille quatre cents francs de rente trois pour cent !

cette occasion, M. du Bourblanc, ancien premier avocat-général au Parlement de Bretagne, alors conseiller d'État, écrivait à sa fille : « Vous avez perdu le modèle des bons
« pères ; il était mon ami depuis cinquante-six ans ; nous
« avons couru la même carrière, subi les mêmes exils, les
« mêmes privations ; fidèles à nos anciens principes, nous
« avons toujours marché du même pied, et je suis con-
« damné à survivre au plus ancien et au meilleur de mes
« amis !

> . . . . *Cecidit justissimus unus*
> *Qui fuit in gallis et servantissimus æqui.*
> (*Æneidos*, lib. II, v. 417 et 428.)

M. de Lucinière avait épousé à Saint-Hilaire-du-Harcouët, en Normandie, le 3 août 1767, Jeanne-Marcuise-Pétronille DU BOURBLANC, née à Kergaro en 1740, fille de Charles-Adolphe du Bourblanc, chevalier, marquis d'Apreville (qui est la traduction française du nom breton de Kergaro), et de Saint-Hilaire-du-Harcouët, comte de Poilley, près de Fougères ; seigneur de la Roche-Musset, près Langeais, en Touraine, etc. ; commandant du régiment de Bricqueville, infanterie, chevalier de Saint-Louis, et de Marie-Geneviève *Poulain de Boisgourd*. Ce mariage se fit contre l'avis de madame de Lorière, sa mère ; celle-ci avait voulu successivement faire épouser à son fils deux riches héritières, mais il avait déjà disposé de son cœur, et mademoiselle du Bourblanc l'avait tellement captivé, qu'il avait pris la résolution de l'épouser, quelques obstacles qu'on pût mettre pour empêcher cette union. Madame de Lorière était, en effet, loin de l'approuver, non qu'elle ne la trouvât très honorable et très avantageuse sous tout autre rapport que celui de la fortune. Mademoiselle du Bourblanc n'en possédait point d'effective; et celle qu'elle pouvait espérer un jour, c'est-à-dire à la mort de son oncle, qui était l'aîné de sa branche, et à celle de ses père et mère, dépendait en grande partie du gain éventuel d'un fameux procès contre les sieurs de Princey de la Nocherie, procès qui durait déjà depuis cent vingt ans entre cette famille et celles de Poilley et du Bourblanc, qui lui avait succédé. Cette monstrueuse chicane n'effraya pas le conseiller au Parlement. Deux ans se passèrent en pourparlers et en négociations entre la mère et le fils; enfin, ce dernier fut réduit à faire des sommations respectueuses, et le mariage s'accomplit. De ce moment, madame de Lorière combla sa belle-fille de présents et de caresses. Elle remit à son fils la terre de Lucinière et se retira avec ses filles à celle de Lorière, qu'elle avait fait rebâtir pour leur servir de demeure lorsque leur frère serait marié.

Madame de Lucinière émigra avec son mari, mais elle rentra en France dès 1802, assez à temps pour sauver quelques débris de sa fortune personnelle. Elle mourut à Lucinière le 6 juin 1818, deux jours après son mari, et sans avoir jamais soupçonné qu'il l'avait précédée. Elle repose sous la même pierre tombale que lui. L'abbé Bahu, leur aumônier, l'ancien précepteur de leurs enfants, qui les avait suivis en Angleterre, écrivait à cette occasion à M. du

Bourblanc : « Le même trait qui perce votre cœur a aussi
« percé le mien..... Notre perte est commune et nos re-
« grets sont les mêmes. Mes bons et puissants amis, sur
« lesquels je fondais tout mon espoir et mon bonheur
« présent, sont arrivés au terme et jouissent de l'immor-
« talité. Et moi je suis encore dans la voie ! Ainsi, le
« temps détruit tout, ainsi passe la figure de ce monde ;
« rien de solide ni de constant, sinon les grands exem-
« ples de leurs vertus éminentes qu'ils nous transmet-
« tent..... Consolons-nous, quoiqu'ils nous aient précédés,
« parce que leur mort a été précieuse aux yeux du Seigneur,
« et que la mémoire du juste vivra éternellement ! »

De ce mariage sont issus :

1º Benjamin-Auguste-Martin DE CORNULIER, né à Rennes le 31 juillet 1771, mort à Nantes le 8 avril 1772, et inhumé dans l'enfeu
de sa famille à Sainte-Radégonde.

2º Jean-Baptiste-Théodore-Benjamin DE CORNULIER, qui suit.

3º Louis-Henri DE CORNULIER-LUCINIÈRE, né à Rennes le 13 janvier 1777, émigra à Jersey avec sa famille en 1791. C'était un
jeune homme rempli de vivacité et de moyens, ne connaissant
ou du moins ne redoutant aucun danger, d'une taille svelte,
mais un peu délicat. Tout annonçait qu'il fût devenu dans la
suite un homme parfaitement aimable et tout propre à la
société, si une mort prématurée ne l'eût ravi si tôt. Devenu
assez grand pour ne plus pouvoir rester dans l'inaction, Henri
de Lucinière, c'est ainsi qu'on l'appelait, demanda, au commencement de 1793, à entrer dans le régiment de Loyal-Émigrant,
que le comte, depuis duc de la Châtre, organisait à Londres, et il
y fut incorporé comme volontaire dans la compagnie de Bretagne, commandée par le marquis de la Moussaye. Débarqué à
Ostende avec l'armée anglo-hanovrienne du duc d'York, il se

trouva au siège de Dunkerque et à la bataille d'Hondschoote dans les premiers jours de septembre 1793, et s'y acquit dès son début une réputation de bravoure qu'il a toujours soutenue. Il se distingua particulièrement dans une sortie de Menin, où, écarté en tirailleur, il se trouvait seul dans une prairie, quand il fut rapidement chargé par un grenadier à cheval républicain ; ses camarades éloignés, tout en courant à son secours, le croyaient perdu, lorsque, plein de calme et de sang-froid, il attendit son ennemi de pied ferme, le tira à bout portant et le tua raide, en faisant un écart pour éviter le choc de son cheval, qu'il saisit et ramena au milieu des félicitations universelles. Il périt dans le premier bateau qui essaya la sortie du canal de Newport, en Belgique, le 6 juillet 1794 ; il y fut coupé en deux par un boulet.

Loyal-Émigrant passa à Menin, une des places les plus exposées de la frontière, l'hiver de 1793 à 1794 ; tous les jours il allait au feu, prenant les armes à deux heures du matin, restant devant la ville les pieds dans la neige jusqu'à la rentrée des reconnaissances qui amenaient l'ennemi à leur suite et engageaient une fusillade d'avant-postes. Au mois d'avril 1794, le second bataillon de Loyal-Émigrant, dont faisait partie la compagnie de Bretagne, fut envoyé à Newport. Le 4 juillet, le corps de Moreau se présenta devant la place ; le lendemain au soir deux bâtiments anglais arrivèrent avec la mission d'embarquer le bataillon français exclu d'avance de toute capitulation.

Newport communique avec la mer par un canal d'une demi-lieue que la marée basse laisse à sec. Les républicains résolurent de fermer cette route aux émigrés, et à cet effet établirent à mi-chemin une batterie rasante dont il fallait passer à moins de trois cents pas. On se décida à courir cette terrible chance ; la compagnie de Bretagne monte le premier bateau. Il part par un vent favorable, mais très faible. Assis sur leurs havre-sacs et très pressés, les émigrés gardent un profond et solennel silence ; ils arrivent lentement par le travers de la batterie républicaine qui ouvre aussitôt son feu. Tous les coups portent : chaque boulet rasant tue trois ou quatre hommes ; les éclats de bois doublent le ravage des projectiles. MM. de Lucinière, Poulain, du Rocher-Pargat, les deux de Grimaudet, de Lesquen, sont au nombre des premières victimes. En peu de minutes, le bateau, plein de morts, de mourants, de sanglants débris, présente un spectacle affreux. Criblé de projectiles et complètement désemparé, il vient s'échouer au pied de la batterie. Vingt-huit hommes, sur cent qui le montaient, dont plusieurs grièvement blessés, parviennent à la nage au pied d'un petit fort occupé par les Hanovriens sur l'autre rive du canal, et sont sauvés ; un d'entre eux, qui n'avait reçu aucune blessure, y arrive dans un état complet de folie.

Ces détails sont donnés par M. de Trégomain, l'un des vingt-huit échappés de cette fatale barque, et depuis député d'Ille-et-Vilaine. Il ajoutait à son récit, dans une lettre datée du 14 février 1845 : « Le jeune de Lucinière fut une de ces victimes de
« l'honneur dont le dévouement désintéressé, comme celui de
« toute l'émigration, a été si peu apprécié par une nation désor-
« mais incapable de rien comprendre à ce qui est noble et élevé,
« et surtout à ce qui ne rapporte pas de profit (1). »

4_o Anne-Charlotte-Marie DE CORNULIER, dite *Mademoiselle de Lucinière*, née au château de Saint-Hilaire-du-Harcoët, en Normandie, le 31 mars 1769, fut confiée dès sa plus tendre enfance à sa grand'mère de Gennes. Ses tantes, qui avaient déjà fait la première éducation de son père, se chargèrent aussi de la sienne. Elle fut élevée au château de Lorière et y resta jusqu'à la mort de la dernière d'entre elles, arrivée en 1783 ; ce fut alors seulement qu'elle retourna chez ses père et mère, qu'elle suivit quelques années après en émigration. Elle entra, dès leur forma-

(1) M. de Trégomain était en position de bien juger l'esprit public ; d'ailleurs l'époque où il faisait cette réflexion amère et indignée était celle où un premier ministre, réputé austère entre tous, ne trouvait pas à adresser à ses contemporains une invitation mieux appropriée à leur penchant que celle-ci : *Enrichissez-vous* ! Ce qui signifiait : « Tenez l'idéal pour une chimère ; il n'y a de positif que la vie volup-
« tuaire ; toute la sagesse consiste dans la mesure qu'on apporte à la poursuite de
« ce but. »
Cette disposition au lucre explique comment il se fait que les charges de l'ancien régime aient gardé un parfum de dignité que n'ont plus celles de nos jours. Jadis on recherchait une charge, on l'achetait en vue de la considération qu'elle procurait, sans égard au prix qu'elle coûtait. Aujourd'hui une fonction n'est plus estimée qu'en raison des émoluments directs qui y sont attachés ou des profits qu'elle procure par des voies détournées. Sous le régime nouveau, à l'inverse de l'ancien, c'est le caractère personnel du fonctionnaire qui honore sa charge ; celle-ci n'a plus aucun prestige moral.

tion à Londres, dans les établissements d'éducation fondés par l'abbé Carron, et y est restée jusqu'à la mort de ce vénérable ecclésiastique, arrivée au mois de mars 1824, à Paris, où il avait, à la Restauration, transféré son institution, sous le nom de *Marie-Thérèse* ou des *Nobles-Orphelines*. Ses fonctions y étaient de surveiller les demoiselles, de donner des leçons de français aux Anglaises ; elle tenait, en outre, tous les registres relatifs à la comptabilité des pensionnaires, tant filles que garçons, et était chargée seule de la correspondance anglaise de l'établissement, qui était fort étendue. Elle était l'âme de cette maison, qu'elle avait adoptée par goût et par reconnaissance. « J'ai remis entre les mains de la Providence mes plus chers « intérêts, écrivait-elle en 1802, et je n'en veux point reprendre « le fatigant soin. Consacrée par choix à l'état que j'ai em- « brassé, je m'y regarde liée aussi fortement que si j'en avais « fait le vœu solennel. » Et, en 1814, elle disait de l'abbé Carron : « Vous ne connaissez encore cet homme de Dieu que « par ses œuvres extérieures ; que serait-ce si, comme moi, « vous l'aviez suivi dans sa vie privée pendant vingt années ? « C'est un François de Sales ! c'est un Vincent de Paule ! » Mademoiselle de Lucinière était une femme d'un mérite supérieur ; on peut juger de la rectitude de son jugement par une de ses lettres qui a été publiée dans la correspondance de l'abbé Félicité de la Mennais ; en quelques mots de bon sens pratique, elle met à néant les sophismes par lesquels le malheureux prêtre se laissa surprendre. Dès 1815, son esprit pénétrant s'effrayait de l'aigreur de la polémique de l'abbé et déjà entrevoyait en lui un chef de secte, une sorte de Luther. Elle est morte à Paris le 26 janvier 1844, sans alliance.

5° Félicité-Marie-Marcuise DE CORNULIER, née à Lucinière le 29 septembre 1775, émigra aussi avec ses parents à Jersey. C'était une personne charmante ; il ne lui manquait qu'une taille plus élevée pour être une beauté accomplie. Avec ces avantages et dans la position précaire où sa famille se trouvait, on dut la marier de bonne heure. Elle épousa à Jersey même, le 17 septembre 1793, Marie-Auguste *du Bahuno*, chevalier, vicomte du Liscouët, ancien chevau-léger de la garde du Roi, fils de Jacques du Bahuno, marquis du Liscouët, et de Françoise-Marie-Reine de Coëtlogon. C'était un homme peu agréable de sa personne et absolument nul du côté de l'esprit. Fatigué de l'émigration, il revint en France, contracta un second mariage, et, méprisé de sa famille et de tous ceux qui le connaissaient, mourut en prison à Auray le 5 février 1807. Après l'abandon de son mari, madame du Liscouët passa à Londres, où elle entra, en 1796, dans une pension comme maîtresse de français. Elle y est morte le 21 avril 1808. Depuis longtemps elle s'était donnée parfaitement à Dieu. Elle porta le deuil de son mari, et ne parla jamais des sujets de mécontentement qu'il lui avait donnés. Elle n'avait eu qu'une fille, morte à Jersey, âgée de six semaines.

XIII. — Jean-Baptiste-Théodore-Benjamin, comte DE CORNULIER-LUCINIÈRE, né à Nantes le 3 mars 1773, émigra au commencement de 1791, se rendit à Worms, près du prince de Condé, et fut immédiatement incorporé dans le régiment de la Reine-cavalerie. Il fut à Ettenheim et Oberkeim durant l'hiver de 1792, fit la campagne de 1792 et celle de 1793 dans la deuxième compagnie noble d'ordonnance, brigade de Lasteyrie, sous les ordres du comte du Hallay, et rejoignit sa famille à Jersey après le licenciement de l'armée des princes. Il entra, en 1793, dans le régiment d'infanterie du Dresnay, à la solde de l'Angleterre, et y fut nommé sous-lieutenant à la fin de 1794. Il avait déjà obtenu ce grade à son arrivée à Worms, mais, dans cette armée de volontaires, on servait tantôt comme officier, tantôt comme soldat; ici à pied, là à cheval, selon que l'exigeaient les circonstances; l'honneur et le dévouement le plus désintéressé étaient les seules règles de l'émigration. Manquant souvent du nécessaire, condamnés à mort s'ils étaient pris, soit par suite de blessures, soit par excès de fatigues, traités en mercenaires par les puissances alliées, abandonnés par elles à la paix, les émigrés firent preuve d'une abnégation surhumaine et qui n'a jamais été appréciée.

C'est en qualité de sous-lieutenant au régiment du Dresnay que le comte de Cornulier fit partie de l'expédition de Quibéron en 1795. Grièvement blessé d'un coup de baïonnette dans le côté à l'attaque du fort Penthièvre, et se traînant à peine, il gagna, non sans opposition, une embarcation anglaise, qui le jeta à bord d'un vaisseau. Débarqué mourant à Southampton, il y fut recueilli par M. et Mme Picaud, ses compatriotes, qui lui prodiguèrent les soins les plus assidus, et c'est à leur hospitalité qu'il fut redevable de la vie.

Le régiment du Dresnay ayant été licencié à son retour en Angleterre, le comte de Cornulier fut, après son rétablissement, nommé capitaine dans le corps noir de Nestre ; mais, au moment de partir pour l'Amérique, il entra, en 1796, dans le régiment de Royal-artillerie, corps français au service de l'Angleterre, commandé par M. de Rotalier, et alors en cantonnement à Lymington. Il partit avec ce corps pour le Portugal, où il fit les campagnes d'Abrantès et autres en 1799 et 1800, et y servit jusqu'au licenciement du régiment, qui eut lieu à Portsmouth le 1er octobre 1802.

Le comte de Cornulier résumait ainsi lui-même l'histoire de son émigration dans une lettre adressée à son fils aîné

qui débutait dans la marine : « Je suis sorti de France à
« dix-huit ans, en 1791, avec une somme une fois comp-
« tée de cinquante louis, et depuis cette époque jusqu'en
« 1802, j'ai constamment vécu de ma médiocre solde ;
« tantôt soldat, tantôt officier, toujours en péril, le sac sur
« le dos, et rarement à cheval ; j'ai vu se consumer ainsi
« mes plus belles années, manquant souvent du néces-
« saire, couchant sur le sol humide et fangeux, condamné
« à mort si j'étais pris, soit par suite de blessure ou par
« excès de fatigue, rien ne pouvait récréer l'imagination
« dans ces sombres tableaux. Embarqué pendant un an sur
« un vaisseau de ligne anglais, n'ayant que les deux tiers de
« la ration de matelot, croisant sans cesse entre Belle-Isle
« et le continent, nous avions tout à craindre. Hé bien !
« l'esprit militaire nous soutenait, et nous trempions gaie-
« ment notre biscuit avarié dans le rhum pour faire périr
« les vers qui l'habitaient depuis longtemps. Si à cet as-
« pect cruel je fais succéder l'abandon où nous laissèrent
« les puissances à la paix, je te laisse à juger quelle était
« notre situation..... Te voilà comme moi dans ta plus
« tendre jeunesse, transporté loin du toit paternel ; mais tu
« as du moins la consolation d'avoir une patrie et de ne
« pas être un malheureux mercenaire chez l'étranger. »

A la petite paix d'Amiens, il entra en France, où il fut
amnistié le 15 février 1803. Il refusa le grade de chef de
bataillon qu'on lui offrit dans les armées impériales, et ne
voulut accepter d'autres fonctions publiques que celles de
maire de la commune de Nort, où il fut nommé le 23 no-

vembre 1807. Revenu à la vie privée, il s'appliqua tout entier à rassembler les débris de sa fortune, où plutôt à s'en créer une nouvelle, car tout ce que possédait son père avait disparu dans la tourmente révolutionnaire ; il était, à la lettre, sans feu ni lieu, et même moins que cela, car il ne retrouvait pas un sou de bien, mais seulement des dettes anciennes à payer. Quelques spéculations heureuses, des transactions avec la plupart de ses acquéreurs, lui permirent de rentrer progressivement dans la propriété de son ancienne terre de Lucinière, et lui donnèrent la certitude de pouvoir élever désormais sa jeune famille, qui semblait croître en proportion de l'agrandissement de son domaine, et sur laquelle il avait concentré toutes ses affections, répétant souvent qu'il voulait que la maison paternelle fût le lieu où ses enfants se trouvassent le mieux. Heureux de posséder le nécessaire après avoir éprouvé tant de vicissitudes, il vivait satisfait de sa médiocrité et de la considération dont il jouissait dans son petit cercle. C'est en cet état obscur, mais paisible et exempt de soucis, que le trouva la Restauration.

Il fut nommé chevalier de Saint-Louis par ordonnance du 27 novembre 1814, et reçu à Nantes par le chevalier de Cornulier, le 8 janvier 1815. Reconnu comme capitaine de cavalerie, à prendre rang du 1er octobre 1802, par ordonnance royale du 31 mai 1814. Nommé commandant de la garde nationale de Nort en 1816, et lieutenant-colonel des gardes nationales à cheval de l'arrondissement d'Ancenis, par ordonnance du 28 avril 1818. Il était encore membre du

Conseil d'Arrondissement de Châteaubriant et de la Société royale académique de la Loire-Inférieure, où il avait été reçu le 18 janvier 1818. Il refusa la préfecture de la Corse, qui lui avait été offerte.

La Restauration, tout en comblant les vœux les plus chers des émigrés, n'en fut pas moins fatale à beaucoup d'entre eux, chez qui elle développa des ambitions sans les satisfaire. Le changement subit, arrivé dans leur position en 1814, était bien capable, en effet, de les enivrer et de leur tourner la tête. Suspects de droit et à peine tolérés par l'Empire, ces proscrits amnistiés trouvaient tout naturel de vivre médiocrement et à l'écart de la seule vie de famille : aucune autre ne leur était permise, et ils n'y prétendaient pas. Les richesses et les dignités du jour appartenaient à des gens avec lesquels ils tenaient à honneur de ne point se mêler ; ils supportaient donc patiemment et sans en être blessés une position d'infériorité qu'ils avaient franchement acceptée, et qui, d'ailleurs, leur était commune à tous, à l'exception de certains individus qui avaient renié leurs principes et qui leur étaient odieux comme des transfuges. Les Bourbons rentrant dans tous leurs droits, leurs compagnons d'exil reprenaient naturellement avec eux le rang qu'ils avaient eu autrefois dans la société ; ils se trouvaient, même malgré eux et par nécessité de situation, jetés dans la sphère du gouvernement ; ils durent faire figure, représenter dans les réunions électorales, et paraître dans maintes circonstances où leur ancienne simplicité n'était plus de mise. Il leur fallait, pour soutenir cette position nouvelle, ou des places qui ne furent qu'en espérance, ou une fortune que la Restauration ne leur rendit pas. A cette première déception vint s'en joindre une autre ; une profonde scission se fit dans leurs rangs mêmes, jusque-là nivelés sous la médiocrité. Quelques-uns furent réintégrés dans la possession de vastes forêts qui n'avaient pas été vendues, et recouvrèrent tout à coup leur ancienne opulence ; d'autres furent pourvus de fonctions largement rétribuées. Ce n'étaient que des exceptions, mais elles excitèrent les convoitises de la masse des déshérités. Tous avaient souffert les mêmes exils, les mêmes misères chez l'étranger, tous auraient voulu que la même justice leur fût faite ; mais comprenant que l'État ne pouvait les satisfaire, chacun ne compta plus que sur son intelligence pour s'élever au niveau matériel qu'il jugeait lui appartenir ; de là une fièvre de spéculations qui échauffa quantité de têtes restées calmes jusqu'alors.

Le comte de Cornulier subit cette funeste influence. Comptant pour rien ses travaux passés, dominé par l'idée fixe de l'avenir de ses enfants, il se mit à l'œuvre sans relâche. Une entreprise qui semblait bonne en elle-même, mais dans laquelle il s'engagea dans une proportion qui dépassait ses forces, le desséchement des marais de Donges, éprouva des obstacles et suscita des oppositions locales qui la firent traîner en longueur. Les revenus étaient ajournés, tandis que les appels de fonds ne discontinuaient pas ; il fallait à tout prix trouver le moyen d'y satisfaire, sous peine de déchéance, et, pour sa part, 500,000 fr. étaient déjà enfouis dans ces tourbières. Depuis longtemps ses affaires ne lui laissaient plus aucun repos, et ce père si tendre en était réduit à écrire à son fils aîné à Toulon, à la fin de 1823 : « Tu ne saurais croire combien je souffre de ne pouvoir « rien t'envoyer, mais cela m'est absolument impossible; « de ma vie je ne me suis trouvé aussi gêné ! » Lui seul connaissait toute sa position ; il renfermait dans son sein ce secret rongeur ; une confidence l'eût soulagé, mais cette révélation aurait désolé sa famille : il préféra souffrir seul, et cette contrainte le mena au tombeau.

Cependant ses créanciers se lassent d'attendre ; il n'a plus rien à leur jeter en pâture pour les faire patienter encore ; une à une, il a épuisé toutes les ressources. C'est alors qu'ils mettent à exécution la menace qu'il faisaient depuis longtemps : Lucinière est saisi ! Surprise au milieu de la sécurité la plus complète et frappée comme d'un coup de foudre, sa femme, éperdue, laisse le champ libre aux gens de justice, court à la grande route, saisit la diligence au passage, s'y précipite et arrive à Nantes auprès de son mari. Elle demande des explications, ce que signifie au juste ce qu'elle tremble d'avoir trop bien compris ; mais déjà il est trop tard pour obtenir une réponse, et bientôt elle reste seule, veuve avec sept enfants mineurs, et plongée tout à la fois dans la douleur la plus profonde et dans un inextricable dédale d'affaires.

Le comte de Cornulier succomba frappé d'apoplexie à cinquante et un ans, et l'on peut dire victime de son dévouement paternel, car dans toutes ses combinaisons le présent était sacrifié à un avenir qui ne pouvait être le sien.

Il mourut à Nantes le 25 avril 1824 (1); et, selon le désir qu'il en avait témoigné, fut inhumé dans la chapelle de Lucinière, près de son père et de sa mère. Il avait épousé à Londres, le 2 juin 1802, mariage renouvelé à la mairie de Coulibœuf le 20 octobre suivant (2), Anne-Henriette d'OILLIAMSON, née au château de Coulibœuf, près de Falaise, le 10 octobre 1786, fille de Marie-Gabriel-Éléonor, comte d'Oilliamson ; marquis de Courcy, en Normandie, vicomte de Coulibœuf, etc. ; lieutenant-général des armées du Roi,

(1) Dans l'acte de décès du comte de Cornulier, les témoins mal renseignés avaient déclaré qu'il était né à *Rennes*. Plus tard, quand on eut besoin de produire son acte de naissance, à l'occasion de l'indemnité accordée aux émigrés, on le chercha vainement dans cette ville. Sur de nouvelles informations, on fit déclarer, par un jugement du tribunal civil de Nantes du 11 novembre 1825, qu'il était né en cette dernière ville, sur la paroisse de *Saint-Vincent* en avril 1774. La vérité est qu'il était né à Nantes, mais sur la paroisse de *Notre-Dame*, le 3 mars 1773. C'est l'embarras où on se trouva alors qui détermina l'auteur de la présente généalogie à faire ses premières recherches de filiation.

(2) A leur rentrée en France, sans savoir où ils reposeraient leurs têtes, le comte de Cornulier et sa jeune femme furent d'abord recueillis par leur oncle, l'abbé d'Oilliamson, dans son petit manoir de la Madeleine, à Coulibœuf, près de Falaise. Cette première hospitalité trouvée, il leur restait à régulariser leur état-civil.

Leur union avait été bénite à Londres, dans la chapelle catholique de l'abbé Carron, le 2 juin 1802. Pour donner à ce mariage l'effet civil en Angleterre, il dut être célébré deux jours plus tard à l'église anglicane de leur paroisse officielle.

Rentrés en France bientôt après, que devaient-ils faire pour y établir légalement leur état conjugal ?

Pouvaient-ils présenter à la transcription des actes passés en Angleterre, alors qu'ils étaient, comme émigrés, frappés de mort civile en France ? Ne leur opposerait-on pas cet état comme une incapacité absolue ? Puis ces actes contenaient des qualifications prohibées qui leur susciteraient des difficultés.

Ils s'arrêtèrent au parti le plus simple qui était de se marier à nouveau en France, devant l'officier de l'état-civil, sans tenir compte de ce qui avait été fait en Angleterre.

Des motifs analogues, auxquels se joignait la crainte de signaler l'émigration de nombreux signataires, dont les noms n'avaient peut-être pas été portés sur les listes fatales, leur firent ajourner l'enregistrement de leur contrat de mariage, passé à Londres, le 29 mai 1802, sous signatures privées, suivant l'ancien usage assez ordinaire en Normandie. C'est seulement le 6 janvier 1817 que cette formalité fut accomplie à la requête du comte de Lucinière, et l'un des originaux déposé pour minute en l'étude de Mᵒ Demieux de Morchêne, notaire à Falaise.

grand'croix de Saint-Louis, commandeur de l'ordre noble du Phénix de Hohenlohe, etc., et de Marie-Françoise *d'Oilliamson*, marquise de Saint-Germain-Langot, près de Falaise; baronne des Biards, de Baux, de Caligny, etc., sa cousine germaine.

Mlle d'Oilliamson était encore pensionnaire dans l'établissement que le respectable abbé Carron avait créé à Sommerstawn, près de Londres, pour l'éducation des enfants d'émigrés, lorsque son mariage fut arrangé avec le comte de Cornulier. Toute enfant, lorsque la Révolution éclata, elle n'en avait pas moins connu les misères de la proscription. Laissée en Belgique sous la garde d'une domestique sûre et dévouée, avec un frère qui était à peine plus âgé qu'elle, tous les deux fuyaient de ville en ville devant l'invasion des armées républicaines; ils allaient pleurant, à pied sur les routes, tenant chacun un des pans du tablier de leur bonne et ignorant où ils seraient recueillis. Mariée enfant, elle passa tout naturellement sous la tutelle de son mari et n'accepta pas avec moins de facilité la domination de sa belle-mère. Celle-ci était bonne, mais imposante et formaliste; d'un caractère grave, austère et méticuleux; ne pouvant souffrir aucune démonstration bruyante; pleine de scrupules que sa bru devait partager, ce qui entrainait certaines exigences auxquelles un esprit moins docile et moins respectueux se serait difficilement plié, mais qui ne lui coûtaient pas, ou du moins auxquels elle se résignait de bonne grâce.

La comtesse de Cornulier est morte à Pornic le 3 août 1847, et a été inhumée à Nantes.

Le *comte de Cornulier-Lucinière* laissa de son mariage sept enfants qui suivent.

1º Ernest-François-Paulin-Théodore DE CORNULIER-LUCINIÈRE, né à Nantes le 4 janvier 1804, entra dans la marine, comme élève de troisième classe, à l'École navale d'Angoulême, le 1er janvier 1818 ; fut nommé élève de deuxième classe le 1er septembre 1819; et élève de première classe le 1er décembre 1821. Promu enseigne de vaisseau le 4 août 1824, lieutenant de vaisseau le 26 avril 1831, et chevalier de la Légion-d'honneur le 14 août 1842. Fut admis à la retraite sur sa demande, le 30 septembre 1843.

Notre berceau, non le lieu où nous sommes né, mais celui où nous avons été élevé, décide de notre manière de sentir et de penser comme il décide de notre langage. Les premières impressions de l'enfance s'effacent difficilement ; elles restent d'autant plus profondément gravées qu'on les a reçues dans un milieu plus homogène et mieux tranché. Les parents d'Ernest de Cornulier passaient toute l'année à la campagne ; ils menaient à Lucinière une vie simple, uniforme, on pourrait dire patriarcale. Ce vieux castel, émergeant de bois solitaires, avait dans toutes les directions des avenues grandioses qui donnaient à son approche quelque chose de noble et de solennel ; ceint de larges fossés, on n'y avait accès que par deux ponts levis qui se dressaient prudemment tous les soirs. Trop vaste pour ses hôtes actuels, ceux-ci s'étaient cantonnés dans les pièces les moins délabrées, cumulant même leur destination faute de meubles suffisants pour garnir les autres. Le contraste des splendeurs que la Révolution avait anéanties avec la pénurie du jour était frappant et capable de faire impression même sur l'imagination d'un enfant, qui d'ailleurs voyait le passé incarné dans la personne de sa grand'mère, madame de Lucinière, dont le port imposant, la parole sentencieuse, la mise antique, mais ravagée comme ses domaines, commandait le respect à tout ce qui l'approchait, et présidait là comme une tradition vivante.

Dans cette oasis, séparée du monde par le mauvais état des routes, alors impraticables une grande partie de l'année, on ne vivait que des produits du crû, et c'est au logis qu'ils recevaient toutes leurs préparations ; le domaine en était d'autant plus cher qu'il était vraiment nourricier. On ne recevait des nouvelles du dehors qu'une fois la semaine, encore fallait-il qu'un commissionnaire les apportât de Nantes où s'arrêtait le service de la poste. Les relations de voisinage étaient restreintes et peu brillantes, mais franches et cordiales ; la bonhommie suppléait à ce qui pouvait leur manquer d'agrément ou d'intérêt. Une pareille existence ne laissait pas que d'être environnée de considération ; on savait gré aux châtelains dépouillés de ce qu'ils faisaient de bien dans la mesure de leurs moyens ; ils avaient une clientèle sûre, tandis que la vie dissipée et le train tapageur des barons de la finance n'aboutissent qu'à leur faire des envieux sans leur donner plus de satisfaction réelle.

Ce séjour à horizon borné était un excellent gymnase pour développer les facultés physiques et naturelles d'un enfant ; une école de respect et de devoir propre à lui inspirer le dévouement à la famille et l'attachement à son foyer, à lui tremper fortement le corps et le caractère. C'était aussi un lieu de recueillement qui portait à la réflexion et à observer avec curiosité les pratiques manuelles en ce qu'elles ont d'immédiatement utilitaire. Mais dans cette vie isolée et quelque peu sauvage, rien ne le portait à la culture de l'esprit, à l'acquisition des connaissances abstraites ou littéraires, connaissances qu'il devait juger sans valeur, parce qu'il n'en voyait aucune application.

Ernest de Cornulier était encore tout enfant lorsqu'il fut envoyé au collège à Nantes, mais ses idées étaient déjà arrêtées en ce sens que l'étude ne servait à rien. Il y allait comme un condamné va subir un temps de prison, ne pensant dès le jour de l'entrée qu'à celui de la sortie. Une fois même il lui arriva, à l'âge de neuf ans, de s'échapper de sa geôle et de faire à pied, par une pluie battante et des chemins défoncés, les huit lieues qui le séparaient de la maison paternelle. La paresse qu'on lui reprochait à l'école n'était pas de la nonchalance ; elle tenait uniquement de la répugnance qu'il éprouvait pour un genre d'application dont il ne voyait pas l'utilité.

Il avait atteint sa quinzième année quand se dissipa le voile qui lui cachait la nécessité de l'instruction. Il se trouvait déjà placé à l'école de la marine qui venait d'être créée à Angoulême. Les élèves, presque tous fils d'anciens serviteurs de la royauté, y étaient nommés directement, sans concours, à titre de récompense pour la fidélité de leurs pères ; ils n'avaient à subir à l'entrée qu'une visite d'aptitude corporelle ; les examens de savoir étaient reportés à la sortie. Ce mode d'admission, analogue aux gratifications de bourses, et le lieu central choisi pour y établir une école navale ont été l'objet de bien des critiques ; il ne paraît pas que la valeur de l'état-major de la flotte ait eu à en souffrir. Quoi qu'il en soit, transporté dans ce nouveau centre d'émulation, la lumière se fit assez à temps dans l'esprit d'Ernest de Cornulier pour qu'il se trouvât en état d'être compris dans la première promotion de sortie. En entrant dans la marine, on ne peut pas dire qu'il obéissait à une vocation ; il s'ignorait et n'en avait aucune ; il ne suivait pas davantage une tradition, aucun des siens n'ayant jamais été marin ; plein de confiance en la direction paternelle, il se laissait conduire à Brest.

En 1819, les finances de la Restauration lui permirent enfin de mettre à la mer un vaisseau de ligne ; le *Colosse* fut le premier qu'elle arma. On profita de cet événement pour y embarquer un double état-major et vingt-deux élèves, au nombre desquels était Ernest de Cornulier. Le plan de la campagne était magnifique ; on visita les côtes du Brésil, de la Plata, du Chili, du Pérou, les Antilles, la côte ferme, la Havane et New-York ; on tenait à montrer partout que la France avait encore une marine. La première relâche s'était faite à Lisbonne, où les jeunes élèves n'eurent rien de plus pressé que de dissiper follement le modeste pécule qui devait leur servir pendant vingt mois ; car, à cette époque, on ne payait en cours de campagne ni solde, ni traitement d'aucune sorte. Durant ces vingt longs mois, ils furent réduits à la simple ration des matelots et durent recourir à leurs services pour les menus détails de toilette. La misère fut grande, les privations extrêmes ; mais la leçon profita à Ernest de Cornulier : elle lui fit comprendre la nécessité de l'ordre et de la prévoyance ; depuis, il ne fut jamais pris au dépourvu.

En 1823, il prit part à la guerre d'Espagne devant la Corogne et devant Cadix ; ce sont les seules actions militaires où il ait eu l'occasion de se rencontrer durant toute sa carrière.

Il était à Smyrne quand il apprit tout à la fois et la mort de son père et le désastre matériel qui avait frappé sa famille, double malheur dont il n'avait jamais entrevu la possibilité. Il obtint, non sans peine, un congé pour aller rejoindre les siens. Seul de ses frères qui eût atteint l'âge de la majorité, il fut le seul d'entre eux qui eut la douleur de se résoudre personnellement au sacrifice du berceau commun, et ce n'est pas sans un poignant serrement de cœur qu'il le consomma. Ce cher Lucinière, sa patrie par excellence, la terre de ses pères, toute pleine de doux et de précieux souvenirs, lui avait toujours apparu comme un séjour incomparable ; enfant il aimait à en conserver la boue à ses souliers quand il lui fallait le quitter pour le collège ; il trépignait de joie en le revoyant aux vacances ; c'est vers lui que, dans ses lointaines pérégrinations, se dirigeaient toutes ses pensées ; là étaient toutes ses affections, toutes ses espérances :

Que n'ai-je, en te perdant, perdu le souvenir !

Cependant, quelque cruels que fussent ses regrets, il devait les faire taire en présence des devoirs nouveaux qui s'imposaient à lui comme aîné. La situation était telle qu'il fallait faire la part au feu, et la raison voulait que cette part fût prise du côté le moins productif, sans égard aux affections, sans considérer ce qui caractérisait autrefois la dignité et l'autonomie d'une famille. Tant de châteaux, se dressant comme une bannière, avaient été renversés, étaient passés dans des mains étrangères, que cet intersigne avait perdu son ancienne valeur morale. Si une race n'en conservait pas moins son rang social après avoir subi la confiscation de son berceau, après l'avoir vu passer dans une autre maison par une fille héritière, pourquoi perdrait-elle son auréole, serait-elle découronnée, en aliénant son foyer quand les circonstances le commandent ? S'obstiner à garder des pénates devenues un boulet au pied est excusable quant il n'y a qu'un seul intéressé, maître de laisser un libre cours à ses sentiments ; ce ne serait plus de l'aveuglement, mais de l'égoïsme, que d'imposer les conséquences d'un pareil choix à des co-héritiers dont les idées n'étaient peut-être pas aussi arrêtées, chez lesquels des habitudes nouvelles pouvaient produire un changement total dans les affections. Le temps était passé où des émigrés n'avaient rien de mieux à faire que de s'effacer au fond de leur manoir : ce n'était plus là que la considération allait les chercher ; ils devaient, comme leurs ancêtres, marcher au-devant d'elle ; les carrières publiques étaient ouvertes à leurs enfants, le devoir de naissance les conviait à y entrer; tous étaient plus ou moins dans la nécessité d'embrasser un état, de se faire au soleil central une place qui leur manquait dans une circonscription restreinte.

Dans la situation particulière où se trouvait la famille d'Ernest, elle était obligée d'opter entre l'habitation à la ville et le séjour à la campagne. La vie rurale est excellente pour conserver une situation acquise, mais elle n'est pas favorable pour en acquérir une nouvelle. A la ville, une famille peu aisée peut à moins de frais qu'aux champs tenir un rang honorable. Celle d'Ernest y trouvait une émulation intellectuelle qui était un puissant stimulant pour ses jeunes frères et des relations de société qui pouvaient les servir utilement à l'occasion. Cette considération devait faire passer sur la crainte de leur faire respirer l'atmosphère énervante de la cité.

Un château antique n'est plus que le signe extérieur d'une puissance évanouie; en le sacrifiant, on n'abjure pas pour cela le culte domestique. Cette enseigne muette pouvait être remplacée par un livre qui serait plus durable et exprimerait mieux qu'elle les traditions du nom tout entier, de sa solidarité dans le passé et dans l'avenir aussi bien que dans le présent ; par un livre qui permettrait à chaque génération de vivre dans les tombeaux de ceux qu'elle n'a pas connus et dans les berceaux de ceux qu'elle ne verra pas; par un livre qui, retraçant les souvenirs communs, établirait un lieu d'union indissoluble, à l'abri des vicissitudes de la fortune, des hasards de l'hérédité et des divisions que pourrait susciter entre compétiteurs un domaine partageable; par un livre qui, attribuant à chacun de ses membres en particulier la masse totale de l'héritage moral de la famille, sans que cette répartition entraîne aucun amoindrissement, fermerait tout accès à la plaie de l'individualisme. Cette idée sourit à Ernest de Cornulier, et de ce jour il résolut d'écrire l'histoire de la famille dont il n'avait pu conserver le foyer.

Cependant, avant de se séparer définitivement de ces lieux avec lesquels il s'était si longtemps identifié, dont il conservait une si douce souvenance, il voulut leur dire un dernier adieu.

Hélas ! il ne leur trouva plus leur ancien charme : le prestige était détruit. La nature impassible continuait son cours, mais elle restait muette ; aucun écho ne répondait plus à sa voix. Son impression fut celle qu'on ressent en présence d'un corps dont l'âme s'est envolée. Sa seule préoccupation fut celle que suggère la mort, recueillir du défunt quelques objets comme souvenirs, sortes d'ombres dont les yeux aiment à se repaître à défaut de la réalité. Mais des soins plus sérieux s'imposaient au jeune chef de famille devenu le bras droit de sa mère, le mentor de ses frères ; il devait seconder celle-la, la suppléer, veiller, lutter pour tous ; une grosse part lui incombait dans la direction des affaires communes, et cette charge il l'a exercée jusqu'à la conclusion du dernier mariage de ses frères, jusqu'au partage de la dernière succession qu'ils ont recueillie. Si c'était à lui de leur donner l'impulsion, il leur devait surtout l'exemple d'une résolution virile dans les circonstances difficiles où ils se trouvaient. Pour concilier ces deux obligations, il lui fallait poursuivre sa propre carrière tout en ne recherchant que des campagnes de courte durée, de manière à ne pas faire d'absences trop prolongées.

Ernest de Cornulier en était là, voué par devoir de famille à une navigation obscure et ingrate, peu appréciée à une époque où les minuties de la tenue militaire passaient avant les parties essentielles de l'art nautique, lorsque la chute de la Restauration vint le frapper comme d'un coup de tonnerre. Imbu des sentiments monarchiques purs, de l'amour et du respect qui incarnaient la patrie dans la personne du Roi, il n'avait jamais cru qu'il lui fut possible de servir un autre gouvernement que celui de la légitimité, de servir celui-là surtout qui lui succédait d'une manière particulièrement odieuse. Dans un premier mouvement d'indignation, il voulait donner sa démission ; mais il réprima bientôt ce transport irréfléchi. Il était à Valparaiso, à quatre mille lieues de la France, quand la nouvelle de cette catastrophe y parvint ; il y avait déjà quatre mois que le fait était accompli, et l'on n'en connaissait que très imparfaitement les circonstances. La prudence la plus vulgaire voulait qu'il attendît à être exactement renseigné avant de prendre une décision aussi grave. Son jeune frère, devenu depuis amiral, était embarqué avec lui ; il lui avait déclaré qu'il suivrait son exemple. Briser sa carrière avec la sienne était assumer une lourde responsabilité sans autre perspective que de se voir inutilement déposés tous les deux au bout de l'Amérique. Il n'y avait qu'un parti à prendre: c'était de courber la tête sous l'orage.

Quand il s'agit de combattre, il n'y a point à délibérer : le devoir s'impose net et précis ; bien rarement la dignité et l'honneur commandent de s'associer à la fuite du chef. Restait la question du serment exigé, qui en impose à bien des consciences timorées et sert de prétextes à d'autres pour faire bruit de leur retraite. Quelle que soit sa formule, elle ne peut engager le fonctionnaire qu'à remplir exactement les devoirs de son état qui sont les mêmes sous tous les régimes ; tout ce qui est demandé au delà est un abus de pouvoir. L'état, étranger à la politique, qu'un fonctionnaire a acquis par de longs labeurs constitue pour lui une possession aussi respectable que peut l'être celle d'un fonds de terre.

Rentré en France, Ernest de Cornulier s'arrêta à un parti moyen ; gagner le temps nécessaire pour quitter, sans perdre le fruit des années qu'il lui avait consacrées, un service qui n'avait plus pour lui aucun charme. Prenant la mer à son corps défendant, il ne fit depuis lors qu'une courte mais pénible croisière d'hiver dans la mer du Nord, à l'époque du siège d'Anvers, et une campagne sur les côtes septentrionales d'Espagne durant la guerre carliste de 1836. Là il ne cachait point ses sympathies pour ceux que la présence de son bâtiment avait pour objet d'intimider ; et, comme il était le seul à parler couramment la langue espagnole, on se figura dans le pays que la mission de son navire était réellement contraire à la reine Christine. Le commandant s'émut de ce résultat imprévu ; il le signala au ministre et ne lui en cacha pas la cause ; on s'imagine si l'officier qui faisait échouer la démonstration morale dut être favorablement noté.

A son retour, Ernest de Cornulier se fit nommer directeur de l'observatoire de la marine au port de Lorient ; c'était un poste de repos, conforme à ses goûts et une préparation à la retraite dont il attendait le jour avec impatience. Là il s'adonna tout entier aux travaux spéculatifs. Il publia une *Etude sur la chasse au plus près du vent*, devenue un objet de pure curiosité mathématique depuis que la vapeur a supplanté les voiles.

Puis, dans un ordre d'idées qui se rattachait directement à ses fonctions, une *Méthode de calcul pour corriger la marche des chronomètres*, qui a été appliquée avec succès. Enfin, il imagina une *hausse mobile donnant un moyen exact de régler à la mer le tir des mortiers*, quelle que soit l'amplitude des oscillations du navire qui les porte. Cette hausse a été adoptée sous le nom de *système Cornulier*. L'idée de cette recherche lui avait été suggérée par la quantité de bombes qui tombèrent inutiles hors de l'enceinte du fort de Saint-Jean-de-Ulloa, lors du bombardement, en 1838, de cette citadelle de la Vera-Cruz.

Depuis son admission à la retraite, il a publié un *Dictionnaire des fiefs du comté Nantais*, une *Étude de morale comparative*, et un ouvrage important sur *Le droit de tester*. Il est aussi l'auteur de la *Généalogie de la maison de Vélard* et de la de la présente généalogie. Il a encore coopéré activement aux ouvrages héraldiques publiés par M. Pol de Courcy, et dirigé pendant plusieurs années le journal légitimiste le *Moniteur orléanais*, remplissant aussi, par pur dévouement à la cause, les fonctions assujettissantes de rédacteur en chef de cette feuille.

Le comte Ernest DE CORNULIER-LUCINIÈRE a épousé à Orléans, le 16 juillet 1833, Charlotte-Germaine-Néalie DE LA BARRE, née à Auxerre le 15 août 1809, fille de Jean-Baptiste de la Barre, chevalier, de la famille de la Barre, seigneurs de Caroy, en Brie, et de Modeste-Eugénie-Edmée-Elise *du Faur de Pibrac*, dont il a une fille unique :

> Alicie-Charlotte-Eugénie-Marie DE CORNULIER-LUCI-NIÈRE, née à Lorient le 19 février 1843 ; mariée à Orléans le 31 janvier 1866, à Amaury-Camille-Georges-Marie vicomte *de Vélard*, né à Orléans le 15 août 1839, ancien zouave pontifical ; fils de Georges-Camille vicomte de Vélard, ancien capitaine au service du roi Don Carlos V d'Espagne en 1836 et 1837, chevalier de Saint-Ferdinand de première classe, et d'Aline-Casimir-Eugénie de Montbel, de la maison des anciens comtes souverains de Montbel et d'Entremonts en Savoie. De ce mariage sont nés un fils et deux filles.

2º Albert Hippolyte-Henri DE CORNULIER-LUCINIÈRE, né à Lucinière le 17 juillet 1809 ; admis dans la marine comme élève de troisième classe, à l'école navale d'Angoulême le 20 octobre 1827; puis, comme élève de deuxième classe, sur le vaisseau-école l'*Orion*, en rade de Brest, le 7 octobre 1827. Fut obligé, après une première campagne, de quitter la marine, parce qu'il ne pouvait se faire à la mer. Il venait d'être nommé garde du corps du roi Charles X lorsqu'éclata la révolution de 1830, qu'il refusa de servir. Il prit part aux événements de 1832 dans la Vendée, puis fut enrôlé comme lieutenant dans l'armée du roi Don Miguel de Portugal, commandée par le maréchal de Bourmont en 1833. Il s'y rendait lorsqu'arrivé à Madrid il apprit la dissolution de cette armée et l'inutilité qu'il y aurait à poursuivre sa route. Toutefois, pour utiliser son dévouement aux causes légitimes, on lui proposa une mission qui ne laissait pas que d'être périlleuse. Celle d'aller porter au général Cabrera l'ordre de soulever l'Aragon. Il s'en acquitta heureusement et rentra en France par la Catalogne. Cabrera lui avait offert de rester près de lui, mais il refusa; c'était la présence seule du maréchal de Bourmont qui l'avait décidé à accepter du service à l'étranger.

Le comte Hippolyte de Cornulier, rentré dans ses foyers, a été membre du conseil général de la Loire-Inférieure, pour le canton de Saint-Philbert-de-Grandlieu, de 1848 à 1852, et du conseil municipal de Nantes de 1865 à 1870. Le 8 février 1871, il fut élu dans le département de la Loire-Inférieure, député à l'Assemblée nationale par 63,938 voix, et a été nommé Sénateur à vie par cette Assemblée, le 11 décembre 1875. A l'Assemblée nationale, il faisait partie du groupe dit de la Rochette et a toujours voté avec les chevau-légers de l'extrême droite. Il fut l'un des sept de cette fraction qui s'opposèrent au septennat du maréchal de Mac-Mahon, ne voulant pas faire obstacle à la royauté.

Quelques-uns de ses coreligionnaires politiques ont blâmé son attitude par la première élection des sénateurs à vie ; mais il faut considérer que cette prétendue défection des dix-sept ne fut qu'un acte politique, et non une trahison comme on l'a qualifiée. Les orléanistes, les princes en tête, n'avaient jamais visé qu'au rétablissement du régime de 1830. Ce qu'ils redoutaient le plus, c'était les légitimistes qui avaient été élus en majorité par l'instinct populaire en 1871 ; c'est en désespoir de cause que se fit la réconciliation de 1873 qui n'était rien moins qu'une fusion des partis. En attendant la disparition de Monsieur le comte de Chambord, de Monsieur de Trop, comme ils le nommaient, le centre droit se flattait de l'espoir de gouverner la République provisoire et révisable qu'il avait votée ; pour cela il lui fallait d'abord s'emparer des siéges inamovibles du Sénat. On comptait sur la bonhomie ordinaire du groupe de la Rochette : on l'avait joué tant de fois ! Dès le premier scrutin on lui avait manqué de parole. Est-il étonnant qu'il se soit retourné d'un autre côté qui tînt mieux ses engagements ? Quant à l'effet gouvernemental de cette évolution parlementaire, il fut nul ; le principe républicain étant proclamé, le radicalisme en découlait comme une conséquence nécessaire ; on peut même dire que ce virus était en germe dans l'établissement de 1830.

Le comte Hippolyte DE CORNULIER-LUCINIÈRE a été nommé commandeur de l'Ordre de Saint-Grégoire-le-Grand, par un bref du Pape du mois de juin 1883, pour les services qu'il a rendus à l'église de Nantes. Il a épousé à Nantes, le 12 mai 1835, Céleste-Claire DE COUETUS, née dans la même ville le 17 novembre 1810, petite-fille de M. de Couëtus, successivement page de la Reine, officier au régiment de Royal-étranger, chevalier de Saint-Louis, et général commandant en second l'armée vendéenne de Charette, fusillé à Challans en 1796 ; et fille de Jean-Baptiste de Couëtus, chevalier de Saint-Louis, ancien officier au régiment de la Reine-cavalerie, et de Anne-Marie-Jacqueline *de Galard de Béarn de Brassac*. De ce mariage sont nées deux filles, qui suivent :

A. Marie-Rogatienne-Anne-Philomène DE CORNULIER-LUCINIÈRE, née à Nantes le 29 mai 1836, mariée dans la même ville, le 21 novembre 1860, à Marie-Charles-Adrien *de Couëtus*, son cousin germain, fils de Louis-Albert de Couëtus, ancien page du roi Charles X, ancien officier de dragons, et de Léontine-Charlotte de la Roche-Saint-André. Elle en a deux fils et une fille.

B. Alix-Marie DE CORNULIER-LUCINIÈRE, née à Nantes le 23 octobre 1841, mariée dans la même ville le 26 août 1872 à Bonabes-Alain-Marie *du Plessis-Quinquis*, ancien capitaine aux zouaves pontificaux et aux volontaires de l'ouest, chevalier de la Légion-d'Honneur et de Saint-Grégoire-le-Grand, décoré de la croix de Mentana; fils de Louis-Marie du Plessis Quinquis et de Cécile-Jeanne-Marie-Josèphe-Anne de Kersauson-Kerjan. De ce mariage sont nés quatre fils et une fille.

3º Alphonse-Jean-Claude-Renée-Théodore DE CORNULIER-LUCINIÈRE, qui suit.

4º Théodore-Gabriel-Benjamin-Charles DE CORNULIER-LUCINIÈRE, né à Lucinière le 14 juin 1817, se destinait à la magistrature, où le portaient ses goûts et ses aptitudes; et, dans cette intention, s'était déjà fait recevoir licencié en droit, lorsque se présenta pour lui une alliance qui devait le fixer dans la vie privée : il s'agissait de la fille unique d'une femme veuve.

Toutefois, il ne se désintéressa pas tellement de la chose publique, qu'il n'hésita pas à quitter femme et enfant pour aller combattre l'anarchie dans les rues de Paris au mois de juin 1848. Il partit avec le premier détachement des volontaires orléanais qui marchèrent au secours de la capitale et eurent, sur la place du Carrousel, une chaude affaire, où ce corps fut très éprouvé. Dans ce combat, il fut remarqué pour sa résolution et son sang froid; mais, aussitôt le calme rétabli, il reprit ses simples et chères habitudes du foyer.

« Marié jeune, à une unique héritière, » dit M. Eugène de la Gournerie, dans un article qu'il lui a consacré dans la *Revue de Bretagne et Vendée*, « le comte Théodore de Cornulier-Lu-
« cinière n'embrassa aucune carrière ; mais son abstention ne
« fut déterminée ni par le goût d'une douce vie de repos, ni par
« les jouissance égoïstes de la fortune. Appartenant à une famille
« qui ne s'est jamais cru le droit d'être inutile, et dont les
« générations se comptent depuis longtemps par leurs services,
« il considéra que la situation que Dieu lui avait faite lui
« imposait une mission particulière : faire connaître un peu le
« bonheur à ceux, si nombreux sur cette terre, qui n'en con-
« naissent point. Tel fut l'objet de toute sa vie.

« Avec des qualités sérieuses, une grande distinction de phy-
« sique et de manières, beaucoup d'étude et de savoir acquis,
« une remarquable facilité d'élocution, il aurait pu figurer avec

« éclat dans la vie publique; mais, ne craignant rien tant que de
« paraître, il refusa toujours d'entrer dans les assemblées déli-
« bérantes.

« Frappé au cœur avant le temps par la mort de sa femme,
« il s'était même retiré dans un lointain faubourg de Nantes,
« ne conservant de relations qu'avec sa famille, quelques
« amis et surtout avec les pauvres. Ce sont ces derniers qu'il se
« plaisait à visiter ; c'est avec eux qu'il partageait ses revenus,
« leur en abandonnant la plus grosse part.

« En venant le frapper subitement, le 17 mai 1879, au milieu
« de ses œuvres de charité, la mort le trouva dans *la paix du*
« *Seigneur*, comme a pu le dire avec vérité la lettre de deuil. »

Il avait épousé à Orléans, le 27 avril 1840, Caroline-Germaine-Marie DE SAILLY, née à Orléans le 21 août 1822, fille unique d'Armand-Joseph, vicomte de Sailly, chevalier de Malte de minorité, et d'Anne-Marie-Louise-Alexandrine *du Faur de Pibrac*. Elle est morte à Nantes le 5 avril 1865, ne laissant qu'une fille unique :

>Caroline-Henriette-Marie DE CORNULIER-LUCINIÈRE, née à Orléans le 18 février 1841, mariée à Nantes le 28 avril 1863 avec Pierre-Rogatien vicomte *de Lambilly*, fils de Thomas-Hippolyte, Marquis de Lambilly et d'Alphonsine-Modeste-Paule-Rogatienne de Sesmaisons. De ce mariage sont nés deux garçons et cinq filles.

5º Marie-Alfred-Ernest comte DE CORNULIER-LUCINIÈRE, né à Lucinière le 15 janvier 1822; nommé élève à l'École militaire de Saint-Cyr le 20 novembre 1840 ; sous-lieutenant au 5ᵉ bataillon de chasseurs à pied le 1ᵉʳ octobre 1842 : lieutenant au 6ᵉ bataillon de la même arme le 25 janvier 1846 ; capitaine au 3ᵉ bataillon de chasseurs à pied le 6 décembre 1850 ; chef de bataillon, commandant le 9ᵉ bataillon de chasseurs, le 27 janvier 1855 ; commandant du bataillon de chasseurs à pied de la garde, le 22 août 1855 ; décoré de la Légion-d'Honneur, le 23 janvier 1848, à l'occasion de la prise d'Abd-el-Kader, et du Medjidié de Turquie après la bataille d'Inkermann ; tué sur la brèche, à l'assaut de Sébastopol, le 8 septembre 1855.

Passé en Afrique aussitôt sa sortie de l'École militaire, Alfred de Cornulier s'y distingua immédiatement, dans plusieurs expéditions dont il fit partie dans les provinces d'Alger et d'Oran, par son entente de la guerre, son ardeur dans l'action et son aptitude à parler la langue arabe, chose rare encore dans l'armée malgré l'importance qu'on y attachait. Il était parti muni de plusieurs lettres de recommandation pour plusieurs généraux et officiers supérieurs, mais il n'eut rien de plus pressé que de les jeter à la mer pendant la traversée, ne voulant rien devoir à la faveur. Cependant, ayant été remarqué de son chef de bataillon, M. de Canrobert, depuis maréchal de France, celui-ci le désigna au choix du lieutenant-général de la Moricière, qui lui avait demandé un officier d'ordonnance, et il servit en cette qualité près de lui depuis le mois d'août 1845 jusqu'en 1848. Il accompagna constamment ce général infatigable dans ses poursuites incessantes, ses marches forcées, et eut l'occasion de lui montrer sa décision en faisant sous ses yeux, le 23 mars 1846, prisonnier de sa main un cavalier arabe, dans un combat à l'arme blanche. Après l'expédition dirigée contre Abd-el-Kader et qui amena, sur les fontières du Maroc, la soumission de ce chef redoutable, il rentra en France avec son général.

Capitaine adjudant-major au 3e bataillon de chasseurs à pied, il faisait parti de l'armée de Paris lorsque son corps fut embarqué pour l'Orient le 19 mars 1854. Mis à terre à Gallipoli, il se rendit de là à Constantinople puis à Varna, où il s'embarqua de nouveau pour la Crimée. Il assista à la bataille de l'Alma, sous les ordres du général Bosquet, et se distingua par son intrépidité à celle d'Inkermann, où il reçut trois blessures graves et eut un cheval tué sous lui, et ne quitta néanmoins le champ de bataille que sur l'ordre formel du général de Canrobert. Évacué sur Constantinople, pour guérir ses blessures, il rejoignit, sous les murs de Sébastopol, le 15 mars 1855, le 9e bataillon de chasseurs à pied dont on lui avait confié le commandement; assista dès lors à toutes les opérations du siège et s'y fit remarquer par ses qualités militaires, son sang-froid et son brillant courage. Nommé commandant des chasseurs à pied de la garde, il quitta le vieux siège, où il avait été employé depuis son retour en Crimée, pour passer à l'attaque de droite, du côté de la tour Malakoff. Le jour de l'assaut général, son bataillon était placé en réserve derrière la division Dulac, en face du petit Redan.

« Le commandant de Cornulier, raconte son chirurgien-major,

« enveloppé dans sa criméenne, paraissait absorbé dans une
« profonde méditation ; les bombes et les obus pleuvaient autour
« de lui, il n'y prenait pas plus garde que si c'eussent été des
« boules de neige. L'ordre d'attaquer arrive ; il jette son man-
« teau, paraît en grande tenue, et l'épée à la main. Il entraîne ce
« corps d'élite avec un élan irrésistible, franchit successivement,
« au pas de course, six parallèles remplies de nos soldats, sous
« une grêle de balles et de mitraille, sans jamais souffrir que per-
« sonne le devance. Toujours le premier, il gravit la *batterie*
« *noire*, escalade le parapet, et de là, brandissant son épée,
« crie à ses chasseurs : *en avant !* Mais, au même instant,
« frappé de plusieurs balles à bout portant, il roule sans vie au
« fond du fossé. Sur mille combattants environ, son bataillon
« avait eu 450 hommes hors de combat en quelques minutes. »

« Ce brave jeune Alfred de Cornulier, comme il est mort
« vaillamment l'épée à la main, à la tête de son bataillon ! écri-
« vait le général Mellinet. J'avais passé la journée de la veille
« avec lui ; et, lorsqu'il partit pour s'engager avec son ba-
« taillon, je lui serrai encore fortement la main en lui sou-
« haitant une chance qu'il n'a pas eue, le digne et valeureux
« garçon. »

Quelques mois avant sa mort, un autre officier général
disait : « Cornulier est un homme exceptionnel ; s'il n'est pas tué
« ici, c'est un homme qui marquera en France. »

Quand on apprit sa mort, ce fut un deuil général dans
l'armée d'Orient ; depuis le général en chef jusqu'au dernier
soldat, il jouissait de l'estime et de l'affection universelle ; nul
officier n'a été plus sincèrement regretté ; destiné à fournir la
plus brillante carrière, il n'avait pas un envieux. A la bataille
d'Inkermann, il avait excité l'admiration de l'armée entière ;
tout le monde avait mis pied à terre pour se dérober à la terrible mitraille des Russes, seul de toute l'armée il eut l'audace
de rester à cheval au milieu de cet ouragan de fer. « *Il était
brave !... il était juste !... et il était bon,* » disaient de lui ses
chasseurs, résumant ainsi son éloge en trois mots dans leur con-
cision militaire. « C'était, disait le général Trochu, un noble
« cœur, une âme pleine d'élévation, un officier accompli, et la
« perte de ce vaillant jeune homme, qu'attendait un grand
« avenir, est l'une des plus irréparables que le pays et l'armée

« aient faites devant Sébastopol, où tant de braves gens ont
« succombé. »

Le même, écrivant à sa veuve, lui disait : « Commandant sous
« mes ordres une troupe dont il avait fait une élite ; aimé de
« tous, honoré de tous pour sa brillante valeur et l'élévation de
« son caractère, votre mari, madame, était mon ami et comme
« mon enfant. J'éprouvais une vive satisfaction à penser que je
« contribuerais au développement de cette belle carrière, et
« quand, sur sa réputation, il fut arraché à mon affection pour
« aller servir loin de moi, j'en fus, et je crois qu'il en fut mor-
« tellement affligé. On ne se séparait jamais d'un ami, dans
« cette guerre terrible, sans avoir de douloureux pressentiments
« d'une séparation éternelle ; et quand il vint me faire ses adieux,
« quand je lui donnai l'accolade militaire, j'eus la pensée que
« l'un de nous ne reverrait pas ses foyers. Cette pensée qui
« m'obsédait s'est, hélas ! réalisée ; et, au milieu des périls com-
« muns, Dieu a voulu appeler à lui celui qui, bien plus jeune,
« n'eût pas dû être appelé le premier. On ne parle pas à une
« épouse et à une mère des gloires qui ont environné la mort de
« son mari ; mais nous, madame, qui sommes des soldats, nous
« éprouvons quelque consolation à la pensée qu'un compagnon
« d'armes, un ami, est descendu dans la tombe entouré de tant
« d'honneurs et de regrets. »

A ces vertus militaires, Alfred de Cornulier joignait le courage
civil, la fermeté des sentiments et des convictions, union
de qualités devenue si rare de nos jours. Chez lui, jamais le
désir d'obtenir des honneurs ne l'emporta sur le besoin de les
mériter. La générosité de son cœur et sa loyauté ne lui permettaient même pas d'altérer l'expression de sa pensée, quand même
elle devait compromettre sa carrière.

Immédiatement après le coup d'État du 2 décembre 1851, des
feuilles furent envoyées dans tous les corps pour y faire signer
aux officiers leur adhésion au nouveau 18 brumaire. Alfred de
Cornulier refusa d'y apposer sa signature, quelques instances
que lui fissent ses camarades et son chef de bataillon, lui représentant qu'il perdait son avenir. Ce dernier, appelé au ministère
de la guerre pour donner des explications sur ce refus exceptionnel, répondit : « Cet officier est le meilleur de mon bataillon ;
« mais, ayant été attaché pendant plusieurs années à la personne

« du général de la Moricière, il répugne à sa délicatesse de
« s'associer à une mesure qui le frappe d'exil. » Les choses en
restèrent là pour un temps, Alfred de Cornulier n'en fut que
plus estimé et respecté dans son bataillon, mais le souvenir
de sa résistance ne s'était pas perdu dans l'entourage de la nouvelle Cour.

Lui-même rendait compte ainsi des circonstsnces qui accompagnèrent sa nomination au commandement des chasseurs à pied de la garde impériale, dans une lettre écrite devant Sébastopol, le 28 août 1855 : « Je me présentai d'abord chez le général
« de Martimprey, chef d'état-major général, et je me plaignis à
« lui de ce qu'on m'avait choisi pour un poste qui me convenait
« si peu. Il me répondit que le général en chef avait tout pesé,
« et qu'il ne s'était arrêté à la détermination qui me concernait
« qu'en parfaite connaissance de cause.

« De là je fus faire mes visites d'arrivée, d'abord à mon nou-
« veau général de brigade, M. de Pontevès, que j'ai connu jadis
« à Oran ; ensuite au général Mellinet, qui devient mon général
« de division, et enfin au général en chef de la garde,
« M. Regnault de Saint-Jean-d'Angély. En m'entendant annoncer,
« celui-ci prit un air des plus graves et des plus soucieux, et
« me conduisit dans un coin mystérieux et retiré de sa baraque,
« où j'eus à subir l'interrogatoire suivant : « Aviez-vous
« demandé à venir dans la garde ? — Non, mon général. —
« Aviez-vous le désir d'y être admis ? — Non, mon général. —
« On m'a dit que vous étiez parent du général de la Moricière.
« Cet officier général a des opinions hostiles au gouvernement ;
« si vous les partagiez, ce serait fâcheux ; car dans la position
« que vous allez occuper, vous aurez de doubles devoirs à rem-
« plir, d'abord ceux qui sont imposés à tout officier, et ensuite
« des obligations plus étroites envers la personne du souverain,
« pour laquelle chaque officier de la garde doit professer un
« attachement particulier. — Je ne suis pas parent du général
« de la Moricière ; mais j'ai eu l'honneur de faire partie pendant
« trois années de son état-major. Je ne partage pas ses
« opinions politiques ; mais j'appartiens à une famille qui
« en professe d'autres qui ne sont pas davantage dans le
« sens du gouvernement, et je déclare, en toute franchise, que
« mes sympathies personnelles sont de ce côté. Je ferai mon

« devoir en toute circonstance, comme il convient à un offi-
« cier d'honneur ; mais je déclare nettement que je n'éprouve
« pour le chef actuel de l'État aucun sentiment d'attachement
« particulier. »

« Mon vieux général semblait très malheureux de toutes
« mes réponses. Quant à moi, j'étais posé en face de lui, bien
« carrément, parfaitement à l'aise, n'éprouvant aucun embarras
« à satisfaire sa curiosité. Enfin, je fus congédié avec ces
« mots : « Je respecte, Monsieur, toutes les convictions ; mais
« il est regrettable qu'on ne consulte pas les officiers avant
« de les nommer aux emplois de la garde. » — Je m'inclinai
« sans répondre, remontai à cheval, et arrivai au camp de mon
« nouveau corps. »

« Mort, Alfred de Cornulier avait sur sa figure un air de
« sérénité ineffable, image de sa belle âme, dit un témoin
« oculaire ; il était si calme qu'il paraissait dormir. » « Je me
« rappelle son souvenir avec bonheur, écrivait le R. P. de
« Damas, aumônier de l'armée d'Orient, et, pour me servir
« d'une expression de l'Écriture, son âme semblait s'être collée
« à la mienne, tant notre union était intime. »

La ville de Nantes, voulant conserver la mémoire de sa mort
glorieuse, a donné en 1856 le nom de *Cornulier* à l'une de ses
rues.

Le comte Alfred DE CORNULIER-LUCINIÈRE avait épousé à
Nantes, le 5 août 1846, Marguerite-Amélie LAW DE LAURISTON,
née à Nantes le 3 avril 1823, fille de Louis-Georges Law de
Lauriston, ancien receveur-général des finances à Nantes, chevalier de Saint-Louis et de la Légion-d'Honneur (frère du
marquis de Lauriston, maréchal de France), et d'Agnès *de
Vernety*.

La comtesse Alfred de Cornulier a publié la relation d'un
voyage intéressant qu'elle a fait avec sa fille, en 1873, dans la
Palestine et à Constantinople, sous ce titre : *Caravane française en Terre-Sainte*. A la suite de ce pèlerinage, elle conduisit sa fille prier sur la tombe de son père, à Sébastopol.

De ce mariage sont nés quatre enfants qui suivent :

A. Pierre-Marie-Alfred DE CORNULIER-LUCINIÈRE, né à Nantes
le 27 mai 1847, mort du choléra à Paris le 6 juin 1849.

B. Charles-Marie DE CORNULIER-LUCINIÈRE, né à Nantes le 27 janvier 1849, mort aussi du choléra à Paris, le même jour que son frère.

C. Pierre-Charles-Marie DE CORNULIER-LUCINIÈRE, né à Douai, en Flandre, le 20 avril 1851, mort à Nantes le 29 mai 1859.

D. Anne-Marie-Marguerite DE CORNULIER-LUCINIÈRE, née à Nantes le 18 avril 1850.

6° Antoinette-Mathilde-Anne-Camille-Marie-Clotilde-Bathilde DE CORNULIER-LUCINIÈRE, née à Lucinière le 20 janvier 1807, acheva son éducation à Paris, sous les auspices de sa tante, Mlle de Lucinière, dans l'établissement que l'abbé Carron y avait transporté de Londres à la Restauration. Elle fut nommée, par brevet du 8 janvier 1825, dame chanoinesse honoraire du chapitre royal de Sainte-Anne de Munich et fut autorisée par le grand-chancelier de la Légion-d'Honneur à porter les insignes de l'ordre, à la condition de renoncer à toute prébende. Elle a épousé à Falaise, où elle se trouvait alors chez son grand-père, le général d'Oilliamson, le 25 juillet 1829, Louis-Henri *Robert de Grandville* (de la famille Robert, anciens seigneurs du Moulin-Henriet, en Sainte-Pazanne, au comté nantais), fils de François-Julien Robert de Grandville et d'Anne-Françoise-Madeleine de Sartoris. M. de Grandville, ingénieur distingué, était alors directeur de la société qui exploitait les mines de charbon de Languin, près de Niort, et c'est là qu'il était fixé. Excellent cavalier, il aimait à monter des chevaux vifs. Ce goût lui fut funeste; il fut tué d'une chute de cheval. Devenue veuve après une année de mariage, et restant sans enfants, madame de Grandville vint habiter Nantes et consacra sa vie aux bonnes œuvres.

7° Hélène-Anne-Marie DE CORNULIER-LUCINIÈRE, née à Lucinière le 19 mars 1820, fut, toute jeune encore, confiée à sa tante de Lucinière, qui l'avait comme adoptée ; c'est sous la direction de cette maîtresse habile qu'elle fit son éducation. Paralysée d'une jambe dès l'enfance, elle ne songea jamais au mariage ; et, après la mort de sa seconde mère, elle vint demeurer à Nantes avec sa sœur de Grandville, partageant avec elle une vie dévouée aux œuvres de charité. Elles firent en outre, de leur maison, un centre de famille pour leurs frères dispersés, tâchant de remplacer ainsi, dans la mesure du possible, le foyer maternel éteint en 1847.

XIV. — Alphonse-Jean-Claude-René-Théodore, comte DE CORNULIER-LUCINIÈRE, né au château de Lucinière le 16 avril 1811, est entré au service comme élève de 2e classe à bord du vaisseau école l'*Orion*, en rade de Brest, le 16 octobre 1827. Il fut nommé élève de 1re classe le 16 juillet 1830, durant une campagne qu'il faisait dans les mers du sud, sur l'*Allier*, où il était embarqué avec son frère aîné, Ernest, dont l'amitié, l'expérience et le jugement furent pour lui une précieuse occasion de faire son éducation professionnelle.

En 1831, il prit part à la brillante entrée de l'escadre française dans le Tage, sous le contre-amiral Roussin. Par suite de la capture de la flotte portugaise, il eut le commandement du brig de guerre *Infante don Sebastiao* pour le conduire à Brest. Suivant la coutume, on avait formé l'équipage de cette prise des matelots dont on était bien aise de se débarrasser ; aussi, à peine au large, l'insubordination se manifesta-t-elle d'une manière évidente. Mais la discipline fut promptement rétablie par un acte d'énergie du jeune capitaine.

En 1832, avec le même grade, embarqué sur la goëlette la *Béarnaise*, il prenait part, sous les ordres des capitaines

d'Armandy et Jusuf, à l'entreprise audacieuse qui nous donna la ville de Bône. Il joua même le principal rôle dans un épisode où il s'agissait d'aller saisir le fils d'Ibrahim Bey et son escorte, qui venaient de débarquer d'un chébec arabe. « Cette petite expédition en pays ennemi, dit M. d'Ar-
« mandy dans ses mémoires, ne laissait pas que d'être
« hasardeuse, car le débarquement se faisait à cinq kilo-
« mètres de la casbah ; elle fut conduite par M. de Cornulier
« avec une rapidité, un aplomb et un courage qui lui firent
« beaucoup d'honneur. »

Le 10 mai 1832, il fut décoré de la Légion-d'Honneur pour sa participation à la prise de Bône, fait qui impressionna vivement tous les militaires. Le général d'Uzer, en venant prendre possession de cette conquête importante, rendit hommage à la poignée de braves qui l'avait effectuée ; il ordonna que le drapeau français s'inclinât devant eux par reconnaissance du fleuron de gloire qu'ils venaient d'y ajouter, et voulut que les rues de Bône transmissent leurs noms à la postérité. Voilà pourquoi il y a dans cette ville une *rue de Cornulier.*

En quittant Bône, la *Béarnaise* fut saluée par toute l'artillerie de la citadelle ; des honneurs analogues lui furent rendus à son retour à Alger. Une députation de l'armée, présidée par le major général, vint à son bord féliciter l'état-major et l'équipage du succès qui leur était dû. Le gouverneur général, duc de Rovigo, rendant compte au ministre de cet éclatant coup de main, lui disait : « Je ne sais
« à quelle page de l'histoire remonter pour trouver une

« pareille action de courage. » Enfin, le maréchal Soult, si bon juge en cette matière, s'écriait à la tribune : « C'est « le plus beau fait d'armes de notre siècle ! »

René de Cornulier fut promu enseigne de vaisseau, ou plutôt, comme on disait alors, lieutenant de frégate, le 1er janvier 1833. Il prit part à l'expédition de Bougie, où il fut mis à terre avec une section de débarquement pour aider les troupes à s'emparer de cette importante position. L'année suivante, il faisait avec son capitaine une curieuse excursion d'Arzeu à Mascara, pour visiter dans sa capitale l'émir Abd-el-Kader dont la réputation commençait à s'établir.

En 1836, il était second de la corvette la *Recherche*, envoyée en mission en Islande et au Groënland. La corvette faillit périr dans le détroit de Davis, par suite d'un choc terrible des glaces. Le second plongea dans la mer presque gelée pour se rendre un compte exact de l'avarie.

René de Cornulier était dans l'Inde en 1838, et commandait la compagnie de débarquement de la *Dordogne*, mise à terre pour châtier le village de Mouké, sur la côte nord-ouest de Sumatra, et punir l'assassinat d'un capitaine de navire français ; il prenait aux Malais dix-neuf pièces de canon. Malgré ses services incessants et distingués, il ne fut promu lieutenant de vaisseau qu'à son rang d'ancienneté, le 1er décembre 1840. Il avait toujours refusé de se laisser enrôler dans la petite Cour du prince de Joinville, où les faveurs étaient alors concentrées.

Après une campagne dans le Levant, une circonstance particulière lui fit obtenir le commandement du petit brig le *Pourvoyeur*, destiné à la station de Terre-Neuve. Ce premier commandement l'ayant mis en relief, il fut nommé à celui de l'aviso à vapeur l'*Anacréon*, à la fin de 1846. C'est peut-être sur ce dernier bâtiment qu'il rencontra les occasions les plus favorables pour manifester la variété de ses aptitudes.

Seul bâtiment de guerre français à la station de Portugal en 1847, l'*Anacréon* se joignit aux escadres anglaise, espagnole et portugaise, pour aller réduire les insurgés renfermés dans la ville de Sétuval. Il n'y eut pas de combat, mais l'attitude résolue du capitaine de l'*Anacréon* lui valut les félicitations du commandant en chef, le vice-amiral sir William Parker. René de Cornulier signa de pair avec ses collègues les amiraux la capitulation réclamée par les insurgés. Il fut à cette occasion nommé officier de l'ordre portugais de la Tour et l'Épée.

L'année suivante, 1848, il se trouva dans une situation plus délicate. Envoyé en Sicile, sans instructions, il dut s'y inspirer des circonstances. Les Siciliens venaient de s'insurger ; ils avaient chassé les Napolitains de toute l'île, sauf de la citadelle de Messine, qui continuait à échanger des coups de canon avec la ville par dessus le port qui avait été évacué par tous les navires. La ville était barricadée et son commerce suspendu. Le capitaine de Cornulier entra dans le port et s'y établit à la faveur d'une petite trêve. Sa présence était un obstacle à la reprise des hostilités ; il représenta aux belligérants que chacun d'eux avait intérêt à voir la trêve assurée par la présence d'un pavillon neutre et se refusa à quitter sa position. Grâce à cette conduite courageuse, la confiance se rétablit et la population de Messine reprit sa vie habituelle. Cette population impressionnable se montra d'une reconnaissance extrême, et il en résulta pour le capitaine de l'*Anacréon* une popularité extraordinaire. Son ascendant était tel qu'il put risquer, de nuit, à la tête de quelques marins et assisté du consul de France, d'enlever de sa prison un malheureux commissaire de police napolitain, nommé Gaëtano, que les Messinois fanatiques martyrisaient peu à peu. Personne n'osa s'opposer à ce coup de main audacieux.

Les choses étaient en cet état lorsque l'*Anacréon* fut rappelé à Toulon, où il trouva l'ordre de se rendre à la Guyane. Là, le vapeur l'*Eridan* s'était perdu dans la rivière d'Oyapoc sur un rocher sous-marin. Les chaudières en cuivre de cet aviso avaient une grande valeur, et le ministre avait ordonné de les rapporter en France; mais une commission de la colonie avait déclaré qu'il était impossible d'opérer ce sauvetage. Le capitaine de Cornulier en jugea autrement, et il offrit de se charger de l'opération. Après dix-sept jours de travaux herculéens, opérés par une température de feu, sous des pluies torrentielles et malgré les fièvres qui en étaient la conséquence, il rapporta à Cayenne ces pièces tant désirées. Cette victoire sans éclat est peut-être celle qui le flatta davantage.

Promu capitaine de frégate au choix, le 2 décembre 1852, il commanda en second la frégate à vapeur le *Sané*, et prit une part très active au renflouage du vaisseau à trois ponts le *Friedland*, qui s'était échoué près des Dardannelles ; c'est pour ce fait qu'il fut nommé officier de la Légion-d'Honneur le 12 août 1854. Par suite de la maladie de son capitaine, il dut prendre le commandement du *Sané*, durant une dangereuse campagne d'hiver dans la Mer Noire.

Nommé au commandement de la batterie flottante la *Lave*, premier essai de nos grands cuirassés d'aujourd'hui, il la conduisit en Crimée. Le ministre de la marine avait écrit de sa main sur sa lettre de nomination : *je compte sur vous*. Le 7 octobre 1855, la *Lave*, la *Dévastation* et la *Tourmente* attaquaient à 400 mètres la forteresse russe de Kinburn, et elle succombait sous leur puissante artillerie. « On peut, disait l'amiral « Bruat, dans son rapport, tout attendre de ces formidables « machines de guerre quand elles seront conduites au feu « par des officiers aussi distingués que ceux auxquels l'empe- « reur en avait confié le commandement. » A la suite de cette affaire, le comte René de Cornulier fut promu capitaine de vaisseau, par décret du 2 décembre 1855, et nommé officier de l'ordre turc du Medjidié. En repassant à Kamiech, il remplit un pieux devoir en faisant ériger un tombeau à son vaillant frère Alfred tué à l'assaut de Sébastopol.

Rentré en France, et la paix étant faite, René de Cornulier crut devoir refuser le commandement d'une corvette destinée à la station lointaine de l'Océan Pacifique. Comme père, il avait à préparer ses deux fils aînés aux écoles militaire et navale ; il préférait entraver sa carrière plutôt que de compromettre celle de ses enfants. Le ministre ne comprit pas la délicatesse de ce sentiment ; il s'irrita du refus, et le vindicatif amiral Hamelin lui fit attendre trois ans un autre commandement ayant la même destination que le premier. Ce fut la corvette la *Galathée*.

Revenant avec elle d'une tournée aux îles de la Société et aux Sandwich, le comte René de Cornulier apprit à San-Francisco que la guerre était déclarée entre la France et le Mexique. Il ne trouva aucun ordre le concernant, bien qu'il eût pu en recevoir facilement, et en conclut qu'il devait poursuivre l'itinéraire qui lui avait été tracé antérieurement. En entrant dans la rade d'Acapulco, une des plus fortes places de l'Amérique, il aperçut les canonniers mexicains à leurs pièces, ce qui ne l'empêcha pas de venir, en louvoyant, prendre son mouillage à deux cents mètres de la citadelle. C'était le soir ; le lendemain, au jour, on reconnut que toutes les pièces pouvant voir la *Galathée* étaient braquées sur elle. Celle-ci était embossée et prête à faire feu. Le général mexicain envoya un aide-de-camp dire au commandant de Cornulier qu'il ignorait sans doute l'état de guerre, mais qu'en étant informé il eût à reprendre la mer s'il ne voulait y être contraint. Le commandant répondit : « Je n'ignore rien, mais je séjournerai ici le temps qui me « conviendra. Je ne commencerai pas les hostilités, mais « si vous ouvrez le feu, soyez certain que c'est moi qui le « finirai. » Cette situation tendue se prolongea pendant six jours, au bout desquels on entendit qu'un grand mouvement se faisait dans la citadelle pendant la nuit ; et, quand la clarté se fit, on put voir que toute l'artillerie avait été retirée du fort.

D'Acapulco, la *Galathée* vint rejoindre son amiral sur la rade de Panama. Le commandant de Cornulier était nommé commandeur de la Légion d'honneur le 10 août 1861 ; le ministre de la marine avait été changé.

L'amiral Bouet, qui venait de prendre le commandement de le station du Pacifique, réunit sa division et vint se présenter devant Acapulco. Le général mexicain l'engagea à entrer en rade ; mais à peine la division y eut-elle pénétré qu'elle eut à essuyer le feu des diverses batteries établies tout autour. Ces batteries furent promptement réduites au silence par les canons français. Le commandant de Cornulier fut, à l'occasion de cette affaire, proposé pour le grade de contre-amiral.

Il appartenait à l'officier qui venait de visiter la Polynésie de prendre la défense des malheureux Canaques, nos protégés, dont les Péruviens avaient imaginé de substituer la traite à celle des nègres de la côte d'Afrique. Une société s'était formée sous couleur de recruter des travailleurs insulaires, mais en réalité pour organiser une véritable presse contre ces naïfs sauvages : ici par séduction, là par la violence ouverte. En quelques jours quatorze navires étaient partis du Callao pour opérer une râfle dans les archipels du Grand Océan, et les captifs qu'on y avait fait se plaçaient couramment sur la place de Lima. Tous ces infortunés, habitués à une vie inoccupée, ne pouvaient se faire aux rudes travaux de l'agriculture à laquelle ils étaient étrangers ; ils tombaient dans le marasme et succombaient à la nostalgie.

« Deux Français, gens de cœur, raconte M. de Villeneuve

« dans *le Correspondant* (livraison du 10 septembre 1878),
« jugèrent qu'ils devaient s'interposer. Mais comment agir
« en pays étranger ? Comment contraindre les acquéreurs
« d'esclaves à libérer ce qui restait encore de survivant de
« leurs victimes ? Le cas était délicat, mais la noblesse de
« la cause avait séduit deux cœurs généreux, deux hommes
« d'honneur qui représentaient, au Pérou, les forces et le
« gouvernement de France. L'un, capitaine de vaisseau,
« tenait à la valeureuse Bretagne, à notre vieille noblesse :
« c'était le commandant *de Cornulier* ; l'autre, notre chargé
« d'affaires, portait un nom illustré dans les Échelles du
« Levant : c'était un *Lesseps*. Alliés, ces deux hommes se
« sentirent forts ; ils se firent concéder le droit de visiter
« les exploitations qui avaient acquis des engagés et de
« libérer tout Polynésien qui serait reconnu comme prove-
« nant des îles soumises à notre protectorat.

« Munis de cette autorisation, ils pénétrèrent bon gré
« malgré dans les haciendas péruviennes, examinant un à
« un ce qui restait encore d'engagés, et pouvant dire à celui
« qui se réclamait du gouvernement français et dont l'ori-
« gine était vérifiée : « Tu es libre ; tu reverras ta terre
« natale ; la France va te rapatrier. » Et tous, hommes et
« femmes, sont dirigés vers le Callao où un transport les
« attend. En arrivant dans ce port des *voleurs d'hommes*,
« comme ils le nomment, ils rencontrent le commandant
« de la *Galathée* ; ils s'agenouillent devant leur sauveur,
« baisent les pans de l'uniforme du noble officier et les ar-
« rosent de leurs larmes de reconnaissance. »

C'est à l'occasion des services qu'il avait rendus aux missions catholiques de l'Océanie que le commandant de Cornulier reçut plus tard du Pape la grand'croix de Saint-Grégoire-le-Grand.

A son retour en France, il fut placé au conseil d'amirauté, puis nommé, bien contre son gré, au mois de septembre 1864, au commandement du *Borda*, vaisseau-école des aspirants, qu'il exerça pendant deux ans. Le grade de contre-amiral lui avait été promis à l'expiration de ce terme ; mais un événement désagréable, survenu durant la seconde année, mit obstacle à la réalisation de cette promesse. Une petite sédition, fomentée par l'un des élèves, avait été étouffée de suite. Le commandant avait obtenu le renvoi de l'organisateur du complot ; mais les pétitions affluèrent chez l'empereur pour demander sa grâce. Or, le coupable était un Corse ; le ministre demanda au commandant de l'école de pardonner. Celui-ci crut devoir maintenir l'exclusion ; le ministre menaça, mais sans résultat. Le grade promis fut ajourné.

Replacé de nouveau au conseil d'amirauté, il le quitta en 1867 pour prendre le commandement du cuirassé l'*Invincible*, dans l'escadre de la Méditerranée. Il fit partie de l'expédition de Civita-Vecchia, lors du combat de Mentana, et fut nommé commandeur de l'ordre de Pie IX.

Promu contre-amiral le 4 mars 1868, il eut d'abord une commission d'inspecteur général des équipages de la flotte à Cherbourg, Lorient et Rochefort ; puis fut nommé major-général et peu après préfet maritime du premier arrondissement. Un an plus tard il obtint, sur sa demande, le commandement en chef de la division navale des mers de la Chine et du Japon.

De Yokohama, où il avait arboré son pavillon sur la *Minerve*, l'amiral de Cornulier se rendit en Chine et fut à Pékin pour conférer avec le chargé d'affaires de France, M. de Rochechouart. Il s'agissait d'aller avec lui régler sur place les affaires des misssions catholiques du Yang-Tsé; à cet effet, rendez-vous fut pris à Schangaï. L'amiral, qui avait transporté son pavillon sur la *Vénus*, à Hong-Kong, prit à son bord le chargé d'affaires comme il avait été convenu, et remonta avec quatre bâtiments de guerre le Yang-Tsé-Kiang jusqu'à Nankin où, grâce à cette démonstration, l'affaire des missions s'arrangea sans difficulté.

Sur les entrefaites, l'amiral de Cornulier avait reçu l'ordre d'aller prendre l'important gouvernement de la Cochinchine; il se hâta de gagner Saïgon. Là, il eut d'abord à conclure un traité de délimitation de frontières entre le royaume de Siam et le royaume de Cambodge placé sous la protection de la France. Il le fit à la satisfaction des deux parties, qui lui conférèrent, le premier, la grande plaque de l'Éléphant-Blanc, et le second, le grade de grand officier de son ordre.

Le nouveau gouverneur s'occupait d'améliorations locales; il faisait construire de vastes citernes pour donner aux troupes une eau plus salubre à boire que celle des rivières, et cherchait à introduire la culture de la canne à sucre, lorsqu'il fut interrompu dans ces travaux pacifiques par la déclaration de guerre de 1870. Dès lors tous ses soins durent se porter sur la mise en défense des côtes de sa colonie et l'organisation de ses navires pour courir sus aux bâtiments de commerce allemands.

Tombé gravement malade par l'effet du climat, et plus encore par le chagrin qu'il éprouvait de ne pouvoir participer à la défense nationale, il demanda, lorsque la paix fut signée, à rentrer en France où il arriva au mois de mai 1871. Aussitôt son retour, il fut élevé à la dignité de grand-officier de la Légion-d'Honneur. Sa longue convalescence l'empêcha de reprendre du service actif avant que l'application de la loi sur la limite d'âge vînt le faire passer dans le cadre de réserve le 15 avril 1873. Le 4 juin suivant, le ministre de la marine le nommait pour six années son délégué au conseil supérieur de l'instruction publique, ce qui lui valut en 1875, les palmes d'officier en cette partie.

Rentré dans la vie privée, le comte René de Cornulier recevait, à la date du 17 juin 1873, une lettre très flatteuse de M. le comte de Chambord. Il lui disait : « Je vous ai
« suivi pendant votre longue carrière, et j'ai vu avec une
« vive satisfaction qu'en soutenant noblement dans toutes
« les parties du monde la renommée de la marine fran-
« çaise, vous êtes resté constamment digne du pays où vous
« êtes né et du nom que vous portez. Je vous en félicite
« et je vous en remercie ; je compte sur vous pour m'aider,
« si Dieu le permet, à sauver du naufrage le vaisseau de la
« France. »

A la demande des conservateurs, l'amiral de Cornulier

accepta les fonctions de maire de la ville de Nantes ; il y fut nommé par décret du 26 février 1874 et les garda jusqu'aux élections du 20 novembre suivant. Mais ses adjoints n'ayant pas été élus ; les cinq sixièmes des nouveaux conseillers municipaux appartenant à la gauche avancée, et lui rendant systématiquement toute administration raisonnable impossible, il dut donner sa démission de maire, en restant simple membre du conseil. Il emportait d'ailleurs dans sa retraite l'estime de ses adversaires comme celle de ses amis, tous s'accordant à louer son urbanité, sa droiture impartiale et son dévouement éclairé aux intérêts de la ville.

L'amiral de Cornulier a publié, en 1882, un *Traité de perspective linéaire.*

Le comte René de CORNULIER-LUCINIÈRE a épousé à Nantes, le 4 janvier 1838, Louise-Élisabeth-Charlotte DE LA TOUR-DU-PIN-CHAMBLY DE LA CHARCE, née à Paris le 25 septembre 1814, fille de Alexandre-Louis-Henri, vicomte de la Tour-du-Pin-Chambly de la Charce, ancien capitaine d'état-major, chevalier de Malte, et d'Élisabeth-Marie-Modeste *de Sesmaisons.* De ce mariage sont nés :

1º Henri-Raoul-René DE CORNULIER-LUCINIÈRE, né à Nantes le 31 octobre 1838, admis à l'École militaire de Saint-Cyr le 5 novembre 1858, nommé sous-lieutenant au 14ᵉ régiment d'infanterie de ligne le 1ᵉʳ octobre 1860, lieutenant au même régiment le 7 janvier 1865 et capitaine le 6 mars 1869.

Blessé à la tête par une balle et fait prisonnier à la bataille de Sédan, le 1ᵉʳ septembre 1870, il fut conduit à Breslau, en Silésie, d'où il rentra en France à la signature de la paix.

Nommé chevalier de la Légion-d'Honneur le 8 août 1871, d'après la proposition qui en avait été faite par ses chefs sur le champ de bataille de Sédan, et chevalier de l'Ordre du Cambodge la même année, il a été nommé capitaine adjudant-major au 14e de ligne le 7 février 1872, puis promu, au choix, chef de bataillon au 77e régiment de ligne le 8 octobre 1875.

Raoul de Cornulier a remporté le 1er prix d'adresse à l'École normale de tir établie au camp de Châlons, et a été pour ce succès cité au *Journal militaire* du mois d'avril 1868.

Le 13 août 1870, un train emportait de Châlons vers Metz le 14e de ligne ; arrivé à Frouart, le colonel fit monter sur la locomotive le capitaine de Cornulier avec deux ou trois éclaireurs pour surveiller la marche du train et l'état de la voie. On venait de signaler l'arrivée des Allemands à la station de Dieulouard, où ils étaient occupés à couper la voie pour intercepter le passage des renforts dirigés sur Metz. Arrivé près de ce point, le capitaine de Cornulier eut, à la tête de vingt-cinq à trente hommes, un engagement avec les dragons de la garde prussienne et, de sa main, fit prisonnier l'un deux qu'il amena avec son cheval à son colonel. Ne pouvant gagner Metz, le 14e fut dirigé sur Sédan.

En 1872, le capitaine de Cornulier fut spécialement chargé de l'instruction des engagés conditionnels affectés à son régiment ; il y travailla avec ardeur et succès durant deux années consécutives, ce qui lui valut un témoignage flatteur de la part du général Vincendon, qui lui écrivait le 5 novembre 1875 :
« J'ai constaté avec une vive satisfaction les résultats remar« quables qui ont été obtenus sous votre direction. Aucun des
« régiments que j'ai vus jusqu'à ce jour n'a eu un tel succès. Je
« vous adresse mes félicitations, et je suis heureux de vous
« annoncer que j'ai demandé qu'une mention honorable vous
« soit accordée pour le zèle, l'intelligence, le savoir et le
« dévouement dont vous avez fait preuve dans cette mission
« délicate. »

En 1876, le commandant de Cornulier a écrit un *Résumé de la campagne de Crimée* qui a mérité d'être inséré dans les numéros des 25 mars, 8 et 16 avril du *Bulletin de la réunion des officiers* de cette année-là. En même temps, il faisait un *Résumé de la guerre Austro-Prussienne de 1866*, au sujet

duquel le général Nugues, président de la Réunion des officiers de terre et de mer, lui écrivait le 26 juin 1876 : « Votre
« travail a été jugé concis, clair, précis et d'une lecture
« attrayante. Ce mémoire sur la guerre de Bohême est d'un vif
« intérêt pour tous ceux qui veulent étudier et méditer l'art de
« la guerre. La comparaison de cette guerre avec nos fautes au
« début de la campagne de 1870 est de la plus grande justesse. »

En 1884, le commandant de Cornulier a été chargé par son colonel de rédiger une *Méthode pratique d'instruction pour les troupes d'infanterie;* la manière dont il s'est acquitté de cette tâche lui a valu, le 18 avril 1884, le témoignage suivant de son chef: « Je vous félicite de nouveau et vous réitère mes remer-
« ciements pour le travail remarquable que vous avez produit
« avec une vigueur, une précision, un savoir-faire et une promp-
« titude extraordinaires. » Cette méthode, créée par le commandant de Cornulier, a été autographiée par ordre du colonel du 77ᵉ et rendue obligatoire dans tout le régiment.

Le commandant de Cornulier a été promu lieutenant-colonel le 12 juillet 1884 et placé au 103ᵉ régiment de ligne. A cette occasion, son colonel, M. Garnier des Garets, adressait le 23 juillet au régiment qu'il quittait l'ordre du jour suivant:

« Depuis plus de huit ans qu'il exerce au régiment les fonc-
« tions de son grade, le commandant de Cornulier a été le
« modèle de l'officier accompli, alliant aux plus solides qualités
« militaires toutes les vertus de l'homme privé, type de l'hon-
« neur, de la loyauté, du devoir professionnel à sa plus haute
« puissance, et maître dans l'art d'enseigner et de pratiquer
« notre métier difficile. Le commandant de Cornulier a tenu
« une grande place parmi nous. Son souvenir y est ineffaçable,
« gardé par les brillants exemples dont la trace restera et par
« les profondes sympathies qu'il a conquises. »

Le comte Raoul de CORNULIER-LUCINIÈRE a épousé à Lyon, le 19 juin 1871, Jeanne-Marie-Louise-Berthe SAUVAGE DE SAINT-MARC, née à Toulouse le 11 décembre 1851, fille unique de Jean-Gustave Sauvage de Saint-Marc, receveur-principal des douanes, et de Bénédicte-Marie *Deneriez*. Il en a :

    A. Jean-Marie-Ernest DE CORNULIER-LUCINIÈRE, né à Cholet (Maine-et-Loire) le 5 mars 1883.

B. Marie-Yolande-Jeanne de Cornulier-Lucinière, née à Amiens le 25 février 1873.

2° Paul-Louis-Ernest de Cornulier-Lucinière, né à Nantes le 18 février 1841, admis à l'École navale de Brest, sur le vaisseau *le Borda* le 20 octobre 1858, nommé élève de la marine de deuxième classe le 1er août 1860, promu à la première classe le 1er septembre 1862. Embarqué sur *la Galathée*, que commandait son père, il se trouvait au bombardement d'Acapulco, où il eut l'occasion de guider, par un long circuit qu'il fallait faire, un détachement chargé d'aller enclouer une batterie qui commandait la rade où se trouvait l'escadre.

Promu enseigne de vaisseau le 1er septembre 1864, il fut embarqué sur la corvette à hélice le *Primauguet* destinée à la croisière des mers de la Chine et du Japon. En se rendant à sa destination, cette corvette, en relâche dans la rade de Simon's-Bay (cap de Bonne-Espérance), y reçut un coup de vent dans lequel, après avoir cassé ses chaînes, elle fut jetée à la côte d'où elle ne put être retirée qu'après quarante huit heures d'efforts incessants et non sans de graves avaries. La conduite de Paul de Cornulier fut si remarquée dans cet accident que son capitaine demanda pour lui la décoration de la Légion-d'Honneur qu'il n'obtint néanmoins que le 12 mars 1870. Sur le *Primauguet*, il fit partie de l'expédition dirigée contre la Corée en 1866. Atteint d'une grave ophtalmie, qui lui était survenue en faisant l'hydrographie des îles Leou-Tcheou, il dut rentrer en France pour s'y faire traiter; toutefois le contre-amiral Roze ne le laissa pas partir sans le proposer à la fois pour la croix et pour le grade de lieutenant de vaisseau.

Nommé lieutenant de vaisseau au choix le 9 mars 1867, il fut embarqué sur l'*Invincible* dans l'escadre de la Méditerranée, où il fut nommé chevalier de l'Ordre de Saint-Grégoire-le-Grand à l'occasion de la démonstration que cette escadre fit lors de la bataille de Mentana; puis il passa sur le vaisseau-école de canonage.

Durant la guerre avec la Prusse, il était embarqué sur le cuirassé *la Guyenne*, qui fit partie successivement de l'escadre de la Baltique et de celle de la mer du Nord. De nuit et par un temps forcé, il arriva à la *Surveillante* de perdre son gouvernail. Au jour, *la Guyenne* ayant aperçu ses signaux de détresse, et le reste de l'escadre dispersée étant hors de vue, elle se rapprocha de sa conserve désemparée pour la prendre à la remorque ; un canot lui fut expédié dans ce but sous les ordres de Paul de Cornulier. L'opération était délicate, dangereuse même, vu l'état de la mer et les mouvements désordonnés des deux bâtiments ; il la mena heureusement à fin de manière à mériter les éloges et les remerciements des deux commandants.

En 1873, il fut attaché à l'École des torpilles établie à Boyardville, près de Rochefort. La connaissance qu'il y acquit de ces nouveaux engins de guerre et l'introduction des cuirassés dans la flotte lui donnèrent l'idée de publier, sous le voile de l'anonyme, une *Étude sur la défense des côtes* dans les conditions nouvelles où elles se trouvent placées vis-à-vis d'une attaque par mer.

En 1875, il obtint le commandement de l'aviso le *Pétrel*, tenu à la disposition de notre ambassadeur à Constantinople, ce qui lui procura la décoration de commandeur du Medjidié de Turquie. Il conduisit deux fois son bâtiment dans le Danube où les intérêts de notre commerce appelaient fréquemment la présence de nos avisos. Dans ses rapports, il signala les travaux considérables de fortification et les préparatifs de guerre auxquels se livrait actuellement la Turquie, déjà menacée par les Russes. Il exposait en même temps ce que lui semblait être la situation politique en Orient, alors fort obscure pour les diplomates. Ces rapports attirèrent l'attention du ministre de la marine qui, à l'expiration de son commandement, l'attacha à sa personne en qualité d'officier d'ordonnance.

Il fut ensuite embarqué sur le cuirassé *la Surveillante*, qui faisait partie de l'escadre d'évolution. Ce sont les réflexions que lui suggérèrent les manœuvres de cette escadre qu'il a publiées en 1879 sous le titre de *Note sur la tactique en essai*. Peu après, il adressa au ministre de la marine une étude développée sur les évolutions d'une escadre cuirassée. Ce mémoire fut soumis à l'examen d'une commission qui déclara dans son rapport que « ce tra-
« vail faisait le plus grand honneur à M. de Cornulier, et prouvait
« qu'il avait fait une étude très approfondie de son sujet. Qu'elle
« n'avait pas à se prononcer sur la question de savoir si la mé-
« thode d'évolutions obliques qu'il propose est préférable à celle

« de la tactique officielle ; qu'elle se borne à constater que ce « travail est très instructif et très intéressant ; qu'on y trouve « une révision complète des évolutions d'après les idées de « l'auteur. Elle émet le vœu que des félicitations lui soient « adressées ; » ce qui eut lieu par une dépêche ministérielle du 28 décembre 1878.

Au retour d'une campagne qu'il venait de faire sur la frégate *la Vénus*, portant le pavillon du contre-amiral, commandant la station de l'Atlantique du sud, Paul de Cornulier fut promu, au choix, capitaine de frégate, par décret du 12 juillet 1881. Il adressait alors au ministre de la marine un nouveau mémoire sur *Le personnel et le service à bord dans la marine anglaise.* En lui faisant parvenir ses félicitations sur cet intéressant travail de comparaison des deux marines, le ministre en ordonnait l'insertion dans la *Revue maritime et coloniale*.

Dès l'année suivante, il était embarqué comme commandant en second sur la frégate *la Minerve* montée par le contre-amiral Zédé, commandant la station des Antilles. Au retour de cette campagne, il a été promu officier de la Légion-d'Honneur le 8 juillet 1884. Il est aussi décoré de la médaille du Mexique et chevalier de l'Ordre du Cambodge.

Le vicomte Paul de CORNULIER-LUCINIÈRE a épousé à Nantes, le 6 juin 1870, Nathalie-Marie-Louise DU COUEDIC DE KERGOUALER, née à Nantes le 30 janvier 1849, fille de Charles-Florian-Louis, baron Du Couëdic de Kergoualer, ancien lieutenant de vaisseau, chevalier de la Légion-d'Honneur, et de feue Marie-Juliette-Clémentine *Galdemar*. De ce mariage sont nés :

    A. Alfred-Charles-Louis DE CORNULIER-LUCINIÈRE, né à Nantes le 12 janvier 1872.

    B. Marie-Clémentine-Adèle DE CORNULIER-LUCINIÈRE, née à Nantes le 6 janvier 1873.

    C. Anne-Marie-Jeanne-Nathalie DE CORNULIER-LUCINIÈRE, née à Nantes le 10 novembre 1876.

3º Camille-Louis-Marie DE CORNULIER-LUCINIÈRE, né à Nantes le 23 mai 1844, admis à l'École militaire de Saint-Cyr le 1er novembre 1864, nommé sous-lieutenant au 69ᵉ régiment d'infanterie de ligne le 1ᵉʳ octobre 1866 et lieutenant au même régiment le 9 août 1870. Dans la funeste campagne de cette dernière année, son régiment faisait partie de l'armée de Metz ; il prit part aux trois grandes batailles de Borny, de Gravelotte et de Mars-la-Tour, ainsi qu'aux différentes opérations de guerre tentées autour de Metz.

Son colonel, M. Le Tourneur, le félicita d'une manière toute particulière pour sa brillante attitude sur le champ de bataille de Borny (14 août), et le proposa pour le grade de lieutenant, ignorant qu'il y était déjà promu depuis cinq jours.

Dans le courant de septembre, son bataillon se trouvait aux avant-postes, et les officiers avaient accepté l'hospitalité dans une maison particulière, laissant la troupe sous la direction du jeune lieutenant de Cornulier. Cependant une fusillade dont le bruit se rapprochait, fit prendre les armes ; c'était une compagnie de nos éclaireurs qui était refoulée sur Metz par l'ennemi dont le feu lui occasionnait des pertes sensibles. Seul officier présent, le lieutenant n'hésite pas à lancer le bataillon en avant pour couvrir la retraite des nôtres, et il obligea l'ennemi à se retirer, ce qu'il put faire à la faveur de l'obscurité. Le capitaine des éclaireurs témoigna une vive reconnaissance au lieutenant de Cornulier pour le service signalé qu'il venait de lui rendre, et l'assura qu'il en informerait le général de division pour qu'il en fût récompensé, mais il n'eut d'autre satisfaction que celle d'avoir rempli son devoir avec décision et bonheur. Il était difficile qu'il en fut autrement, car il y aurait eu une négligence à punir en regard d'un éloge à décerner.

Prisonnier de guerre le 28 octobre 1870, à la capitulation de Metz, il fut interné d'abord à Coblentz, puis à Breslau. Rendu à la liberté le 31 mars 1871, il rejoignit son régiment qui se reformait au camp des Alpines. Nommé capitaine, le 13 mai 1873, au 106ᵉ d'infanterie de ligne, il obtint de passer au 2ᵉ bataillon de chasseurs à pied ; mais sa compagnie ayant été licenciée, en exécution de la nouvelle loi sur les cadres, il fut placé, le 5 juillet 1871, au 1ᵉʳ régiment d'infanterie de ligne, où il fut nommé capitaine adjudant-major en juillet 1878, situation qu'il occupe encore aujourd'hui. Dès cette dernière année, il avait été proposé pour le grade de chef de bataillon ; cette proposition a été renouvelée tous les ans aux inspections générales, mais sans aucun résultat.

Le 4ᵉ bataillon du 1ᵉʳ de ligne, dont Camille de Cornulier était l'adjudant-major, fut détaché pour l'expédition de Tunisie; il débarqua à la Goulette le 22 octobre 1881 et fut un des premiers à entrer à Tunis. La population de cette ville nous était hostile, mais la fière attitude de nos soldats lui imposa le respect.

Gravement atteint quelques mois après des fièvres malignes du pays, Camille de Cornulier fut renvoyé en France avec un congé de convalescence de trois mois qui lui suffirent pour rétablir sa santé.

Ce temps expiré, il rejoignait son bataillon qui, de Tunis, fut envoyé à Gabès où il débarquait le 30 septembre 1882, ayant pour mission de fournir des escortes aux convois qui de là étaient diririgés sur Gafsa.

A son arrivée à Gabès, il n'hésita pas à demander une mission particulière regardée comme pénible et périlleuse, une mission pour laquelle il fallait un officier résolu, vigoureux et bien monté. Il s'agissait de faire une reconnaissance militaire de la grande oasis de Gabès, peuplée d'Arabes très mal disposés pour nous, sillonnée de cours d'eau, percée de sentiers étroits et bordés de haies impénétrables de cactus, enfin d'un terrain tout favorable aux embuscades. Le capitaine de Cornulier, ayant sous ses ordres un lieutenant du génie et deux chasseurs d'Afrique, exécuta heureusement cette reconnaissance et put dès le lendemain guider au milieu de ce labyrinthe inextricable un convoi qui se dirigeait sur Gafsa.

Sur les entrefaites, le chef du bataillon tomba malade et il en remit le commandement à son adjudant-major qui le garda jusqu'à son retour à Cambrai. Ce corps éprouvé ne tarda pas à être rappelé en France ; il quitta l'Afrique le 5 décembre 1882. Le 14 du même mois il rentrait à Cambrai où une véritable ovation lui était faite. La ville était pavoisée; il était reçu à la gare par la municipalité et par le général de la Hayrie, avec toutes les troupes de la garnison, et faisait son entrée au son d'une musique guerrière.

A la tête du cortège, marchaient les 184 hommes valides du 4ᵉ bataillon commandés par l'adjudant-major de Cornulier.

C'était, hélas ! tout ce qui restait debout des 566 baïonnettes qu'il comptait au départ ; les autres étaient morts ou languissaient dans les hôpitaux.

Dans cette triste et pénible campagne de quatorze mois, pas une récompense n'avait été accordée à ce corps si maltraité. Trois nouvelles propositions pour le grade de chef de bataillon, dont il exerçait les fonctions depuis quelques mois, et une autre pour la Légion-d'Honneur, avaient été faites pour Camille de Cornulier ; toutes restèrent sans effet. Il ne rapportait de Tunisie que la décoration d'officier du Nicham-Iftikar de Tunis, qu'il avait obtenue le 14 juillet 1882.

Le vicomte Camille de CORNULIER-LUCINIÈRE a épousé à Nantes, le 27 décembre 1877, Anne-Julie NOUVELLON, née à Frossay (Loire-Inférieure), le 14 mars 1855, fille de Louis-Charles Nouvellon, propriétaire, et de Adélaïde-Julie *Adam*. De ce mariage sont nées :

    A. Anne-Marie-Louise-Henriette DE CORNULIER-LUCINIÈRE, née à Nantes le 31 mars 1882.

    B. Marie-Renée-Yolande DE CORNULIER-LUCINIÈRE, née à Cambrai le 31 janvier 1884.

4° Gustave-Jean-Marie-Alfred vicomte DE CORNULIER-LUCINIÈRE, né à Nantes, le 8 novembre 1855, admis à l'École militaire de Saint-Cyr, le 8 octobre 1875, sous-lieutenant de cavalerie à l'école de Saumur au mois d'août 1877, passa au 3e régiment de chasseurs d'Afrique, dans la province de Constantine, au mois d'octobre 1878. En juin et juillet de l'année suivante, il fit partie de l'une des colonnes envoyées dans l'Aurès pour réprimer l'insurrection qui y avait éclaté. Chassés de leur montagnes, et voyant coupée leur retraite sur la Tunisie, les insurgés se jetèrent dans le désert où la plupart moururent de soif.

Gustave de Cornulier était depuis plusieurs mois en station avec son escadron dans l'oasis reculée de Biskra, lorsqu'il fut appelé inopinément à Constantine, où le général Bonie, qui commandait la cavalerie de la province, lui proposa de l'attacher à sa personne. Il accepta avec empressement cette situation, et c'est en qualité d'officier d'ordonnance de ce général qu'il fit partie de la colonne qui, partie de Tebessa, pénétra en Tunisie.

Il assista aux combats d'Haydra (17 octobre 1881), d'Hennechés-Sbila (23 octobre) et de Condiat-el-Halfa (25 octobre), livrés sur la route de Tebessa à Kaïrouan ; puis à ceux de Hamm-Kamonda (13 novembre) et de Ouled-Bou-Saad (28 novembre), sur la route de Kaïrouan à Gafsa. Sa brillante conduite dans ces affaires fut remarquée par son général qui le proposa pour le grade de lieutenant, mais il l'obtint immédiatement à son tour d'ancienneté.

Placé au 3ᵉ régiment de cuirassiers, il en a été détaché au mois d'octobre 1883 comme lieutenant d'instruction à l'École de Saumur : il en sortait au mois d'août 1884, classé le douzième pour le grade de capitaine.

5º Anne-Augustine-Marie-Victorine DE CORNULIER-LUCINIÈRE, née à Nantes le 4 août 1847, est entrée en religion dans l'ordre de *Notre-Dame-de-la-Retraite* en 1873, et y a fait profession le 6 juillet 1881. Madame de Cornulier a été placée comme supérieure, à la tête de la maison de son Ordre tout récemment fondée à Turin.

6º Louise-Anne-Henriette-Marie DE CORNULIER-LUCINIÈRE, née à Nantes le 24 juillet 1851, mariée dans la même ville le 1ᵉʳ juillet 1878 à Christian-Adrien-Marie *Pérez*, capitaine au 6ᵉ régiment de hussards, né à Mirande (Gers) le 21 juillet 1849, fils de Paul-Joseph-Octave Perez et de Marie-Françoise-Charles *Colomez de Gensac*. Elle en a un fils et deux filles.

ABRAHAM ISAAC
JACOB -1697

G JACOB
1860

www.ingramcontent.com/pod-product-compliance
Lightning Source LLC
Chambersburg PA
CBHW070544160426
43199CB00014B/2361